汽车营销与服务复合型人才培养教材

汽车售后服务与运营管理

朱升高　编著

机械工业出版社

本教材根据教育部“十三五”职业教育国家规划教材编写标准与高等职业学校专业教材编写标准并结合大量的职业标准编写而成。教材的应用面向高等职业教育与行业专业化人才培养，编者结合行业所要求的职业技能体系与多年教学经验，按照教育本位、工学结合的教学思想，创新五步教学法的新理念，旨在打造学生的综合素养，着力加强培养学生的说、思、辩的能力。本教材的编写符合高职院校教学需要与行业内专业能力培养的要求。教材内容主要设置有汽车售后服务组织与人员职能、汽车售后服务流程与管理、车险业务管理与配件管理、客户关系管理与数字化营销、汽车维修质量管控、顾客满意度建设、维修安全与设备管理、生产效率与资本管理、售后部门沟通九个教学情境，每一个知识点的编写体现了以能力培养为本位的教学思想，体现了个人能力培养、职业能力培养、岗位能力培养的同步。

为方便教学，课程开发遵循“动、思、引”课堂三字原则，本书配套完整教学课件，课件编写基于创新型课堂的新体系、新思路、新方法的多维教学理念设计。

本教材适合高职院校汽车营销与服务专业学生使用。

图书在版编目（CIP）数据

汽车售后服务与运营管理 / 朱升高编著. —北京：机械工业出版社，2020.5（2024.9 重印）
汽车营销与服务复合型人才培养教材
ISBN 978-7-111-65899-3

Ⅰ.①汽… Ⅱ.①朱… Ⅲ.①汽车-售后服务-运营管理-职业教育-教材 Ⅳ.①F407.471.5

中国版本图书馆 CIP 数据核字（2020）第 105661 号

机械工业出版社（北京市百万庄大街 22 号 邮政编码 100037）
策划编辑：赵海青　　责任编辑：赵海青
责任校对：肖 琳　　封面设计：马精明
责任印制：常天培
北京机工印刷厂有限公司印刷
2024 年 9 月第 1 版第 5 次印刷
184mm×260mm · 13 印张 · 328 千字
标准书号：ISBN 978-7-111-65899-3
定价：49.00 元

电话服务	网络服务
客服电话：010-88361066	机 工 官 网：www.cmpbook.com
010-88379833	机 工 官 博：weibo.com/cmp1952
010-68326294	金 书 网：www.golden-book.com
封底无防伪标均为盗版	机工教育服务网：www.cmpedu.com

丛书序

Perface

随着汽车行业的不断发展，汽车后市场技术与服务的理念正在发生天翻地覆的变化，这就促使汽车后市场的从业者不断地学习新的知识和技能，使他们的工作能力有更大的提升，以适应职业要求的变化。

为适应汽车后市场人才需求，汽车院校掀起了教学改革的热潮，本套教材正是为了适应汽车后市场从业人员的知识体系和汽车院校教学内容体系更新的需求而编写的。

在系统化系列教材的编写中，编者秉承“来源于企业，服务于教育”的理念，本套教材在编写中特别注重紧贴汽车后市场工作岗位的实际工作内容，融合创新型的教学方法。

在知识体系方面，本套教材立足于真实的工作岗位职能要求，体现现代汽车后市场行业对从业人员的职业能力要求。所有知识内容从工作岗位与行业发展要求中不断提炼而成，紧贴职业能力的培养，教材结构新颖，内容实用。我们相信本套教材里呈现的知识内容能够满足现代汽车后市场职业化人才能力培养的需要，相信有时代责任感的教材才有更长的市场生命周期。

新知识体系的构建与编写，一切都是为了好学、好教，将教学法与知识结构相结合是适应教学转变、课堂改变的有效途径之一。编者经过长年的教学积累与探索，总结并且不断优化教学方法，创新性地设计了“准备—互动化传授—实践—探讨—总结”五步教学法，并将之融入本套教材的编写中，努力将本套教材打造成融合教和学为一体、引导学生主动学习的互动性教材，使教材回归到系统化、体系化知识载体的核心作用，避免了部分项目式教材分割知识体系，从而导致知识体系不完整的缺憾。让教材回归本质，再融入学法与教法的创新，是我们多年教学与多维度思考的成果。

本套教材紧贴当前职业教育创新型人才培养的需求，特别注重提升学生的思维能力、表达能力、创新能力与未来职业拓展能力。在内容编排上以学生为本，通过问题导入、实践训练、探讨验证、项目小结等环节的设置，将实践训练与学习测评结合到一起，把“以工作过程为导向”转化成“以课堂学习过程为导向”，使教师能够引导学生学习知识、激发学生的思考，提升学生沟通、思考、表达以及解决问题的能力，打造一个有思维碰撞的互动性课堂。

本套教材内容通俗易懂，力求新颖、易于掌握操作与实用，吸收了新的理论方法和实例，紧密结合主流的汽车行业岗位应用，重点突出实践与应用环节，适合高职院校汽车营销与服务专业学生使用，对提升行业专业化人才的能力也有帮助。

前言 Perface

《汽车售后服务与运营管理》是根据教育部"十三五"职业教育国家规划教材编写标准与高等职业学校专业教材编写标准并结合大量的职业标准而编写的，主要面向高等职业院校的汽车营销与服务专业人才培养、专业课程的必修与选修教学，以及社会专业培训机构培训用书与行业专业人士的阅读等。

服务是无形的，并且不易复制。在汽车4S店一体化经营的售后部门，做好服务与口碑的内涵建设很重要，需要不断提高汽车售后部门管理者的经营思想、决策和管理水平，形成更好的品牌效应，提高汽车维修与服务质量，降低经营成本，最终提高核心竞争力。

本教材的编写秉承"来源于企业，服务于教育"的理念，从岗位职业技能需求与汽车售后服务与运营管理的技术特征出发，遵循先进性、实用性、适用性的教学理念，由浅入深，详细阐述了现代汽车售后服务与运营管理的知识架构。主要内容包括汽车售后服务组织与人员职能、汽车售后服务流程与管理、车险业务管理与配件管理、客户关系管理与数字化营销、汽车维修质量管控、顾客满意度建设、维修安全与设备管理、生产效率与资本管理、售后部门沟通九个情境的学习内容，在教材中增加了现代汽车4S店经营管理的全新理念，例如售后部门的服务理念、顾客满意度的提升、如何做好日常运营管理、车辆保修和召回、配件管理、工具设备与安全生产管理、服务与销售部门的协调管理、服务营销管理。

本教材既考虑到学生能力培养的应知应会，又扩充了许多紧贴时代发展需求的必知必会，用大量的知识更迭突出现代社会技术发展下的新知识体系与新能力的培养，体现本教材的新时代教育的责任感。本教材知识结构完整，每一个知识点的编写都体现了以能力培养为本位的教学思想，体现了个人能力培养、职业能力培养、岗位能力培养的同步。

本教材在编写的过程中得到了行业内的朋友、同事与专家的帮助和指点，这里深表感谢。限于笔者的职业经历，在课程体系设计上可能还存在不足，书中如有错误或遗漏，希望广大读者提出宝贵意见，以便进一步改善。

目录 Contents

项目一　汽车售后服务组织与人员职能

学习目标

完成本项目的学习后，能够达到以下目标：

- 熟悉汽车4S店售后服务组织
- 知道售后人员的岗位职责
- 掌握售后服务规范

1.1 基础知识学习

组织是指为实现一定的目标，互相协作结合而成的集体或团体。一个完善高效的组织机构能充分发挥团队或其中个人的积极性，协调团队的凝聚力，本节将学习汽车4S店售后组织建设与岗位职责设立以及服务规范。

学 生 准 备

学生在正式上课之前，应当做好如下准备：

- 在课前预习老师安排的教学内容，完成老师推送的学习准备。
- 准备好本次学习内容的范围内需要向老师提出的问题。

1.1.1 汽车4S店售后服务组织

什么是组织？

组织结构是一个组织各项业务活动有效开展的前提和基本保障。在团队中，好的组织结构可使每个部门或人能清楚地找到自己准确的定位和努力的方向，明确各个部门和岗位的职责、权利和义务，使各部门和岗位的管理有章可循，有法可依。汽车4S店是以“四位一体”为核心的汽车特许经营模式，包含整车销售（Sale）、零配件（Sparepart）、售后服务（Service）、信息反馈（Survey）等，是集汽车销售、维修、配件和信息服务为一体的服务组织。通常，组织结构一般分为职能结构、层次结构、部门结构和职权结构四个方面，汽车4S店的组织结构与其他类型组织的组织结构类似，其组织结构职能关系如

图1－1所示。

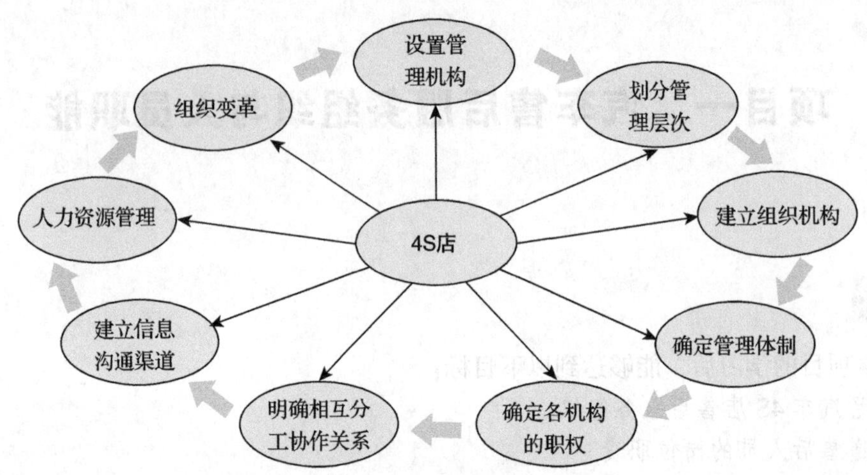

图1－1　4S店组织结构职能关系

汽车4S店岗位分为四类：

(1) 管理类　指售后大厅内的管理人员，主要负责服务客户。其职能包括维修车辆的接待、配件营销、质量三包索赔、客户服务、售后管理等。

(2) 技术类　其职能主要有车间管理、技术支持、调度、质检、工具与资料管理、配件供给、定期维护、售前车辆维护与检查、汽车机电维修、汽车车身维修、汽车钣喷、汽车美容装饰、车辆清洁等。

(3) 专业类　负责财务管理、物流管理、人力资源管理、业务拓展等职能范围内的工作岗位；对经销商产品的品牌及市场占有率承担直接责任的宣传策划岗位，为行政管理系统提供的专业管理咨询、及进行管理、决策、服务的质量管理等岗位。

(4) 现场类　指店内负责现场汽车维修作业、维修质量品质检验、汽保与店内设备维护等领域内的工作岗位。

在组织管理中，应制订各个岗位的制度与工作职责，使员工能明确自己在组织岗位上有哪些工作范围，应该做什么，承担什么责任，具有什么权利，与组织结构中上下左右的关系如何。只有这样，才能避免由于职责不清造成的执行问题与工作障碍，才能使组织协调地运行，保证组织目标的实现，特别是车间的维修工作。4S店的岗位设置如图1－2所示，售后部门的组织结构如图1－3所示。

在组织内部的具体工作中，要注意全面工作与部门相结合，把握关键环节；充分重视人的作用，用制度来规范秩序，用秩序来培养习惯；在组织建设中，制度是基础，防止制度被破坏是关键；在工作中，人、技术、制度与文化要系统推进，充分体现过程与结果、个体优化与集体优化相结合的系统思想。评价组织职能效率有效性目标的维度有组织绩效、成员满意度、组织生命力三个方面，如图1－4所示。

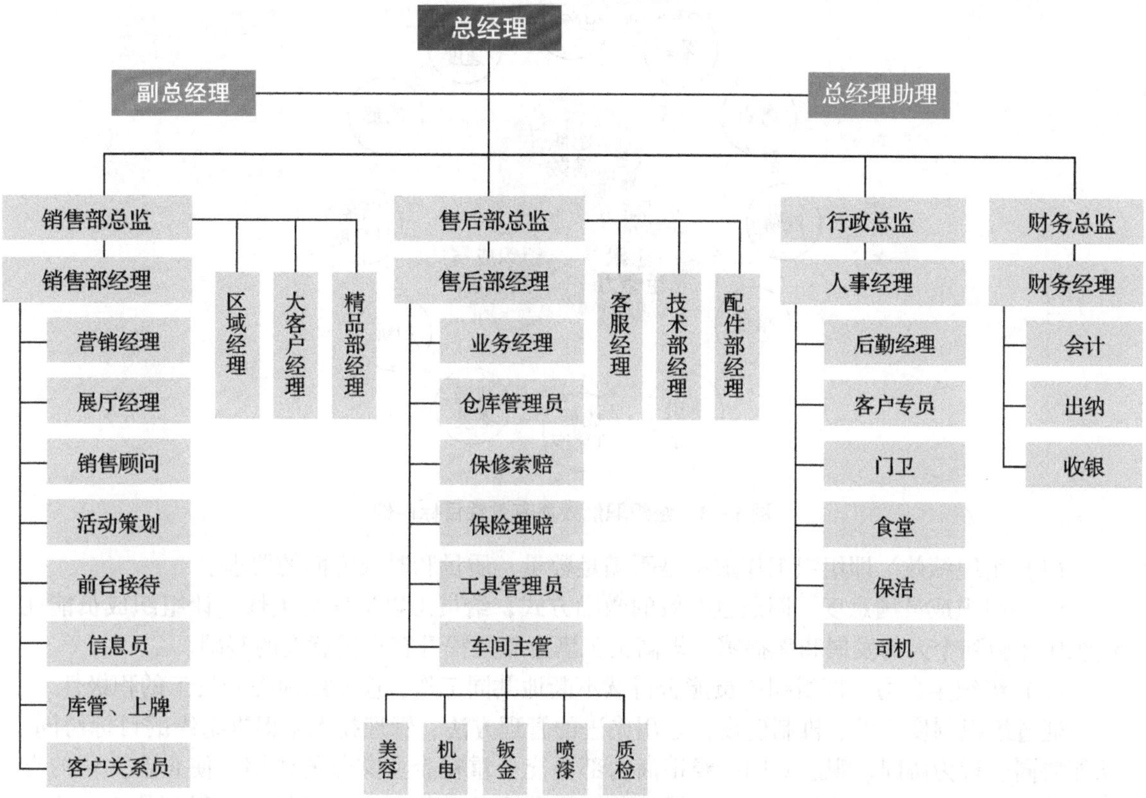

总经理
副总经理
总经理助理
销售部总监
销售部经理
营销经理
展厅经理
销售顾问
活动策划
前台接待
信息员
库管、上牌
客户关系员
区域经理
大客户经理
精品部经理
售后部总监
售后部经理
业务经理
仓库管理员
保修索赔
保险理赔
工具管理员
车间主管
美容
机电
钣金
喷漆
质检
客服经理
技术部经理
配件部经理
行政总监
人事经理
后勤经理
客户专员
门卫
食堂
保洁
司机
财务总监
财务经理
会计
出纳
收银

图1-2 4S店岗位设置图

服务总监
客户经理
客服专员
接待员
服务经理
服务顾问
车间主任
调度员
钣喷主管
钣金组
喷漆组
美容装饰组
机电主管
快修组
保养组
大修组
技术经理
质检员
内训师
资料员
配件部经理
索赔员
计划员
仓库管理员

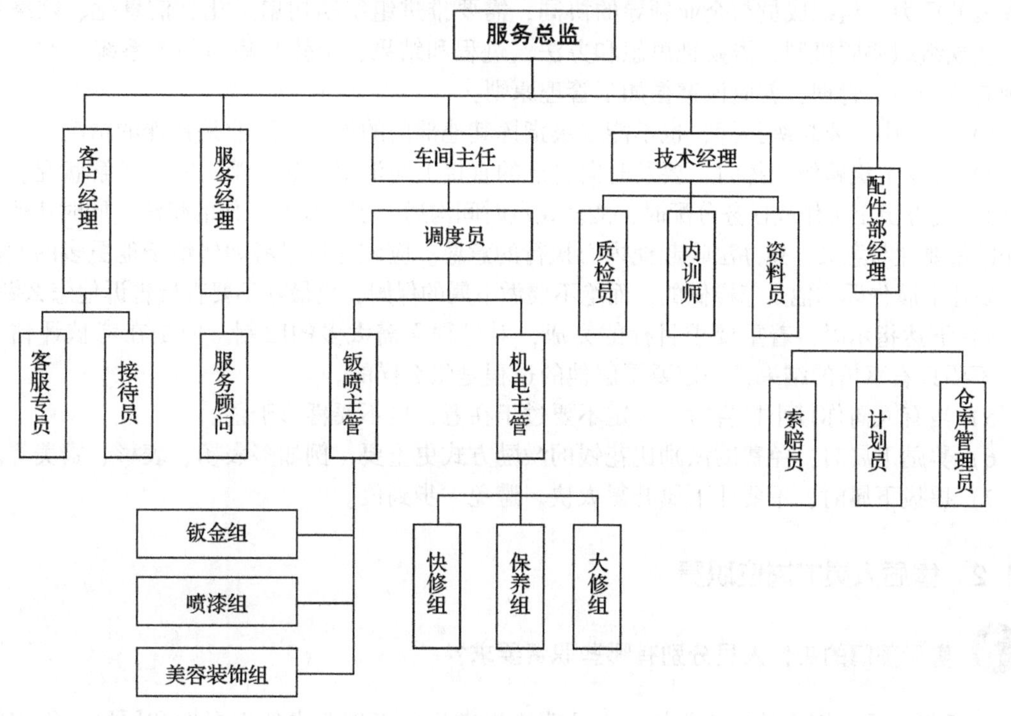

图1-3 售后部门的组织结构

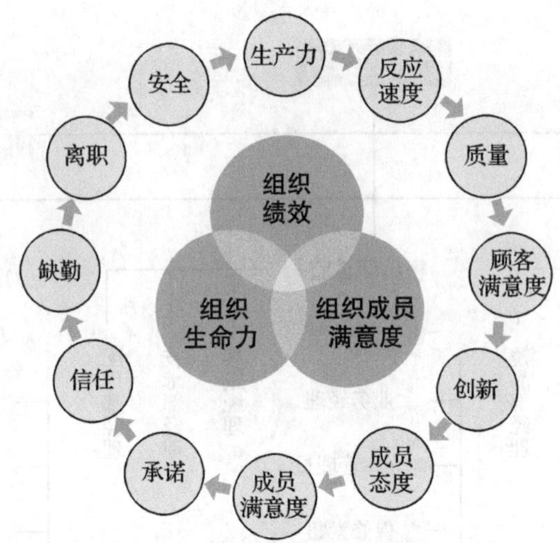

图 1－4　组织职能效率有效性目标评价

（1）组织绩效　即组织工作成果是否满足数量、质量和时效方面的要求。

（2）组织成员满意度　即通过有效的激励方式，给员工以适度的关怀，让组织成员能在组织中体验到个人的发展和幸福感，提高员工满意度是提升客户满意度的基础。

（3）组织生命力　即组织成员能否持续不断地共同工作，应不断地提升员工的积极性。

通过组织制度建设、机制建设，运用先进的管理方法、管理技术来促进组织的目标协同、功能协同、行为协同、观念协同。经销商内部要充分重视企业文化的作用，使企业文化的自我内聚功能，自我改造功能，自我调控功能，自我完善功能，自我延续功能得到体现。建立压力传递机制，促进信息对称，使全体组织成员感受到来自于集体目标的压力，共同承担企业发展的压力。组织成员与企业领导的协同，需要推进组织结构扁平化、信息化、网络化建设。实现组织协同机制，需要把思想和方法，过程和结果，个体与集体的关系统一起来。要实现有效的组织管理，就应该遵循如下管理原则：

1）工作中不要越级指挥，也不能越级指挥其他部门的员工，除非是特殊的情况。

2）接受上级跨级指挥时，要及时向自己的直接上司汇报，让其第一时间了解状况。

3）交办员工工作或任务分配时，能多花点时间沟通，了解他对工作的想法，同时让他了解工作的重要性与意义，想办法唤起他内心执行的意愿。应该尽量思考如何给予他更多的发挥空间。要让下属告诉你他是怎样做的，而绝不要做下属的保姆，也最好不要直接告诉他怎么做。

4）下达指示时，着重要求目标的完成，对过程无需太多的限制。但是在考核评估下属时，不要只看事情的结果，一定要了解他的过程是怎么样的。

5）当有人向你打小报告时，一定不要过于在意，也不要喜形于色。

6）奖励下属时，免费的激励比花钱的激励方式更重要，例如多表扬、表彰、赞美等。

7）提拔下属时，不要让下属升得太快，避免一步到位。

1.1.2　售后人员的岗位职责

售后部门的工作人员分别有哪些职责要求？

售后部门是经销商的核心部门，必须明确界定售后工作职责的重要性和原则。组织结构图应该张贴在醒目的位置，员工的工作职责和内容应该分发给组织的所有成员，以便使所有员工都能完全了解。员工的工作职责不能仅限于岗位职责内的内容，而是可以根据个人能力和工作经验进行调整或更改。

服务站工作人员岗位职责和工作要求如下。

1. 售后服务部经理

售后服务部经理职能描述见表1-1。

表1-1　售后服务部经理工作职责

职能层级	直接上级是总经理，所属部门为售后服务部
工作内容	全面负责经销店售后服务管理工作。在管理工作的考核指标中，最重要的有售后回访、满意度、营业额等，其中，保修期内客户回访率应为100%，服务满意率应达到98%，配件出货正确率应达到98%
工作任务与职责	① 协助总经理制订年度和月度售后服务目标并组织实施。每月定期向总经理汇报并提交反映业务情况的各种报表。协助总经理制定经营战略和措施并不断改善，完成上级领导交办的其他工作 ② 认真贯彻执行公司针对售后工作制定的各项决议和经营方针，贯彻执行公司的各项规章制度，组织完成本部门工作标准规定的各项工作 ③ 根据公司的发展目标，协助总经理编制公司的发展规划、发展战略和年度业务指标，制订售后服务人员的劳动工资、奖金、利润和分配计划 ④ 完善售后部的组织机构、人员编制，负责员工考核、招聘、辞退、晋升、奖罚免职；定期做好员工的安全知识、安全驾驶、技术操作技能、业务知识的培训计划和实施 ⑤ 车间工作计划的拟订、组织和具体实施，对生产设备及设施定期组织检查、维护，确定下属主管的分工及职责，全面掌握生产、经营、运作情况，合理调配人力、物力，努力完成生产、经营指标和工作计划，不断提高经营管理水平和经济效益 ⑥ 配合拟定公司的维修价格和处理事故纠纷的权限，并会同人事行政部有关人员协助解决；抓好安全生产，做好环境保护，努力创建一流的公司品牌、一流的公司形象 ⑦ 运用专业管理技能，与顾客建立良好长期合作关系，保持售后服务高效率、高利润 ⑧ 创造良好的工作环境，熟悉和运用售后服务各项工作流程，保持售后服务系统畅通 ⑨ 制订售后服务全体员工工作职责，并能结合实践不断完善。要对生产的组织协调与计划完成负责，要对因组织管理不当而影响生产质量与生产效率或出现生产事故负责 ⑩ 协助前台接待大型事故的估价，了解核实信息员跟踪客户时发现的返修或影响车使用、安全问题等情况，并及时处理 ⑪ 根据厂家服务理念，组织建立完整的顾客管理机制和措施，保持高水平的顾客满意度 ⑫ 建立全面质量管理体制并组织实施，保持本地区优良的质量信誉 ⑬ 运用顾客投诉的基本原则与方法，处理好各类投诉 ⑭ 检查督促及协助车间、前台的各项工作。跟踪服务质量、返修及填写意见处理表。每天督查维修车辆的进度、质量、清库情况以及员工的安全作业情况 ⑮ 呈报责任事故的经过、分析、处理报表给公司，指导解决技术改造、革新或技术疑难问题 ⑯ 做好厂方的对接与联系工作

2. 售后前台业务经理

售后前台业务经理职能描述见表1-2。

表 1-2 售后前台业务经理工作职责

职能层级	直接上级是售后服务部经理，所属部门为售后服务部
工作内容	全面负责经销店售后前台管理工作，管理销售工时和零件；提高顾客满意度
工作任务与职责	① 树立良好的服务意识和敬业精神，服从上级的工作安排和组织工作落实 ② 负责本部门的人员培训和管理工作 ③ 主动联系业务人员，多与车主沟通，要有开拓进取精神 ④ 自觉遵守和督导员工落实“前台接待人员工作职责” ⑤ 与维修部和零件部共同协助，多作沟通，掌握好待修车辆的进度，及时与车主联系和反映情况 ⑥ 提供本部门的合理化改进建议，促进工作效率的提高 ⑦ 要随时掌握和适应市场变化，调整经营策略和管理结构，以争取更多的车主支持 ⑧ 及时、正确、灵活处理工作过程中的各种矛盾，尤其是公司效益与车主的利益关系。如遇到较难解决的问题，可请上级经理协助解决 ⑨ 协助接车员解决疑难的技术性问题和修车估价问题 ⑩ 核实档案信息的完整和确保资料的准确 ⑪ 电话跟踪高额修理客户离店一周后的情况，保证符合厂家有关规定，信息回馈合格率 100% ⑫ 负责质保制度的贯彻落实 ⑬ 确保服务接待标准流程的实施 ⑭ 制订前台培训计划并组织实施 ⑮ 完成服务部客户满意度考核目标 ⑯ 增加维修服务和零件的销售，完成服务部经营目标 ⑰ 减少客户流失率，增加进厂台次 ⑱ 在下属员工与外界接触时，监督和维护公司的正面形象和集体利益 ⑲ 顾客满意度达到预定的目标 ⑳ 按厂家前台主管标准工作流程进行工作

3. 售后前台业务接待

前台人员是公司与客户的桥梁和纽带，代表公司形象，要求着装整洁、谈吐得体、接待主动、态度热情、服务周到、使用文明用语、业务熟悉、礼貌待客，做好客户的休息、饮水、娱乐等服务工作，以快捷优质的服务，赢得客户满意。

售后前台业务接待职能描述见表 1-3。

表 1-3 售后前台业务接待工作职责

职能层级	直接上级是售后前台业务经理，所属部门为售后服务部
工作内容	全面负责经销店售后前台客户维修业务接待工作，开拓、维持客户网络，圆满完成日常维修接待工作，管理销售工时和零件，提高顾客满意度
工作任务与职责	① 引导、受理客户预约工作 ② 负责预约准备工作的落实 ③ 负责维修车辆客户的登记、接待工作 ④ 负责客户来店维修时的各部门协调 ⑤ 负责客户车辆的故障问诊与检查

（续）

工作任务与职责	⑥ 向车间主管下达维修派工单 ⑦ 负责客户委托书的签订 ⑧ 积极处理客户抱怨 ⑨ 严格按照厂家标准接待流程进行接待服务 ⑩ 实现服务目标约定率（预约率） ⑪ 提高服务部客户满意度 ⑫ 增加维修工时和零件的销售，完成服务部经营目标 ⑬ 减少客户流失率，增加进厂台次，增加维修服务市场占有率 ⑭ 与外界接触时，监督和维护公司的正面形象和集体利益 ⑮ 顾客满意度达到本经销店预定的目标 ⑯ 按厂家服务顾问标准工作流程进行工作 ⑰ 完成领导交办的其他工作任务

4. 配件部经理

配件部经理职能描述见表 1－4。

表 1－4　配件部经理工作职责

职能层级	直接上级是售后服务部总监，所属部门为售后服务部
工作内容	全面负责零件管理工作；实现零件销售目标；实现最低的库存和最高的零件供给率
工作任务与职责	① 确保零件订货、仓储管理、零件销售标准流程的实施 ② 努力提高零件部的效率，创造稳定的利润 ③ 通过保持高水平的零件供应能力，尽可能地减少库存和其他成本 ④ 以顾客满意度为中心，确保零件库存合理、供应及时 ⑤ 确保零件库和现场环境 5S 达标 ⑥ 在下属员工与外界接触时，监督和维护公司的正面形象和集体利益 ⑦ 负责公司零件方面的投诉处理，努力提高本店的客户满意度 ⑧ 按厂家零件主管标准工作流程要求进行工作 ⑨ 制订零件部门培训计划并组织实施 ⑩ 完成领导交办的其他工作任务

5. 仓库管理员

仓库管理员职能描述见表 1－5。

表 1－5　仓库管理员工作职责

职能层级	直接上级是配件部经理，所属部门为售后服务部
工作内容	全面负责经销店库房配件入库、出库与日常仓储管理工作
工作任务与职责	① 负责材料及零配件的验收、入库、码放、保管、盘点、对账等工作 ② 负责保持仓库内部的货品和环境的整洁卫生工作

（续）

工作任务与职责	③ 负责仓库日常物资的挑选、复核及发货工作 ④ 负责进库后的建卡、入账工作，并做到账、卡、实物三结合 ⑤ 完成领导交办的其他工作任务

6. 车间主管/技术总监

车间主管/技术总监职能描述见表1-6。

表1-6　车间主管/技术总监工作职责

职能层级	直接上级是售后服务部经理，所属部门为售后服务部
工作内容	全面负责经销店车间生产管理工作；技术管理及技术培训工作；质量控制工作
工作任务与职责	① 确保服务接待标准流程的实施 ② 制订车间培训计划并组织实施，确保所有工人和技师都得到充分的培训 ③ 通过恰当地执行客户的服务和维修需求及准时交车来实现顾客满意度 ④ 全面管控维修质量，保证交车质量，外部返修率控制在1%以内，内部返修率控制在2%以内 ⑤ 组织技师/技工解决日常工作中疑难故障和开展技术交流与讨论 ⑥ 培训和指导班组长完成绩效，并监督和考核标准化作业实施 ⑦ 通过5S管理原则使维修车间保持整洁有秩序 ⑧ 在车间员工与外界接触时，监督和维护公司的正面形象和集体利益 ⑨ 确保安全的工作环境 ⑩ 确保设备和工具的持续可用性 ⑪ 按厂家标准工作流程进行工作 ⑫ 负责维修质量的投诉处理，努力提高本店的客户满意度 ⑬ 完成领导交办的其他工作任务

7. 车间调度员

车间调度员职能描述见表1-7。

表1-7　车间调度员工作职责

职能层级	直接上级是售后服务部经理，所属部门为售后服务部
工作内容	负责车间的工作任务调配，协助车间管理
工作任务与职责	① 做好前台和修理部的桥梁，督促跟进车辆的维修完成情况，服从并协助维修主管的工作。生产调度管理要起到车间主管的得力助手的作用 ② 合理安排工作细节，下派工单要求修理范围清楚，工期明确，不厚此薄彼，不搞派系 ③ 关心师傅，了解员工的技术水平，公平合理分配相应工作 ④ 协调对车间的管理、工区卫生、设备保养、修车质量等工作 ⑤ 督促检查工人的工作质量，发现问题及时纠正，协调各维修环节，保质、保量、保时地完成各项维修工作 ⑥ 出现事故应及时上报，及时解决，避免事故的扩大，以免造成更大的损失，认真完成上级分配的各项工作

（续）

工作任务与职责	⑦ 根据送修客户对维修停厂车日（时）的需求及作业量，结合各班组的生产实际，合理地安排作业施工。关注生产盈缺，调剂有序

8. 车间管理员

车间管理员职能描述见表 1-8。

表 1-8　车间管理员工作职责

职能层级	直接上级是车间主管，所属部门为售后服务部
工作内容	全面负责经销店车间生产管理工作，技术管理及质量控制工作
工作任务与职责	① 根据售后服务部下达的维修项目、技术指标、目的要求，编制车间的生产计划安排，严格掌握各班组的生产进度，保证按时、保质完成生产维修任务 ② 严格遵守操作规程，注意做好防火安全措施；除吸烟区外其他地方一律不准吸烟。按照车间及各班组定员，合理安排生产，加强调控，加强管理。经常开展班组竞赛，努力挖掘劳动潜力，不断提高劳动生产率，合理抓紧，抓好加班工作 ③ 建立健全各种原始记录，做好各种资料的统计管理工作。认真搞好班组和车间经济核算。定期召开车间生产技术分析会和质量分析会 ④ 认真落实、检查、督促班组贯彻遵守岗位责任制、工艺操作规程，保证安全生产 ⑤ 做好员工思想教育工作，教育员工遵守经销商规章制度及劳动纪律，遵守员工守则。培养员工品牌店的服务意识，认真抓好服务的质量效能、速度 ⑥ 做好设备日常维护、保养工作，充分发挥设备效能，及时分析生产故障原因，预防、杜绝事故发生 ⑦ 搞好车间、班组环境卫生，责任落实到个人，搞好文明生产 ⑧ 负责进厂车在各组维修的清库统计上报

9. 质检员

质检员职能描述见表 1-9。

表 1-9　质检员工作职责

职能层级	直接上级是售后服务部经理，所属部门为售后服务部
工作内容	负责车间维修车辆的质量检查
工作任务与职责	① 质检员负责实施公司的质量目标，对维修车辆的质量负重要责任 ② 维修车辆所需的操作工艺，应由质检员认可后方能由相关维修人员操作 ③ 质检员对维修工所进行的操作过程应仔细检验，认真填写过程检验单，发现不正确的操作方法后必须马上责令维修工改正。对零部件的检验，应依据有关维修标准严格把关，对已达到使用极限或大修极限的零部件，应与车主联系，通知维修工更换，防患于未然之中 ④ 质检员对维修工所提出的问题应与接车员协商后迅速找出方法解决，尽量避免对维修进度及质量有影响的问题出现 ⑤ 质检员对钣金工已完成的工作应仔细检验，达到质量标准才能交给其他组去完成下一工序

（续）

工作任务与职责	如他组员工提出钣金有凹凸不平、扭、偏、不光滑、按派工单要求应拆下而不拆等问题，应立即要求钣金工返工并追究相关人员责任 ⑥ 质检员对喷漆完工的车辆应仔细检验。如发现有沙眼、水泡、皱纹及颜色不符坚决不能出厂，并追究相关人员的责任 ⑦ 质检员对竣工车辆应严格检验、把关，认真审查，确保竣工车辆符合出厂标准。对于发现的质量问题，必须迅速解决并追究相关人员的责任 ⑧ 质检员对需路试的车辆要小心谨慎操作，确定车辆及人员安全后进行试车，试车所得数据及车况反映给维修人员，并协助维修人员作出分析，解决问题 ⑨ 质检员确定维修竣工车辆符合国家及行业标准后，应如实签发竣工检验单及出厂合格证 ⑩ 质检员必须对接车员或顾客详细阐明车辆维修流程及相关检验方法，并告知竣工后使用所需注意事项，并依据维修内容及车况确定其质量保证期 ⑪质检员对于每一辆进厂维修车辆均应督促接车员进行质量跟踪，并及时分析情况，保证维修质量，切实为顾客服务

10. 车间维修组长

车间维修组长职能描述见表1-10。

表1-10　车间维修组长工作职责

职能层级	直接上级是售后服务部经理，所属部门为售后服务部
工作内容	确保施工单合理有效分配，保持100%一次性修复率
工作任务与职责	①组长是全组工作的负责人，是全组的技术骨干，在车间经理及主管的领导下进行工作，应起到模范带头作用并监督员工遵守公司的各项规章制度，对全组工作负全面责任 ②负责组织本组的生产：接受、分配、交割生产工作任务；参与本组生产，指导本组其他人员进行作业 ③对维修作业质量、进度、安全、卫生实施监督；督促本组作业过程中的自检互检工作，并代表本组接受公司技术检查或上级检验 ④负责贯彻、传达公司各种行政指令，组织组员完成公司下达的临时性任务。有权向上级提议对本组员工的表扬，奖励和处分意见，有权在本职工作范围内进行工作的改进 ⑤负责组织本组生产环境的文明建设，组织全组进行规范作业，开展质量、安全竞赛，搞好本组车间、工位的卫生 ⑥负责管理好本组的生产工具、设备和在本组工位上维修的车辆 ⑦关心、留意组员的行为动态，及时帮助、开导、解决员工思想问题；帮助组员提高业务技术水平，应办事公道 ⑧在工作中应采取积极合作、配合的态度，除了完成本职工作外，还要积极帮助车间的同事，互相合作，共同完成公司交给的各项工作 ⑨交给顾客的车辆必须处于极佳的状态 ⑩保证本班组高水平的工作效率 ⑪修理工作能有效地分配给合适的技工 ⑫迅速准确地判断车辆故障，争取一次性修复

（续）

工作任务与职责	⑬ 为了维护顾客的利益和积累经验，对车辆维修质检做好记录 ⑭ 在车辆交给顾客前，一定要对车辆进行全面检查 ⑮ 维修质量达到或超过本店的目标 ⑯ 公平公正地对待每位技工，指导培训本组技术人员 ⑰ 按厂家维修组长标准工作流程进行工作 ⑱ 完成领导交办的其他工作任务

11. 维修工

维修工职能描述见表1－11。

表1－11　维修工工作职责

职能层级	直接上级是售后服务部经理，所属部门为售后服务部
工作内容	负责车辆钣金或喷漆、机电维修（或维护）工作
工作任务与职责	① 按照维修施工单要求作业，确保顾客满意度 ② 一次性维修合格率100% ③ 按照维修施工单约定时间交车 ④ 传、帮、带新技术员 ⑤ 完成领导交办的其他工作任务 ⑥ 贯彻国家有关的维修原则，即预防为主，强制维护，定期检测，视情节修理 ⑦ 维修工对所维修车辆应小心爱护，工作时注意车辆的外观及油漆，三件套及护罩应全部齐全 ⑧ 维修工不得随意驾驶车辆；施工期间，除因工作需要外，其余人员一律不准擅自进入待修车的车厢内，打开音响或空调。否则，给予罚款处理 ⑨ 维修工不得使用车辆内部物品及随车工具，更不准占为己有，不准在车上放燃料清洗工具等 ⑩ 维修工对车辆维修时，必须严格按照厂家所要求的流程操作，某些工艺必须使用专用工具，不得野蛮操作，切实保证维修质量。对某些高科技含量的电器设备更应谨慎操作。如违规损坏，要按售价赔偿 ⑪ 在维修过程中，维修人员对上一段维修工序应认真检验，对有疑问或有错误的地方及时向车间主任或质检员反映，保证工艺流程的顺畅和维修质量 ⑫ 维修工在对车辆维修时应真实地填写维修工作记录，详细记录操作内容及方法 ⑬ 维修工应按照派工单上所列项目进行维修工作，对于工作中遇到的其他问题，应及时向接车员反映，待接车员与顾客商讨后，再确定解决方法 ⑭ 驾驶人员将车辆开进举升机或检测线上时，维修工应从旁指引，协助 ⑮ 工作时必须保持汽车内外清洁，做到零件、工具、油污三不落地；维护工作区的整齐清洁，保持良好工作状况，注意生产安全 ⑯ 按上级指示，必须尽力完成生产任务，努力提高自身的技术水平，辅导在职训练或辅导助手与新聘员工 ⑰ 注意作业安全，严守操作规程；举升机在工作或车辆在起动中，严禁进入车底作业，机头作业要防烫，千斤顶与物件避免硬性接触，且保证接触安全有效，车底作业时严防车滑溜；应按规定的顺序和力矩拆卸、拧紧关键部位的螺栓、螺母

12. 保修员

保修员职能描述见表1-12。

表1-12 保修员工作职责

职能层级	直接上级是技术部总监，所属部门为售后服务部
工作内容	全面负责经销店售后质保、索赔管理工作
工作任务与职责	① 保修员必须经培训后上岗，依照相关技术标准负责产品的保修鉴定及索赔 ② 保修员对客户的保修申请应作出及时反应，给客户明确的答复 ③ 保修员应熟悉有关产品的保修条文，保修员对被要求索赔的物品应作出细致、准确的鉴定，无法鉴定的应及时向厂家要求技术援助 ④ 对于确定保修的应及时为客户更换，并将更换件交回仓库编号妥善保管 ⑤ 保修员应按期准时制作保修申请单及相关文件备档，确保索赔成功 ⑥ 经鉴定不属于保修的，应细心、耐心地为客户解释，力求让客户清楚、明白，不得与客户争执 ⑦ 对于经鉴定不属于保修的，而客户仍不能满意的情况，保修员应及时通知相关领导及技术部门和厂家，协助解决 ⑧ 对于不属于保修或超出保修许可金额的物品，保修员不得随意为客户提出索赔请求

13. 工具管理员

工具管理员职能描述见表1-13。

表1-13 工具管理员工作职责

职能层级	直接上级是技术部总监，所属部门为售后服务部
工作内容	负责车间维修设备与工具的管理
工作任务与职责	① 遵守公司的各项规章制度 ② 工具室是公司专门管理工具及专用维修设备的部门。室内除管理人员外，其余人员不得随意入内 ③ 工具管理员要认真负责，遵守公司工具管理制度，做好工具的保管、清洁等管理工作 ④ 建立健全工具管理总账，设立工具管理员分账，临时借用工具管理登记，各种账卡要求数据准确，项目清楚，增减及时，传递方便 ⑤ 维修工人领用工具须履行借用手续后，方可放出 ⑥ 维修人员所借常用工具要精心保管，不得丢失、损坏，工具管理员要定期抽检，如发现工具丢失，责任当事人应写出检查并报有关负责人和财务部，按有关规定进行罚款和赔偿 ⑦ 工具管理员不得将工具私自向公司外部借出，如经发现按盗窃论处 ⑧ 维修人员因违反操作规程损坏工具，工具管理员应立即与有关负责人联系，拿出处理意见，并上报有关部门，否则视为保管不当，予以同样处罚 ⑨ 严格执行工具、量具使用年限的规定，对于个人使用的维修工具、量具，应按时发放

14. 司机

司机职能描述见表 1－14。

表 1－14　司机工作职责

职能层级	直接上级是售后服务部经理，所属部门为售后服务部
工作内容	负责车辆管理与维护
工作任务与职责	① 爱护车辆、精心维护。每天做好出车前、行驶中、收车后例保工作 ② 遵守道路交通安全法律、法规及其他规则。集中精力开车，安全谨慎行车。不开英雄车、不开带病车、不带情绪开车、严禁酒后驾车 ③ 定员定车。非经公司领导批准，不得将车交给其他司机驾驶。严禁将车交给无证人员使用 ④ 服从调度，不得未经调度行车。下班后车辆应按时归库。车辆如在外发生机械故障应立即报告公司领导。如外单位或人员需用车，必须得到公司总经理的签批方可安排车辆，否则不能派车 ⑤ 装载的货物，应按规定办妥手续。货物装车有序，易碎、易折、易漏件，应做好防跌、防压、防折、防倒置的工作。货物上车前，应认真根据清单点货，并在调拨单上签全名确认 ⑥ 车辆需维护、修理或购置燃润料，均需向公司领导请示，经同意后进行，其所耗费用据实核报 ⑦ 司机应该承担保管好车辆和车上承载货物的一切责任，因而司机离车应收起车锁匙和锁好车门 ⑧ 公司强调司机要遵守交通法规，要谨慎、安全驾驶车辆，要珍惜自己、珍惜他人，珍惜车辆。如鲁莽驾驶，造成人员伤亡及车辆损坏，应由开车的当事人承担一切责任。交通事故的处理原则应以交警部门的裁定和保险部门的估价为准。造成交通事故或有损坏，应即时报告车队长 ⑨ 车队长应严格按照上述要求进行检查，严格执行派车工作，爱护车辆，每天定人清洗车辆

1.1.3　售后服务规范

售后工作人员有哪些工作职责要求？

售后服务流程是一个有序的过程。这个过程中的每个环节都应该有相关的法规和实施细则。从接到维修任务或质量信息开始到服务结束，必须保证维修信息与客户信息准确，以便及时有效地解决问题。解决问题后，应当处理好后续事项，如做好售后记录、汇报处理结果、做好售后调查、形成完整的历史记录等。

1. 工作规范

(1) 服务站工作人员通用行为规范

1) 服务人员的着装、仪表应当统一、整洁，并按厂家规定佩戴工作标牌。

2) 真诚微笑待客，在客户到站时快速出迎并主动问候，接待客户时，应体现礼貌，要表示欢迎，与客户达成交易时，要表示谢意。

3) 当有客户来店时，要面带微笑地起身迎接客户。

4) 在接电话时，一定要轻拿轻放，要等对方先挂机后才能挂断电话。电话接打规范如图 1-5 所示。

图 1-5　电话接打规范

5) 接递名片时要用双手接递，而且在递名片时要将名片上文字朝上的方向对着接名片的人，以便客户阅读。

6) 在请客户坐下时，客户没有坐下之前，自己不能先坐下。

7) 以关怀友善的态度认真听取客户反映的情况，接待客户时，不要吸烟。

8) 详细询问车辆使用、维护、检修的情况和故障发生的过程，在处理客户的诉求时，必须严格遵守规章制度及工作流程的要求。符合保修规定的，做好登记并及时安排维修，不符合保修规定的，应详细、准确地向客户说明原因。

9) 对客户提出的问题要有问必答，自己不清楚或不在自己职责范围内的问题，一定要将客户介绍给清楚的人或相关责任人，在自己职责范围内的事情，不得推诿及敷衍客户。

10) 为客户服务完后，一定要将客户引导到下一道程序的相关部门并介绍给相关岗位人员。

11) 把客户引到休息室时，别忘了给客户倒水，并提醒客户可以看看有关的产品宣传资料或供休闲的报纸、杂志等。服务人员工作规范如图 1-6 所示。

12) 工作时间，服务站工作人员不得在客户休息室休息。

13) 向客户详细说明维修项目、费用构成、完工时间。如果有争议，不要与客户争辩，即使客户的言论是错误的，当客户抱怨时，在任何情况下，都不能与客户发生争执，首先要控制好自己的情绪，保持微笑，耐心地倾听、了解客户的想法，分析客户的心理，然后设身处地地为客户提供满意的服务。

图 1-6　服务人员工作规范

(2) 车辆维修服务作业规范

1) 严格遵守维修技术规范。

2) 如图 1-7 所示，维修过程中应认真仔细，保证维修质量。

3) 对换件项目须向客户讲明原因，并将换下的零件让客户过目。

4) 保持客户车辆干净，正确使用防护套。

5）对随车物品不能随便翻动，尊重客户，不得指使客户帮助操作。

（3）车辆交接工作规范

1）与客户共同验收车辆，客户满意后，请客户签字认可。

2）对客户提出的疑问给予认真解答。

3）保证客户车辆外部、内部干净整洁。

4）引导客户交费结账。

5）对客户的车辆状况和下次维护时间及时说明。

图 1－7　维修车辆接待检查

（4）外出救急工作规范

1）不接受客户宴请和馈赠礼物。

2）接到救援电话，详细询问并做好记录，快速赶赴施救现场。

3）不做任何有损 4S 店形象的事情。

4）维修完成后，请客户签字确认。

（5）客户投诉处理规范

1）热情地接待，耐心地倾听，细致地询问。

2）站在客户的立场上处理投诉，相互理解，查明真相，迅速处理。

3）切实改善服务质量，避免再次发生。

4）对客户的不安表示同情和理解，为给客户带来的不便表示道歉。

2. 工作环境规范

（1）外观形象

1）站牌标识清晰，各类指示牌明显并且保持整洁，前台工作环境与形象规范如图 1－8 所示。

2）夜间灯箱照明正常。

3）围墙、栏杆不可残缺、锈蚀。

4）墙面整洁、无污染或剥落，玻璃清洁。

5）地面无油渍和垃圾杂物。

图 1－8　前台工作环境与形象规范

（2）业务接待区

1）业务接待室标志清晰。

2）背景板必须符合 4S 店服务形象要求。

3）现场整洁规范，无垃圾、杂物和乱摆乱放现象。

4）墙面、地面和窗户干净清爽。

（3）客户休息室

1）如图 1－9 所示，各类设备完好无破损。

2）报纸、杂志及时更新、摆放整齐。

3）环境干净整洁，废物箱须及时清理。

4）装修要体现经销商文化氛围，突出4S店的服务理念。

图1-9　客户休息室

（4）配件区

1）各类标志明显、清晰。

2）柜台货架配件摆放整齐、合理。

3）各类配件代码与4S店配件代码一致，标明配件名称及零售价格。

4）现场干净整洁，无明显灰尘。

（5）修理车间

1）如图1-10所示，各类标志明显、清晰。

2）墙面保持整洁、无污染或剥落。

3）维修车辆摆放整齐、规范。

4）各类设备整洁、完好，摆放整齐、规范。

5）维修工具和零部件须有专用盛放器具，不得随意乱放。

6）地面无油渍和垃圾杂物。

7）车间通风、采光良好，照明设备无损坏。

图1-10　修理车间

8）废旧零件及杂物应定点存放，有废物桶并及时清理。

9）4S店专用修理车间应具有4S店氛围。

10）废水经处理后排放、废油要回收处理。

（6）公开项目

1）在业务接待室的醒目位置处张贴组织机构图、车辆维修工作流程图和员工岗位职责。

2）在客户休息室的醒目位置设立公开栏。

3）公开经销商售后服务电话、各公开服务电话和服务站的投诉电话。

4）客户监督栏展示服务站员工的姓名及彩色照片。

5）设立客户意见箱或客户意见登记本。

6）常规维修项目价格表及配件零售价格表。

7）服务站维修质量承诺。

8）车辆强制维护项目及零部件保修期限内容。

（7）客户档案

1）到服务站进行维护与维修的车辆，必须100%建立客户档案。

2）所有客户档案要严格按照维修服务管理系统的要求仔细填写所有项目，必须做到完整、准确。

1.2 实践训练

	实训任务	策划成立售后团队
	实训准备	可上网的电脑、白板笔、白板纸、移动白板
	训练目标	通过实训能够掌握4S店的组织结构与组建的方法 能够知道售后部门不同岗位的职责要求与部门运营的规范
	训练时间	90min
	注意事项	每一位同学都应当积极发言，能够在讲台上清晰地回答出老师提出的问题

任务　策划成立售后团队

任务说明

每个小组调研两家不同品牌的汽车4S店汽车售后部门的业务组织结构，比较两者差异，假设自己也开一家4S店，请设计自己的售后部门，确定各个部门与岗位职责，并形成报告。

实训组织与安排

教师活动	• 指导学生研讨4S店售后部门的运营与部门结构，完成任务中要求填写的内容
学生活动	• 按照任务中的要求填写出要求完成的内容 • 组员之间应能积极沟通交流学习心得与经验，互帮互助

任务操作

策划小组	
策划人	
确定售后团队目标	短期目标：
	长期目标：

（续）

<table>
<tr><td rowspan="27">职权建设</td><td rowspan="3">1</td><td>岗位：</td><td>责任人：</td></tr>
<tr><td>工作安排：</td><td>人力资源计划：</td></tr>
<tr><td colspan="2">负责工作范围：</td></tr>
<tr><td rowspan="3">2</td><td>岗位：</td><td>责任人：</td></tr>
<tr><td>工作安排：</td><td>人力资源计划：</td></tr>
<tr><td colspan="2">负责工作范围：</td></tr>
<tr><td rowspan="3">3</td><td>岗位：</td><td>责任人：</td></tr>
<tr><td>工作安排：</td><td>人力资源计划：</td></tr>
<tr><td colspan="2">负责工作范围：</td></tr>
<tr><td rowspan="3">4</td><td>岗位：</td><td>责任人：</td></tr>
<tr><td>工作安排：</td><td>人力资源计划：</td></tr>
<tr><td colspan="2">负责工作范围：</td></tr>
<tr><td rowspan="3">5</td><td>岗位：</td><td>责任人：</td></tr>
<tr><td>工作安排：</td><td>人力资源计划：</td></tr>
<tr><td colspan="2">负责工作范围：</td></tr>
<tr><td rowspan="3">6</td><td>岗位：</td><td>责任人：</td></tr>
<tr><td>工作安排：</td><td>人力资源计划：</td></tr>
<tr><td colspan="2">负责工作范围：</td></tr>
<tr><td rowspan="3">7</td><td>岗位：</td><td>责任人：</td></tr>
<tr><td>工作安排：</td><td>人力资源计划：</td></tr>
<tr><td colspan="2">负责工作范围：</td></tr>
<tr><td rowspan="3">8</td><td>岗位：</td><td>责任人：</td></tr>
<tr><td>工作安排：</td><td>人力资源计划：</td></tr>
<tr><td colspan="2">负责工作范围：</td></tr>
<tr><td rowspan="3">9</td><td>岗位：</td><td>责任人：</td></tr>
<tr><td>工作安排：</td><td>人力资源计划：</td></tr>
<tr><td colspan="2">负责工作范围：</td></tr>
<tr><td>制订工作计划</td><td colspan="3"></td></tr>
<tr><td rowspan="4">对现有资源进行分析</td><td colspan="3">可用资源：</td></tr>
<tr><td colspan="3">待建资源：</td></tr>
<tr><td colspan="3">风险分析：</td></tr>
<tr><td colspan="3">能力分析：</td></tr>
</table>

（续）

建立各项规章制度	运营管理：
	前台接待：
	客服：
	财务：
	配件：
	保险：
	车间：
	技术部：
	设备：
	保洁：

1.3 探讨验证

教师活动	• 组织学生对售后部门组建的结果进行汇总，形成报告让学生在讲台上对小组成果进行展示与总结。再针对深层问题，引导学生进行问题探讨
学生活动	• 在课堂上积极回答老师的提问与问题讨论，将小组完成的调研报告对大家进行讲解，并完成老师提出的问题探讨

问题探讨	
1. 售后部门岗位应当根据什么来设定？如何优化部门的管理？	
2. 组织设计的结构方式会对后期的运营管理产生什么影响？	

项目小结

本项目的学习目标你已经达成了吗？请通过思考以下问题的答案进行结果检验。

序号	问题	自检结果
1	什么是组织？作用是什么？	
2	汽车售后的岗位职能有哪些类别？	
3	售后部门组织管理原则有哪些？	
4	部门制度建立的目的有哪些？	
5	售后服务部经理的职责有哪些？	

（续）

序号	问题	自检结果
6	车间主管的职责有哪些？	
7	售后前台业务接待的职责有哪些？	
8	服务站工作人员通用礼仪行为规范有哪些？	
9	车辆维修服务作业接待规范有哪些？	
10	修理车间工作规范有哪些？	

项目练习

单项选择题

1. 汽车4S店是以汽车（　　）为一体的经营团体。

A. 销售、维修、咨询　　B. 二手车、维修、配件和信息咨询

C. 销售、维修、配件和二手车　　D. 以上都不对

2. 评价职能效率有效性目标的维度有（　　）三个方面。

A. 组织绩效、组织成员满意度、产品生命力

B. 组织绩效、客户满意度、组织生命力

C. 组织绩效、组织成员满意度、组织生命力

D. 以上都对

3. 组织制度建设目的是促进组织的（　　）。

A. 目标协同、功能协同、行为协同、观念协同

B. 目标协同、功能协同、客户协同、观念协同

C. 目标协同、市场协同、行为协同、观念协同

D. 以上都不对

4. 详细询问（　　）情况和故障发生的过程。

A. 车辆使用、保修、年检　　B. 客户的详细档案、资料、信息

C. 车辆使用、维护、检修　　D. 以上都对

5. 当客户抱怨时，耐心地倾听、了解客户的想法，分析客户的心理，再（　　）

A. 有理有据与客户辩解　　B. 设身处地为客户着想

C. 用冷处理的方式将问题化解　　D. 以上都不对

问答题

如何实现有效的组织管理？

思考与讨论

1. 售后服务经理的主要工作职责是什么？

2. 在接待客户时，如何处理不符合保修规定的要求？

项目二　汽车售后服务流程与管理

学习目标

完成本项目的学习后，能够达到以下目标：

- 掌握预约服务与电话邀约流程与方法
- 掌握客户接待技巧与车辆检查要点
- 掌握车辆委托维修流程
- 掌握车辆交接与异议处理方法
- 掌握跟踪服务方法

2.1 基础知识学习

一个标准的汽修运转流程是由前台、车间、库房配合完成的一套完整的动作。汽车维修流程由客户接待、维修派工、客休安排、维修领料、完工确认、结算出厂、客户回访等步骤组成，在整个流程中需要配件管理、库房管理、财务管理等配合，共同完成车辆维修。各部门之间应当相互配合，分工明确，才能保障整个汽车维修过程有条不紊地展开，本节将重点学习汽车售后服务流程。

学生准备

学生在正式上课之前，应当做好如下准备：

- 在课前预习老师安排的教学内容，完成老师推送的学习准备。
- 接受老师的课堂任务并认真执行。
- 准备好本次学习内容的范围内需要向老师提出的问题。

2.1.1　预约服务与电话邀约

什么是预约？

预约是通过服务预约及时联系客户，记录客户关注的问题和车辆症状，和客户一起确定服务项目或按照客户的要求，根据客户和车间条件安排适当的服务时间。预约服务是汽车维修经销商增加市场份额，维护客户群，提高客户满意度的重要手段。预约服务链如图 2－1 所示，为客户预约是一项服务，也是一种体验，现代人的工作时间观念越来越强，作为汽车维修客户，每个人都不想因为汽车维修保养浪费太多时间。对于业务量相对繁忙的经销商而言，有效利用和推广客户预约服务不仅可以起到削峰填谷的作用，还可以有效降低经销商的人力成本，提高运营效率和管理成本。

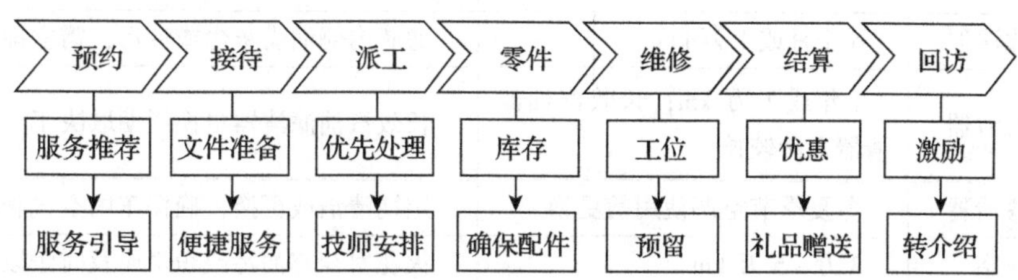

图 2－1　预约服务链

预约的优点是：

1）通过预约可以提前预留工位，预先准备好配件，并且登记、进店等各个环节都有优先权，可以缩短客户非维修等待时间从而节省客户的宝贵时间，有更多的时间进行咨询、沟通。

2）预约服务可以提前安排技师和服务作业所需要的零配件，技师可以立即投入预约车辆的维护或维修工作，并且可以享受一定的减免工时等。

3）预约保养的客户可以得到不同程度的优惠，如工时费打折、参加抽奖、赠送礼券等。消费者不但可以节省时间，还可以拿到实惠，得到一份意外的惊喜。

4）经销商也可以更有效地利用自己的资源，合理分配劳动力，尽可能地分散工作量，提高 4S 店的工作效率。

5）客户可以避开维修的高峰期，根据自己的实际情况来选择时间。

在日常服务工作中，可以通过 DMS 或 CRM 软件系统里的客户提醒功能以及维修信息方便地检查客户的车辆服务情况与维护时间，利用系统中的保养提醒功能，主动预约客户进行车辆的定期维护。汽车的保养周期见表 2－1。

表 2－1　汽车的保养周期

项目	名称	检查周期	注意事项
油液	机油	每 6 个月或者 5000km 以先到者为准（如 6 个月只跑了 3000km 也需要更换）	使用矿物油的车辆行驶 5000km 就必须换油；使用合成机油的，其换油里程可延至 8000 ~ 10000km；不同品牌的机油不要混合使用
	防冻液/水箱宝	2 年或 4 万 km	加注防冻液前，清洗发动机冷却系统；禁止直接加注防冻液母液
	制动液	2 年或 4 万 km	注意根据原厂型号更换，不要混用
	助力转向液	4 万 km	更换时注意原厂型号，不可换错
	手动变速器油	4 万 km	变速器油和加油器塞子冷却后检查油位
	自动变速器油	6 万 km	取决于路况，路况好的可 10 万 km
	空调制冷剂	制冷效果差时检查管路压力，必要时添加更换	长时间高压环境下工作会泄漏

（续）

项目	名称	检查周期	注意事项
四滤	机油滤清器	6个月或5000km	与机油同期更换；安装新滤芯时，不要用滤清器扳手拧得过紧，以防造成损坏
	空气滤清器	6个月或1万km	滤芯内侧沾满灰尘或油污，需立即换新
	汽油滤清器	1年或1万km；长效汽油滤清器寿命较长	长效汽油滤清器更换周期取决于油品质量
	空调滤清器	冬夏季节空调使用前更换	定期清洁或更换，确保车内空气新鲜
易损品	火花塞	3万~5万km	火花塞存有油污或积炭应及时予以清洗
	高压线	3万~5万km	随火花塞一起更换，直接点火的除外
易损品	制动片	4万~6万km更换	大多数车型有报警刮片，达到磨损极限后会发出金属刮擦的噪声，提醒更换
	制动盘	10万km左右检查更换	
	离合器片	12万km左右更换	一般连同压盘和分离轴承一起更换（离合器三件套）
	球笼防尘罩	每次更换机油时检查	
	刮水器刮片	每6个月至1年更换一次	刮水器刮片并非越长越好；注意刮水器电动机是否有噪声，以防烧毁电动机
	正时链	10万km检查	一般可终身免换
	正时带	6万km更换	
	传动带	检查松紧度及表面是否有龟裂现象	包括发动机传动带
保养	轮胎换位	用相同型号轮胎每行驶8000~13000km时应进行换位	型号不同的轮胎不能从前轮换到后轮
	轮胎动平衡	更换轮胎或补胎后，行驶时转向盘抖动	
	四轮定位	3万~4万km做一次定位参数检测	多见下悬架胶套损坏导致定位值失准现象
	清洗节气门	1万km，建议每5000km清洗一次	清洗后进行节气门初始化或电子匹配
	清洗燃油系统	3年9万km以上的车需要清洗	新车不需要洗
	清洗润滑系统	3年9万km以上的车需要清洗	新车不需要洗
	轮胎充气气压	原厂规定气压，上下浮动0.1Bar	最好自己准备一个气压表，跑长途前检查一下；充气要注意清洁
	清洗水箱	2年	与防冻液一起更换

维修预约一共有三种——主动预约、被动预约和网上预约。

1. 主动预约

有效预约可分为三类：定期保养提醒、边际客户征集、流失客户和活动促销征集。如果客户对汽车了解不多，或者没有时间关心他的汽车应该保养或修理，维修中心定期查看客户的档案，给客户打电话，提醒他应该保养他的车，并与他预约让他到维修中心做维修，这叫作主动预约。主动预约流程如图 2－2 所示。

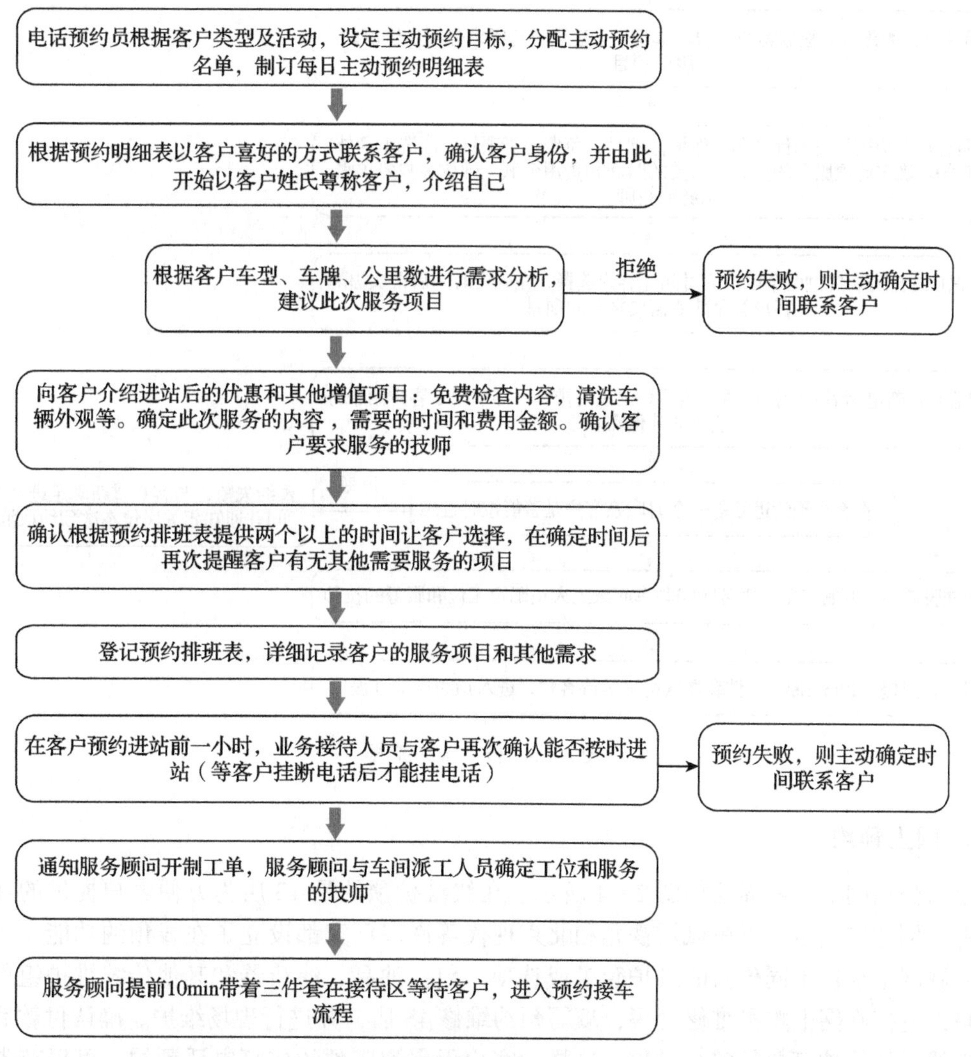

图 2－2　主动预约流程

注意：预约登记表一式四份，分别送服务经理一联，配件经理一联，车间一联。预约人员自留一份；预约排班后，在预约看板上做登记。

2. 被动预约

被动预约分为一般维修预约、保养预约、理赔预约，被动预约是指当一些顾客觉得汽车出了问题并且需要修理时，或者一些客户可以参考手册并了解必须定期维护汽车。在这种情况下，客户会打电话给我们主动预约。被动预约流程如图 2－3 所示。

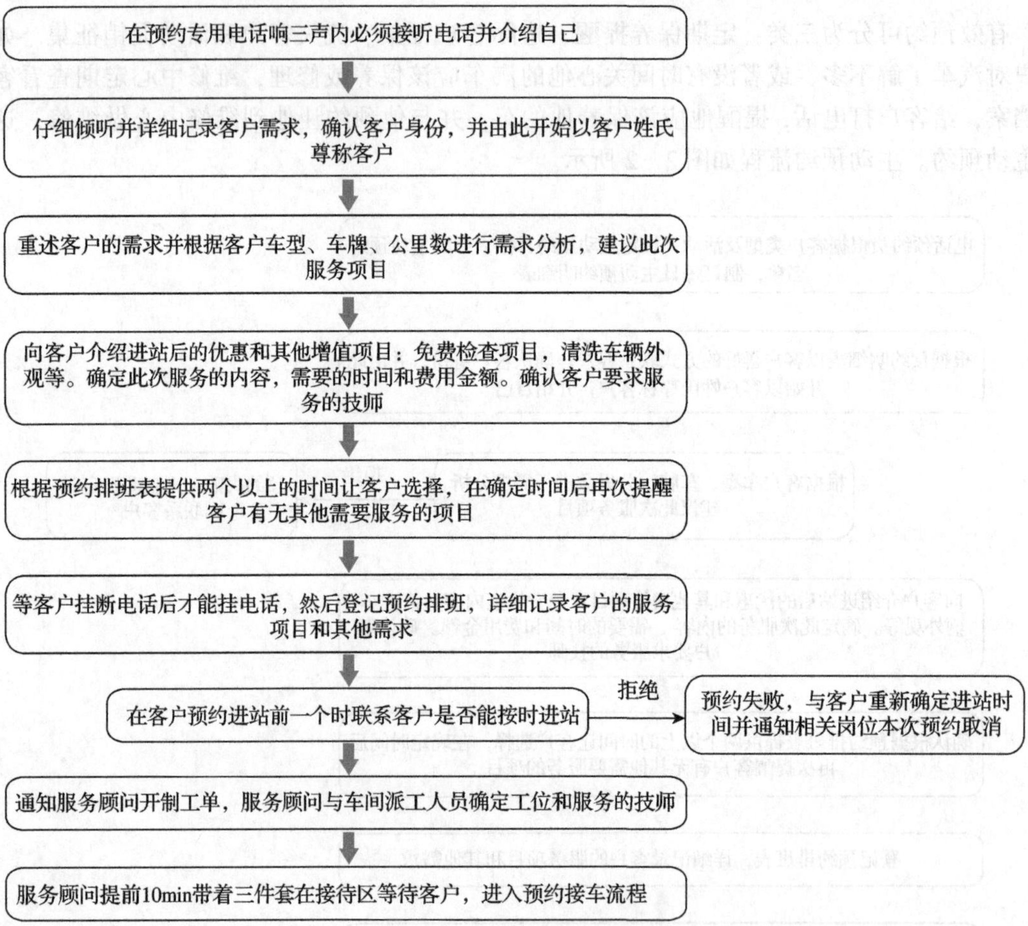

在预约专用电话响三声内必须接听电话并介绍自己

↓

仔细倾听并详细记录客户需求，确认客户身份，并由此开始以客户姓氏尊称客户

↓

重述客户的需求并根据客户车型、车牌、公里数进行需求分析，建议此次服务项目

↓

向客户介绍进站后的优惠和其他增值项目：免费检查项目，清洗车辆外观等。确定此次服务的内容，需要的时间和费用金额。确认客户要求服务的技师

↓

根据预约排班表提供两个以上的时间让客户选择，在确定时间后再次提醒客户有无其他需要服务的项目

↓

等客户挂断电话后才能挂电话，然后登记预约排班，详细记录客户的服务项目和其他需求

↓

在客户预约进站前一个时联系客户是否能按时进站 —拒绝→ 预约失败，与客户重新确定进站时间并通知相关岗位本次预约取消

↓

通知服务顾问开制工单，服务顾问与车间派工人员确定工位和服务的技师

↓

服务顾问提前10min带着三件套在接待区等待客户，进入预约接车流程

图 2－3　被动预约流程

3. 网上预约

宝马公司网上预约界面如图 2－4 所示。在线维护预约是 4S 店为方便客户提供的在线预约功能，例如广汽本田、东风雪铁龙和北京现代等许多厂家都设立了在线预约功能。车辆公司在互联网上提供不同价格的维护套餐或选项，包括油品、滤清器和其他传统维护组件。消费者可以直接在网上购买维修套餐，填写预约维修 4S 店，并进行现场维护。确认付款后，就完成在线预约维护订单的整个过程。这样，客户无需到店预约或打电话预约，可以节省大量的等待时间。经销商则通过在线和离线相结合，使服务变得更加高效。

预约的基本要求：

1）接待员的普通话要标准，语言清晰，能听懂当地方言，了解基本的维护知识，熟悉维护过程和人员的各个方面。

图 2-4　宝马公司网上预约界面

2）用于预约的计算机必须能够及时跟踪客户文件和库存。

3）礼貌热情地向客户致意，了解、回答和记录客户的顾虑。

4）服务站电话振铃设置为彩铃，铃音设置为女性语音。例如，“您好！欢迎来到某某 4S 店，我们将竭诚为您服务。祝您生活愉快幸福。是的，请稍等”。

5）及时从维护档案中检索客户信息，了解客户最近的维护记录。

6）在与客户确认预约服务的内容和进厂的时间后，接待员必须仔细检查客户的预约要求，以重新确认客户的预约要求并防止工作安排中的错误。

7）审查维护的接收能力，并尽可能准确地估计维护成本和交付时间。

8）根据客户反馈估算车辆维修费用，确保实际维修费用不超过预计费用的 30%，并引入近期活动优惠措施。

9）为准备客户拜访，必须在服务站设置客户服务管理看板。

10）对准时赴约和讲信用的客户，可以适当赠送小礼品给予一定奖励。

客户电话登记表见表 2-2。

表 2-2　客户电话登记表

电话分类：□呼出　　□呼入　　呼入类型：□预约　　□咨询　　□投诉

姓名		电话		车型	
车牌		购买时间		行驶里程	
是否救援		是否上门服务		预约时间	
处理人		处理时间			
问题描述：					
处理方案：					
处理结果：					
预约分类：□保养　□返修　□召回　□关注客户					
以往态度	□满意 □不满	不满分类：□价格　□卫生　□配件　□技术　□态度　□形象　□质量			

登记人：　　　　登记日期：　　　　来电时间：

预约客户管理看板如图 2-5 所示。

序号	用户姓名	车型	车牌号	主要维修内容		预计回厂时间	预计交车时间	维修技工/班组	维修顾问	备注
				例行保养	维修内容					
1	周某	XX	京 A12345	√		12:00	13:00		张某	为客户指定班组
2	关某	YY	京 A13245		更换轮胎	13:00	14:00		王某	为客户准备免费午餐
3										
4										
5										
6										
7										
8										

图 2-5　预约客户管理看板

4. 如何安排预约时间

实施预约服务是经销商稳定客户群、提高客户满意度、增加入厂台次、降低运营成本、实现经销商在经营中削峰填谷的有效手段。客户可以享受经销商在预约过程中所给予的优惠、快捷和奖励。但应合理安排预约时间，防止客户产生误解、抱怨。根据业务量的周期性变化，经销商可以在约定时间内合理地安排客户车辆的维修，实现经销商与客户的双赢。预约时间安排策略如图 2-6 所示。

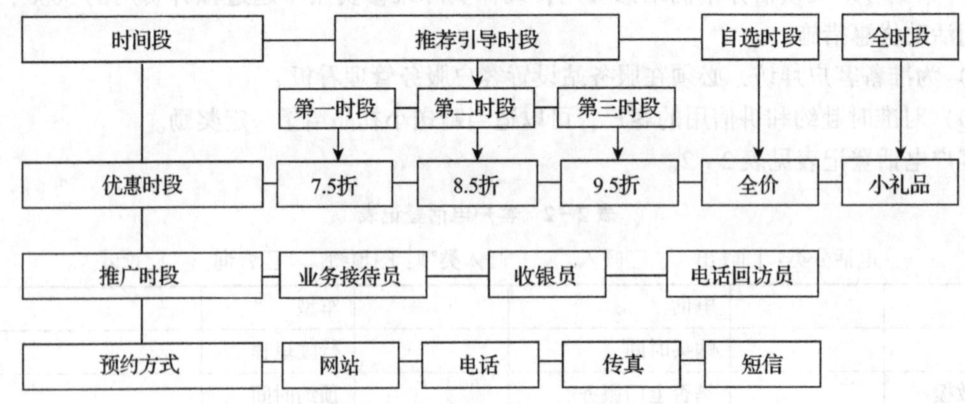

图 2-6　预约时间安排策略

推荐和引导时段是预订服务最重要的管理时段，包括从相对空闲时间到相对忙碌时间的过渡。第一个时间段称为闲置时间，也是经销商利用预约服务分散业务压力、实现工作量平衡的最佳时间段；第二个时间段是业务量发生变化时的双向过渡时期。第三个时间段是一个繁忙的业务时段，但它仍然是一个接受预约服务的时间段。因此，经销商的经营者应该仔细区分这三个时间段的业务量，匹配对应的人力，并出台预约的引导与工作制度。

经销商不能在引导或推荐时间段进行自选时间服务的预约，预约行为由客户在客户选择的时间段内实施。经销商不希望客户在经销商的繁忙时间使用预约优先权利，这会给经销商带来巨大压力。在不合理的时间段处理客户的预约，抱怨和投诉的问题会很多，利用促销服务时段可以促进预约时间的分流，减轻维护的压力，因此在促销期间向参与预约服务的每个客户赠送小礼物或优惠工时费用是预约优惠的另一种表达方式，也是对客户选择预约的一种物质鼓励。例如：维修接待员要为客户预约安排时间，通常以间隔15min来进行预约。比方说，第一个客户如果预约在9:00的话，那就得给维修接待员15min的接待时间，持续到9:15；第二个客户就应该安排在9:15。第三个安排在9:30，以此类推。

但是第四个不应该安排在9:45，而应安排在10:00，要留有15min的应急时间。第一个客户由于某种原因延时5min，第二个客户就会被延迟5min，第三个也会依次被延迟，如果有了15min的机动时间，第四个客户就不会受影响。

如果每一个客户的接待时间缩短了3min，那么就可以提前接待第二个客户。如果客户稍微迟到的话，由于我们已经节省了3min，就不会影响到第三个客户。如果为每位顾客的接待时间节省3min，两位顾客将节省6min。这6min的时间可以与没有预订的客户打交道，比如那些需要返修的顾客或突然出现的情况。

5. 预约服务的相关风险

经销商的运营者对预约风险的了解程度常说明经销商控制风险的能力。为顾客提供周到完善的服务必须是所有员工的责任和义务。然而，作为预约服务的一项要求，经销商的经营者应该分析预约可能出现的风险，制订防范措施，周密计划。以下两个方面的风险控制是经销商需要认真对待的事情：

（1）人数定额限制　在细分实施时段，根据业务量的变化规律，制订合理可预约服务台次，不仅能够减轻员工的工作压力，提高服务质量，还能够不断带动顾客的预约服务需求。对于有预约意向的客户，在三个或更多时间段内进行有效的引导和推荐是预约服务的首要任务。此外，细分期配额限制不仅是对经销商的一种保护措施，而且会改进经销商的预约服务。

（2）工作项目限制　预约服务针对的是具有车辆定期维护或定向性的简单维护项目，其客户也应该在场。因此，在实施预约引导的过程中，客户的车龄、车辆状况和服务要求的优劣也会影响后台控制服务过程和客户对预约服务的满意度。

因此，有必要对预约服务实行车龄限制和工项限制，也是经销商为客户委托预约服务的长期健康发展而采取的重要保护措施。

课堂练习：将学生以4~6人为单位分成6个小组，请同学们按照每个小组的分配分别进行电话预约演练。

注意事项：

针对在第一次致电提醒客户入厂保养时，还没有作出决定是否入厂的客户，进行第二次致电：

1）提醒客户该进行下一次定期保养的日期。

2）向客户确认是否有预约入厂的意向。如果客户有入厂意向，进行临时预约。

3）确认客户入厂时间。

4）确认客户入厂保养内容及其他客户需求。

5）如果客户在第一次致电时明确提出不需要进行下一次入厂或预约，则不需要进行第二次致电。

6）第二次致电的日期应保证在零件部门的零件备货期前进行，以保证零件部门有充足的时间进行零件准备，当预约所需的零件需要订货时，保证能在预约入厂日前将零件准备好，该时间根据各地的实际零件备货期而定。

编写话术：

____

____

话术处理：

____

____

问题记录：

____

____

6. 电话预约实训参考

（1）问候客户

在客户来电三声铃响之内接听电话。

友好地欢迎客户来电（报上公司的名称、地点、自己的姓名，使用当地习惯问候语欢迎客户，如果可能，称呼客户姓名）。

记录客户姓名。

从此以后以客户姓名问候客户。

老客户应被友好地熟识。

（2）明确客户需求

询问客户来电原因（例如：有什么我可以为您服务的吗？某某先生）。

（3）在数据库系统里对客户及车辆信息进行识别

通过姓名/驾驶证在数据库中识别客户。然后决定客户指定的维修顾问。如果需要更改客户和车辆信息，开始“记录客户资料和车辆数据”步骤。

（4）决定是否需要维修顾问参与

根据情况，决定是否安排维修顾问参与进来。友好地告知客户将由一个专业的服务人员接管处理相应问题。

（5）查看维修顾问是否在场

如果维修顾问需要参与进来，查看客户指定的维修顾问是否可以参与。

（6）将相关信息通知维修顾问

维修接待将客户姓名以及相关问题告知维修顾问。

（7）将客户电话转给维修顾问

维修接待告知客户他/她的电话将被转给一位已经了解情况的维修顾问，并请客户不要挂线。如果服务中断请参考其他流程。

（8）可许诺给客户回电话

如果指定的维修顾问无法接听电话，询问客户是否需要转给其他工作人员，或者客户更乐于等指定的维修顾问回电话。如果更乐于等维修顾问回电话，记录客户姓名、电话号码、回电时间，并安排回电。在一小时内或者由根据安排指定的维修顾问给客户回电。

（9）完成客户委托书的前一部分

通常，委托书最初的部分要记下客户的信息与车辆的信息。

请思考并回答如下问题：

1. 客户信息有哪些内容？

____

____

2. 车辆信息有哪些内容？

____

____

7. 向客户提供相关信息

在预约时，向客户提供相关信息。例如，如果客户想要维护，此时应该告知客户相关的维护费用，这些维护项目是公示的、相对标准的维护操作。如果客户更换了制动片，一般维修也可以提供初步报价，因为我们知道标准工作时间费用，知道所需零件是什么，以及价格是多少。然而，有一些修理，例如更复杂的修理，在电话中说不清楚。需要邀约客户的车辆进厂诊断，需要知道有哪些部件，这是不同于正常的车辆维护项目。客户预约进厂维修记录表见表2-3。

此外，在与客户通话时，还可以确定客户的车辆是否需要外部保险。根据客户的信息，并参考原始制造商提供的信息，可以知道客户的车辆是否包括在特殊服务的范围内。

课堂练习：将学生以4~6人为单位分成6个小组，请同学们按照每个小组的分配分别进行向客户提供预约服务的相关信息演练。

编写话术：

____

____

话术处理：

____

____

问题记录：

____

____

8. 确认相关人员的及时到位

接下来，就要考虑技工能否及时到位的问题，比如客户第二天早上9:00到厂，那时有没有技工上班？一定要提前知道技师的工作安排或其他的情况等。

表 2-3　客户预约进厂维修记录表

客户预约进厂维修记录表										
年　月　日										
序号	牌照号码	客户名称	车型	电话号码	指定专人	维修项目	预定进厂时间	预定工时	进厂时间	备注

9. 确认相关零部件的及时到位

同时要确认零部件是否能够及时到位，因为即使是客户要做一个首保，一个正常的保养，也要和零件部确认所需要的机油滤清器、机油等配件是否到位。如果没有，就要通知客户更改预约的日期。

课堂互动：在哪些情况下，确认的配件在维修时出错？

接受了客户的要求后，如果第二天上午 9:00 客户要来进行车辆的维修或保养，那么在当天下班以前，就应该进行相关的准备工作。及时与客户取得联系，还应该在下班前打电话给预约的客户，提醒他不要忘了第二天上午的预约。对没有如期赴约的客户，必须打电话给他，询问他能否赶到。如果不能，是不是需要重新安排预约。这一切都属于接待前的准备工作。

针对在定期入厂保养提醒致电时达成临时预约的客户，进行预约服务准备：

1）制作、打印施工单和估算单，零件出库单。

2）确认零件库存，当零件库存不足时，则需要进行零件订货。

3）向零件部门确认零件到货时间，若不能在预约入厂日到货，则需向客户重新预约时间。

4）打印施工单、估算单、零件出库单，预约准备开始的时间应保证在零件部门的零件备货期前进行，以保证零件部门有足够的时间进行零件准备，当预约所需零件需要订货时，保证在预约入厂日前能够将零件准备好。

5）将施工单、估算单、零件出库单递交技术总监，进行零件准备。

6）根据施工单，确认预约入厂日期、预约工位和维修技师，将施工单和零件出库单递交相应的维修技师。

7）同时将估算单插入维修车辆管理板的“维修准备槽”中。

估算单在维修车辆管理板的“维修准备槽”中的排列，应根据预约日期的先后顺序和预约准备的紧急程度，将重要性最高的排列在最上面，从上至下依次排列。

维修技师根据施工单及零件出库单：

1）确认维修项目及所需零件。

2）向零件部门领取所需零件，放置在预约准备货架的零件准备小筐内。

3）根据预约车辆车牌号码、预约入厂日期、维修技师等制作标签并张贴于零件准备小筐上。

4）根据领取零件在零件出库单上就零件出库状态作出确认。

5）将施工单、零件出库单递交至技术总监。

6）收到施工单、零件出库单，确认零件准备完成后，连同估算单一起从“维修准备槽”中抽出递交服务顾问，告知预约准备已经完成。

7）技术总监在每天工作开始时，应检查入库准备栏内的估算单，确认之前的预约准备已经完成，以及当天需要进行准备的车辆。

备注：

如果客户主动要求进行预约保养维修，但预约入厂时间在零件备货期之内，且零件无库存需要订货时，则需要向零件部门确认零件到货时间，并建议客户更改预约入厂时间。

如果客户要求取消预约时：

1）在客户管理卡和计算机中的客户档案中取消预约记录。

2）如果有零件出库，在系统中进行退库处理。

3）将已经准备好的零件重新放回货架。

4）在系统中将施工单取消。

5）预约车辆数应占维修车辆数的 80% 左右。

6）留 20% 的车间容量应付简易修理、紧急修理，前一天遗留下来的修理及不可预见的延误。

2.1.2　客户接待与车辆检查

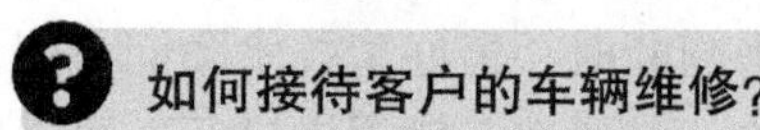

如何接待客户的车辆维修？

1. 车辆接待检查

售后服务流程的作用是明确工作流程，规范流程内容和要求，满足客户的各项服务要求，售后服务人员可以为客户提供标准的服务。为了满足客户需求，树立品牌形象，提高服务效率，在汽车售后服务中，实施售后服务的核心业务流程非常重要。售后服务的核心流程服务理念是“以客户为中心”，规范统一操作标准和规范服务标准。流程优化可以降低运营成本，提高运营效率和客户满意度。维修的质量工艺和标准化维修服务是良好售后服务的保证。目前各家汽车品牌都有自己的售后服务标准流程，各有特色，宝马 4S 店的售后服务核心工作流程如图 2－7 所示，通过各个环节相互配合，可以确保持续的客户满意度。

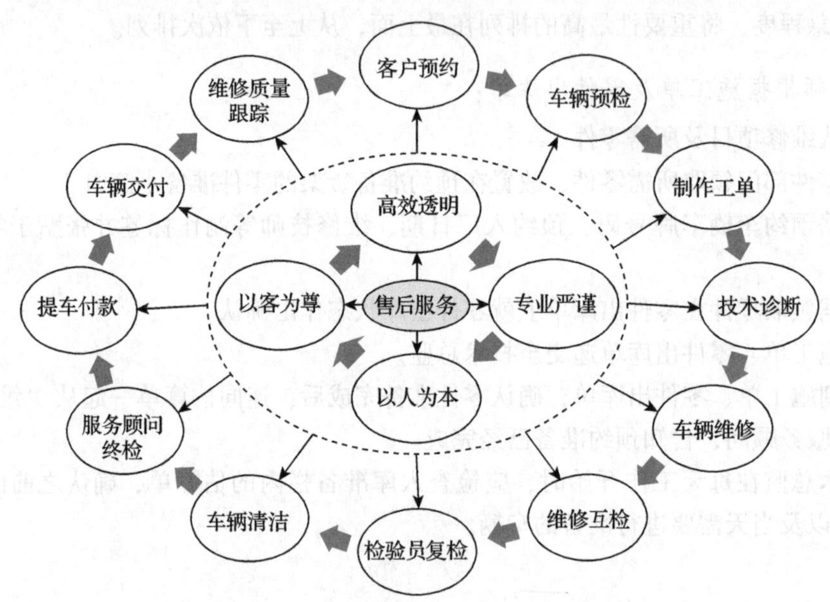

图 2－7　宝马 4S 店的售后服务核心工作流程

汽车维修接待是指负责接待客户的工作人员，对客户的询问进行答复，认真咨询和安排维修工作，及时反馈维修人员与客户之间的车辆信息，进行交谈。与客户进行良好沟通，并建议客户在店内进行定期维护或推荐其他衍生业务，定期向顾客回访。在接待过程中，汽车维修接待人员可以根据客户的车辆使用情况、维修历史等信息，提供合理的维修计划、维修成本评估和维修所需备件的报价。汽车维修接待流程如图 2－8 所示。

售后服务人员必须树立顾客满意思想，这是检验服务工作的标准，必须竭尽全力为用户服务，不允许和用户发生冲突与争执。在服务中，积极、热情、耐心地回答用户提出的各种问题，并指导维护和传授常识。当用户的问题无法回答时，应该耐心地解释并报告售后服务部帮助解决。服务人员要文明礼貌，主动服务，与用户建立良好关系，接到服务信息应在 24h 内答复，需要现场服务的，应在与客户约定的时间内到达现场协助客户解决问题。

在查看车辆的状况时，要确认客户预约内容有无变更，根据故障进行问诊。向顾客询问相关问题时不要使用专业术语，要使用易于理解的语言。使用接车接待表的选项，正确记录顾客描述的故障情况。当客户希望修理的项目由诊断技师来判断时，最好请技术顾问一起协同问诊，根据实际需要采取专项故障问诊单进行问诊。问诊一定要在车辆周围进行，可以根据车辆故障采取 5W2H 七个方面向客户确认车况，在问诊时要如实记录顾客描述的内容，不要使用推测性语言。

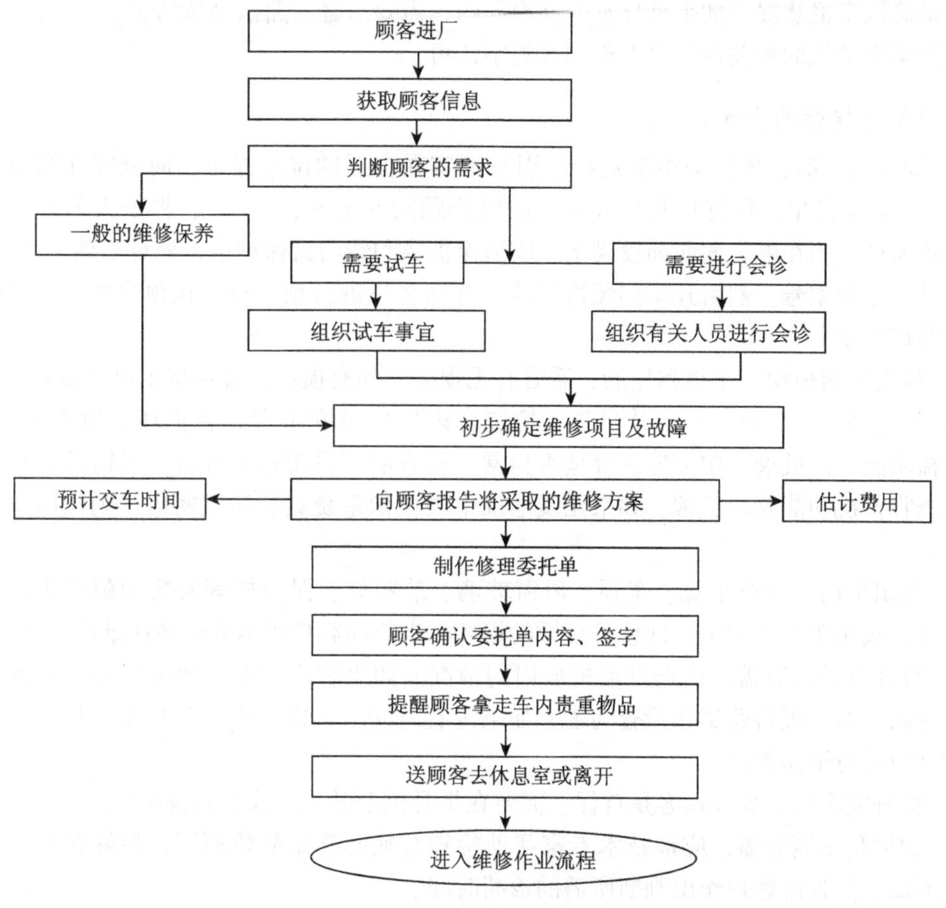

图 2－8　汽车维修接待流程

为避免客户在提车时产生不必要的误会或纠纷，服务顾问在车辆进入维修车间前必须与客户一起对车辆进行环车检查。环车检查的主要内容有车辆外观是否有漆面损伤、车辆玻璃是否完好、内饰是否有脏污、仪表板表面是否有损坏、随车工具附件是否齐全、车内和行李舱是否有贵重物品等，环车检查的重点在于车辆外观状况的确认。在环车检查车辆时，应和车主一起确认车辆外观、将车身上的划痕破损等实际情况填入接车接待表。

环车检查目的如下：

1）4S 店可以避免不应有的赔偿，如已存在的划伤，以及丢失的个人财产。

2）确定客户没察觉的维修需要，如车身划伤或压痕、轮胎异常磨损、刮水器刮片磨损等问题。

对于轮胎花纹的磨损程度、划痕等，提出维修建议，说明外观确认的要点，并作出必要的说明。当对车辆进行目视检查时，服务顾问解释车辆内部的情况，并注意引导的手势。检查行李舱和驾驶室前应得到客户的同意。

行驶里程是一个重要的数据，不能省略，应正确记录。贵重物品应由顾客携带，如果顾客无法携带贵重物品，则应进行登记，并为顾客储存贵重物品。

对于某些车辆的故障，需要在诊断工位进行诊断，如有必要，应与车间主管联系，指派技术人员确认车辆状况。如果是异常的噪声问题，需要与客户路试确认情况。

对于车辆确认的相关内容要取得顾客签字认可。

车辆维修接待的步骤如下：

1）顾客进厂时，要立即微笑迎接，引导顾客在合适的位置停车，向顾客介绍自己。标准话术：“××先生，您好！我是×××的维修顾问×××，……”，将个人名片提交给客户。接待人员应当在顾客面前铺设脚垫、座椅保护罩和转向盘保护罩，核对车辆 17 位数的车架号，并填写车架号。然后开车到预检工位，并与客户进行预检查。在预检查时，维修接待员应填写接车单。

2）检查风窗玻璃、车顶和轮胎，看看有无损坏。如有损坏，应在接车单上做好记录。

3）检查并记录里程、燃油计量等。检查车内部件及安全带是否损坏，检查车内空调，调整座椅功能，门玻璃、中央控制等是否异常，检查照明系统是否异常。天窗是否正常启动等。检查收音机功能是否正常。如果无线电或中央成像系统具有防盗密码，则应向车主询问并记录。

4）关闭车门，检查车身、车顶、风窗玻璃、前照灯、保险杠等安装间隙是否正常，如有异常应在接车单上面记录；即使是轻微的损坏，也应向客户指示并记录在维修单上。

5）打开发动机舱盖，检查发动机舱内的情况。如果客户的车辆故障只能在驾驶过程中发现，应该与客户进行路试来检查问题。如果没有时间，可以要求质量技术人员或技术专家协助和客户进行道路测试。

6）检查完车后，如果顾客是首保，需要在举升机上升起车检查底盘车况。

7）如果是车辆故障，应请技术专家帮助检查车辆并确定故障原因，最好在客户面前进行诊断测试，并告诉客户作出判断所需的诊断时间。

车辆正式进入维修车间前，应正确诊断车辆故障，不要错过任何故障隐患，维修项目应由服务顾问或技术专家决定。要注意的是，维修人员的职责是提出适当的维修建议，确保车辆按时、优质地维修，无权决定维修方案。

在制订维修方案时，应遵循以下原则：

1）定期保养项目包括定期保养、车身保养和更换制动片。

2）提出更多的问题，认真听取客户的故障描述，根据客户的描述判断维修方案。

3）根据工厂检查过程中发现的问题和车辆状况向客户推荐维修项目。

4）维修期间发现的故障应记录在维修委托书上，并建议客户及时处理。

5）客户提出质量保修，必须由保修人员确认，并在维修委托书上注明质量保证范围。

6）估算维修费用、维修所需时间和约定的交车时间。

2. 制订维修委托书

客户同意维修后，开始制订维修委托书。在制订维修委托书时，应登记客户的基本信息和车辆的基本信息。同时，应该清楚地向客户重复维修内容，并通过系统软件查询车辆维修档案，以了解维修历史。如果是第一次进入工厂，客户应尽量获取综合信息，建立客户档案。

1）应当准确记录客户和客户车辆的基本信息，如客户姓名、联系方式、车牌号、里程、颜色、车辆识别号等。

2）记录客户对维修工项所提出的特殊要求或备件。

3）客户同意工作内容和是否需要提供发票的所有信息应记录在维修单上。

4）在输入工作内容时，把汽车附件的问题放在前面，例如开关门有声音、遮阳板有问题等。

5）严格按照客户的说明，用合理的措辞清晰、全面地记录，不使用缩写，不添加注释，每行只能写一个操作。

向客户解释维修单的内容和要执行的工作，用简洁的语言向客户解释可以将对客户的车辆进行何种处理，将执行哪些维护操作或将执行哪些测试。并让顾客填写汽车维修卡，让顾客觉得付出的代价是值得的。在委托书上使用合理的措辞描述要执行的维修工项，向客户复述每个工项，并解释操作的具体内容。告知客户修理的价格和预定的交车时间，以便客户更好地理解维修订单的内容，合理安排自己的时间。

在确认客户完全理解并同意委托书内容后，应当提出以下 4 点：

1）请客户签署委托书，服务顾问也应签署自己的姓名与日期。

2）将客户联单交给客户，作为客户在车辆修理后取车的凭证。

3）通知维修人员进行维修中，并制订维修方案或计划。

4）车间工作人员将委托书副本放在管理看板的交付时间表上，以便查看维修进度与准备交付。

3. 问诊客户车辆，确定维修问题

在实际的维修接待过程中，当服务顾问遇到一些难判断的故障时，有必要进行技术问诊和预检，并与客户进行详细沟通，以了解车辆的信息，并根据初步问诊结果，再结合技术专家给出的诊断建议，给出客户可接受的维修计划。通过问诊和预检，可以明确客户的需求，制订有针对性的解决方案，实施客户关怀，有针对性地服务客户，可以更好地满足客户的要求。

（1）正常问诊服务的基本要求

1）询问顾客的基本信息，包括姓名、最新的固定电话号码和移动电话号码、工作单位、家庭地址等，并登记车辆的基本信息，包括车型、购买日期、车牌等。

2）耐心倾听，认真询问客户车辆的当前故障情况和故障历史，并登记。

3）发生重大故障时，技术人员可以直接问诊客户，必要时与客户进行道路试验，共同确认故障现象或者组织技术小组进行诊断。

4）维修顾问将故障分析诊断结果记录在维修委托书中。

（2）正常检查要求

1）检查车辆，确认客户提出的问题。

2）检查车身、油漆和内部是否有损坏，是否有贵重物品，并提醒顾客。检查车辆各项功能是否齐全、正常，检查车载工具和灭火器是否齐全，检查是否有备胎和气压，并指示车辆油表的位置。在详细确认后，登记检验状态、功能、数量。

3）如有必要，对车辆进行测试，在获得客户同意后，与客户一起路试检查车辆。

4）根据检查情况判断可能的维修项目，并向客户说明维修项目、是否享受三保政策和

预计完工时间。对于暂时无法准确判断的故障现象，向客户说明情况，并预测故障发生的时间，通知客户。

5）确定车辆是否还需要其他维修，并向客户解释发现的问题。同时，要准确、简明、清晰地记录在维修委托书中，并要求客户签字确认。

当问诊和预检时，服务顾问应仔细倾听客户的问题。当车辆问题难以确定时，不要轻易下结论，也不能轻易许诺顾客。对于一些没有明确责任的说明，应明确告知客户。

在客户要修理的车辆进入车间之前，为了体现对客户财产的重视，应该在客户面前对车辆进行必要的保护，盘点车辆物品，并妥善保管。当客户的车辆进入车间后，如果客户不愿意等待或维修时间较长，则可以建议客户选择适当的离开方式。例如，可以建议客户租用临时车辆，或协助客户叫一辆出租车等，甚至可以提供代步车，但是需要与客户签订用车合约。如果客户选择在现场等待修理结束，应该安排客户在休息区休息。休息区应有安静的休息环境、娱乐设施、饮用水等。最好能够直接观察到维修车间，让顾客随时看到车辆的维修情况。

(3) 估价

向客户说明所有需要修理的零件，更换的零件，成本和交车时间。如果客户在休息室，服务顾问应主动去客户休息的地方，而不是打电话给客户。向客户解释时，应该直视客户，这样可以给客户一种正直的感觉。为了更好地向客户传达该检查内容，不要使用技术术语，应使用客户能够听得懂的语言解释。

向客户说明检查所需的时间和交车时间，以确认客户信息是正确的。确定如何处理旧零件并确定客户是否正在清洁车辆。逐项说明维修项目、所需零件、工时和材料成本。获得客户同意的工作内容、费用和完成时间。客户签字确认后，才能进入下一步维修工作。

如果维修人员在维修过程中，需要在休息室接触顾客，应注意工作服的整洁性，维修技术人员必须有一定的沟通技巧。

4. 汽车维修委托书编写规范

汽车维修委托书是客户委托维修经销商的车辆维修合同文本，也称为维修合同，见表2-4。委托书的主要内容有：客户信息、车辆信息、维修经销商信息、维修工作任务信息、附加信息和客户签名。客户信息包括客户姓名、联系人信息等；车辆信息包括车牌号、型号、颜色、底盘号、发动机号、登机日期、里程数等；检查的内容主要包括：车辆是否有划痕、车内是否有灰尘、车辆附件是否齐全、车内是否有贵重物品等。

表2-4 汽车维修委托书

来店时间：　年　月　日　时　分　　交车时间：　年　月　日　时　分							
顾客姓名		车牌号		车型		车辆颜色	
顾客电话		行驶里程		VIN			
保险日期		驾驶证日期		行驶证日期			
维修项目： km 常规保养□　一般维修□　事故车□　洗车□　其他□							

（续）

维修项目	配件	工时	合计	维修项目	配件	工时	合计
1.				8.			
2.				9.			
3.				10.			
4.				11.			
5.				12.			
6.				13.			
7.				14.			
合计							

故障描述	技师诊断结果
发动机加速无力，故障灯点亮	

常规保养检测项目				环车检查	油量显示
机油		全车传动带		外观检查（有损坏处○出）	
变速器油		进气燃油			
转向油		润滑清洗			
防冻液		三元催化			
制动液		轮胎检测			
火花塞		轮毂轴承			
蓄电池		传动轴			
玻璃水		减振器			
刮水器刮片		制动片			
全车灯光		制动液管			旧件：
空调		球头悬架			
音响		转向机			带走 □
座椅调节		门锁机构			不带走 □
安全带		升降玻璃、天窗			洗车 是 □
电脑读取故障码					

接车人签字：	技师签字：	顾客签字：

注意：

① 此单据中预计费用是预估费用，实际费用以结算单中最终费用为准

② 将车辆交给我店检修时，请将车内贵重物品自行收起并妥善保管，以免遗失

2.1.3 车辆委托维修

车辆维修有哪些方法?

汽车修理厂的工作类型主要包括汽车保养、机电维修、钣金喷漆和汽车美容装饰。车辆维修类别是指按车辆运行间隔（里程或时间）、维修工作内容、运行条件等划分的不同类型

或级别的车辆维修。主要操作分为常规维护（日常维护、一级维护和二级维护）、季节性维护和过渡期间的维护。根据《汽车运输行业车辆运输技术规定》，车辆的维护和维修有三个原则：定期检查、强制维护和适当维修。维护和修理有明显的区别。维护操作包括清洁、检查、补充、润滑、紧固调整等，除非主组件必须拆卸，否则不得拆卸。修理是根据定期测试诊断和技术规定确定的修理时间和项目。

汽车修理被定义为恢复汽车的技术或操作能力的技术工作。根据汽车修理的对象和工作深度，可分为汽车大修、总成修理、汽车小修和零件修理四大类。

1. 汽车修理的方法

一般汽车修理的方法有就车修理法、总成互换修理法、专业分工法、综合作业法等。

(1) 就车修理法

如图 2－9 所示，就车修理法是指从车上拆下的零件、合件、总成凡能修复的，经修复后仍装回原车，不进行更换的修理方法。这种修理方法，由于各总成、合件、零件的修复所需时间不等，会影响汽车总装的连续进行。因此，汽车停车修理的时间长，生产效率低，适用于承修车型种类多、生产量不大的小型汽车维修经销商。

当采用就车修理法时，首先在车辆修理后进行外部清洁，然后拆卸组件，再将拆卸的组件拆分成部件并清洗、检查，分为可用的、可修复的和不可用的。可用部件发送到装配组件。待修理的部件要进行修理，然后再装配。不可用的零件用新的或修理过的备件替换。组装完所有零件后，进行测试，然后组装成完整的车辆，通过车辆测试消除发现的缺陷，最后修复车辆。

图 2－9　就车修理法

(2) 总成互换修理法

总成互换修理方法是指用备用的完整总成替换车上的不可用总成。我国规定，在汽车修理过程中，除对原车架和车身进行修理外，其余修理组件可以更换为周转总成。更换后的总成将分别进行修理，并补充到周转总成的备用件进行更换。使用周转总成确保了汽车装配的连续性，缩短了维修时间，并可以用于汽车装配修理与流水作业。

(3) 专业分工法

专业分工法是指根据作业类型、位置、装配或工艺将车辆维修作业划分为若干作业单元。每个单元的维护工作是由固定的一个或几个工人来完成的。单位分工越细，专业化程度越高。该方法的优点是工人劳动效率高，生产效率高，有利于使用专用设备和流水线作业，便于平衡交叉作业，维护质量高。

(4) 综合作业法

综合作业法是指一个团队完成所有维修作业的组织形式。共同参与的工种如机加工、轮胎工、钣金工、电工等，其他专业性较强的工作类型由其他车间完成。这种方法的优点是工人技术全面，责任明确，组织严密；缺点是工人劳动水平低，技术难于提高，维修效率低，维修质量差，不适合大修或大型事故车辆维修。修复工作有传统方式和团队方式两种。

1）传统方式：维修接待员接了一个客户，然后填写了维修单，即委托书，最后传给车间的调度去分派工作。

2）团队方式：如图 2－10 所示，团队式的工作方式是指维修接待员自己带领一组维修技工，他可以直接分配工作。当他发现需要额外维修时，应及时通知客户，就维修服务和价格征得客户的同意后，才能够开展这项工作。

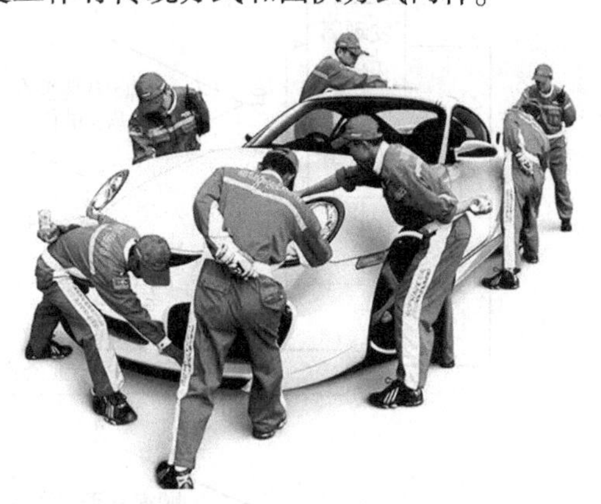

图 2－10　团队方式

对于车辆维修的技术与人员素质要求方面，由于新车型、新技术不断出现，对维修人员的综合技术素质要求越来越高，维修人员应当具备比较丰富的汽车理论知识与实践经验，受过专业培训并取得维修资格后方可上岗。

在日常维修检查中，维修人员应严格遵守维修检查技术规范。更换、添加、检查、紧固等工作应认真全面、准确地完成，并最终完成维护检查表。在故障维修操作中，应根据维修手册和有关操作规程进行维修，并应使用相关的检测仪器和专用工具，避免依靠经验和土方法，严禁违反维修规定野蛮施工。

维修人员收到委托书或工作单后，应当及时、全面、准确地完成维修工作，不得超出维修范围。如果发现维修内容与车辆的实际情况不完全一致，需要增加或调整维修项目，应及时通知业务接待，相关维修成本和完成时间应获得客户同意后，才能更改维护内容，并补充签署维修委托书。车间维修的工作流程如图 2－11 所示。

车间收到维修工作单后，首先根据委托书确认维修工作项目和维修工作时间，了解是否有必要从仓库领料，判断工作难度，分析维修工项和完工时间。评估维修人员的技术水平和工作难易程度，并结合客户要求确定维修工作安排。维修技术人员收到维修工单后，根据工单中的维修项目进行故障诊断，确认车辆故障。如有必要，应安排路试。如果需要拆卸装配来判断故障，则应首先通知前台的维修人员，由业务人员通知客户。

在维修时，根据工作项目，按照维修手册的技术标准进行维修。如果在维修过程中有额外的维修项目或延长的维修时间，必须征得客户同意进行额外的维修或延长维修时间。业务人员应将这些要求详细解释给客户，并让客户签字确认。如果客户已离开维修站，维修顾问可以通过电话与客户联系，并在维修工作单中注明需要增加的额外费用、维修项目的内容、待更换零件、维修成本和交车时间。修理完成后，将修理结果记录在工单上，将旧件分类包装，放在前排乘客座的脚垫处。

业务人员要养成随时记录的习惯，准备一个笔记本并记录维修车辆的维护动态以及意外情况，因为您可能必须同时管理多个车辆，有可能导致遗漏。业务人员要随时与车间保持联系，维修工单签订后，将相关材料及时送交各部门负责人，与各部门负责人保持联系，了解车辆维修的最新进展。随时向相关人员解释有关维修订单的问题，并传达客户的新要求或客户对相关人员的答复。

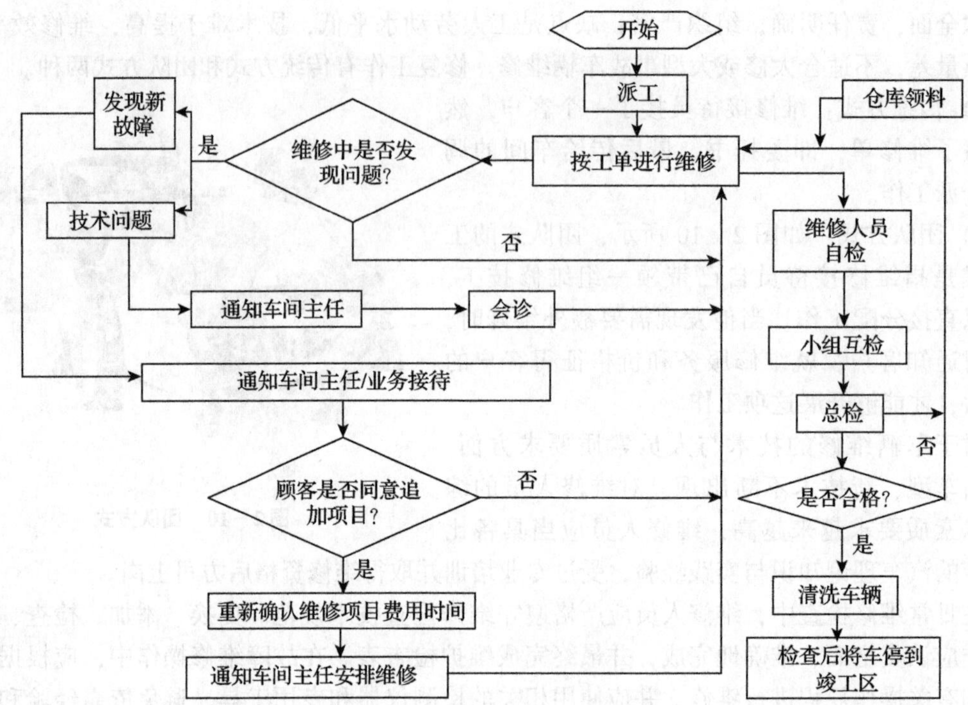

图 2-11　车间维修的工作流程

2. 使用维修进度管理看板

维修进度管理看板如图 2-12 所示，一旦与客户签订了维修委托书，就应该将客户车辆的维修计划反映到维修进度管理看板上，内容包括：主修技工、预计的完工时间，并据此跟踪维修进度，将维修过程中发生的意外情况反映到该看板上。如发现新问题等待客户回复、等待备件、在修、完工待检、检验合格、等待结算等。

维修进度管理看板

进厂日期	车牌	维修项目	机电	钣金	喷漆	接车日期	备注

图 2-12　维修进度管理看板

车辆进入车间维修时，如果需要打开发动机舱进行检查和维护，必须在发动机舱盖的前、左、右侧安装车辆维护保护垫，以避免刮伤车身。维修时应根据表 2－5 进行检查和维修，并将检查的结果记录在汽车保养项目检查表中。

表 2－5　汽车保养项目检查表

序号	保养项目	规格及标准	检查结果
1	怠速和加速	按使用说明书规定	□良　□差
2	机油	按使用说明书规定	□良　□差
3	发动机	目测有无渗漏（机油、燃油、防冻液），	□良　□差
4	机油滤清器	按规定力矩拧紧，并检查是否渗漏	□良　□差
5	V 带张紧力	按使用说明书规定	□良　□差
6	发动机冷却液温度	有异常时检查，直至排除	□良　□差
7	冷却液液面及冷却液泄漏	按使用说明书规定	□良　□差
8	变速器及离合器	按使用说明书规定	□良　□差
9	制动踏板自由行程	必要时调整，停机时踏板踏若干次除去真空助力器中的真空，然后用手指轻轻而缓慢地压下制动踏板，直到感觉有了阻力，测量其是否符合使用说明书规定	□良　□差
10	驻车制动行程、效能	必要时调整，按使用说明书规定	□良　□差
11	外露螺栓、螺母	外露螺栓、螺母，按规定力矩拧紧	□良　□差
12	转向器	有无异响，发卡，给予排除	□良　□差
13	制动储液罐	检查制动液容量，不足时添加符合使用说明书规定的制动液	□良　□差
14	制动软管和硬管	是否漏油、损坏、紧固、定位	□良　□差
15	四轮制动	必要时更换制动片	□良　□差
16	点火线圈、火花塞	工作状态	□良　□差
17	灯光（照明、转向、室内）	功能	□良　□差
18	仪表	功能	□良　□差
19	喇叭、刮水器、洗涤器	功能，补充洗涤液	□良　□差
20	车门、门锁	功能，必要时调整	□良　□差
21	前束	是否符合使用说明书规定（必须调整）	□良　□差
…	…	…	…

维修人员在操作过程中应爱惜客户的车辆，注意车辆的保护和卫生。如果可能的话，需要增加一些保护装置，比如翼子板护垫、座椅套、转向盘套和脚垫等。在维修作业中，应注意文明生产和现场维护，“零件、工具、油水”三不落地，始终保持维修现场清洁、整洁，维护经销商良好形象。

根据国家有关规定，车辆维修费用相关要求如下：

1）严格执行交通主管部门和价格管理部门制定的车辆维修收费标准，按照规定计算维修工时，收取维修费用，不增加作业量、维修工时、价格或收取其他费用。

2）向社会公布各种维修作业的计费项目、工时定额和工时单价，明码标价，让消费者明明白白消费。

3）确定经营项目时，应当向客户报告修理价格，并估计维修成本。特殊维修项目不能立即确定或维修成本高的，应当提前向客户说明。

4）在维修过程中，重要部件需要更换或者需要增加维修项目或延长维修时间的，应当通知客户维修成本与维修时间的变化。

5）严格按照汽车维修技术规范进行维修工作。严禁谎报维修工作项目、遗漏、减项。

6）严禁使用假冒伪劣配件，盗窃汽车零部件，收取材料费用时，应严格按照规定收取材料管理费。

7）遵守国家法律、法规，合理结算费用，列明费用，依法开具发票。

2.1.4 车辆交接与异议处理

车辆交接时要注意哪些问题？

1. 交车及结算

1）结算表是客户结算维修费用的依据。结算报表包括客户信息、客户车辆信息、维修经销商信息、维修项目和费用信息、附加信息和客户签名。客户信息包括客户姓名、联系方式等；车辆信息包括车牌号、型号、底盘号、发动机号、登车日期、行驶里程等。经销商信息包括经销商名称、地址、邮编、银行名称、账号、税号、电话等信息，以便客户联系。维修项目及费用信息包括：进厂时间、结算时间、维修项目及工时、零件编号、名称、数量、单价、总价等。客户签字指客户对维修项目及费用的认可。

2）业务接待应主动向客户解释结算报表上的相关内容，特别是维修项目时间和配件材料成本，让客户放心。如果实际成本与估计成本不同，应该有一个令人满意的解释。

3）如为常规维护，业务接待应向客户提供维修记录，告知客户下次维修的时间或里程，并将本次维修内容记录在车辆维修档案中。如属故障维修，业务接待应告知客户故障原因、维修过程及相关注意事项。

车辆交接标准见表2－6。车辆交接流程如图2－13所示。

表2－6 车辆交接标准

操作	方法与标准
结算车辆维修费用	①向客户递交车辆维修结算单 ②财务人员根据结算单向客户解释维修费用 ③提醒客户对本次服务的满意度进行评价 ④询问客户是否有优惠卡，结算维修费用并开具发票 ⑤介绍近期服务活动 ⑥介绍预约的优惠、赠送预约礼品，并提请下次预约

（续）

操作	方法与标准
交车	①付款后，咨询客户是否满意，如不满意填写意见簿并告知意见簿上的意见由总经理直接查看 ②陪同客户取车 ③当着客户的面，拆掉三件套 ④确认客户愿意接受跟踪服务的方式和时间，并记录到系统 ⑤送客户到服务站门口，感谢客户，目送客户离开

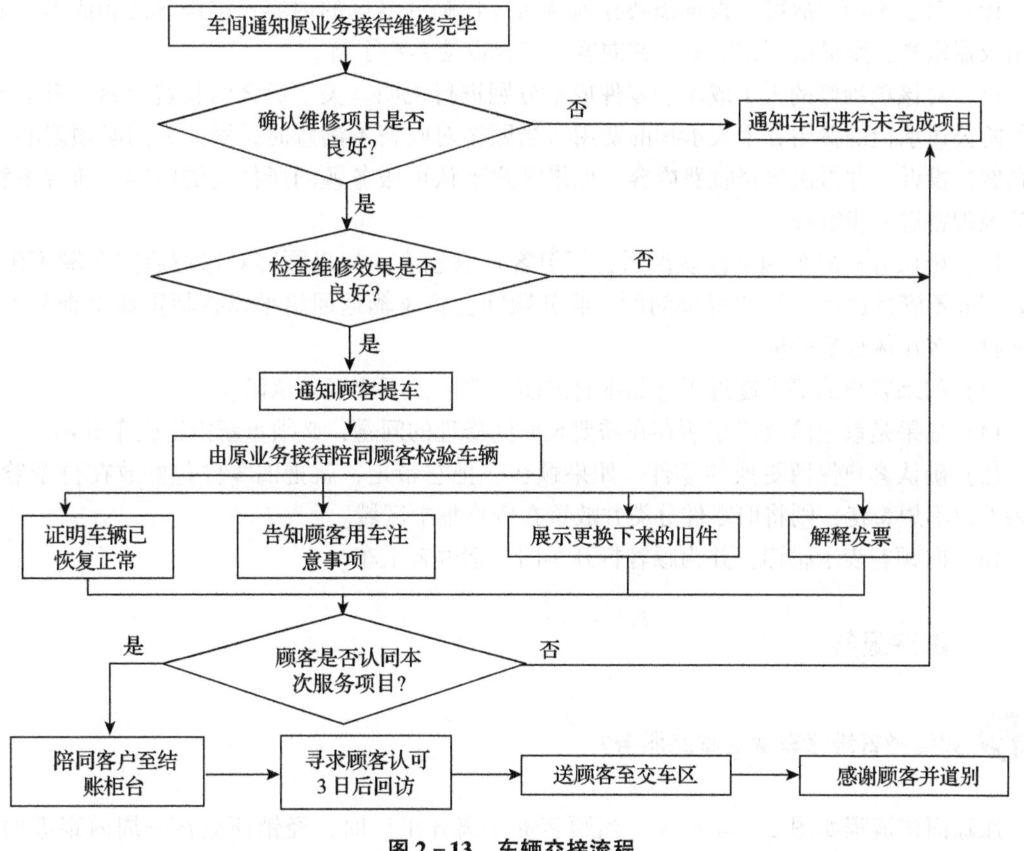

图 2－13　车辆交接流程

2. 维修车辆的最后交接

1）洗车人员清理车辆并通知服务顾问车辆已经移至交车区。告知客户车辆已经免费清洁或车辆内外已经清洁。

2）服务顾问与客户一起确认客户描述的症状已经消除。如果车辆因振动、异常噪声等原因维修，与客户进行路试，确认故障被修复。对钣金项目的维修，与客户确认受损的金属板在修理后是否恢复到原来的状态，以及外观是否与维修前相同。

3）在停车时要注意车辆的方向，方便客户将车开走。

4）当车辆移动到停车位时，应引导确认停车位置的安全。

5）当服务顾问交付车辆时，座椅位置、转向盘高度、镜像位置、音频设备设置等应当尽量恢复到原位。

6）服务顾问重新确认接车接待表、维修工作单，并检查工作内容是否丢失。

7）服务顾问收到检验技术员的最终报告并确认其内容。

8）服务顾问确认维修项目后，打印“发票”“会计凭证”和“维修记录卡”。

9）在确认各种文件正确后，工作人员引导顾客到前台。解释故障的原因和具体位置。在说明维修方法和更换零件时，应将更换后的零件展示给客户进行说明。如果判断可能是由于客户操作不当，向客户解释正确的用法。

10）对于不同的故障，根据需要在前台向客户解释维修的内容、维修方法和成本。如果使用仪器检测，则提供测试数据，并向客户解释以使客户了解。

11）对该项维修的人工成本和零件成本分别进行说明。关于钣金的收费内容，有必要说明保险公司承担的费用和个人承担的费用。当顾客对收费不满意时，服务顾问必须耐心地倾听顾客的投诉，并再次解释收费内容。如果客户不认可服务顾问所描述的内容，前台主管和服务经理将进一步解释。

12）确认客户的车辆维修状况后，了解客户满意度。如果顾客对修理后的车辆不满意，确认引起不满的原因并尽快解决问题，服务顾问会将车辆返回给维修技师重新检查和维修，并安排顾客在休息室等候。

13）如果客户的要求超过了产品本身的质量要求，不要轻易承诺。

14）如果是钣金涂装或车辆存在需要长时间修理的问题，必须重新指定交车日期。

15）确认客户保留更换的零件。如果顾客想把它带走，就把旧零件包好放在行李舱里。如果客户不想带走，则将旧零件分类并放置在废物集中区域。

16）向顾客表示感谢，并为顾客打开车门，请顾客上车。

2.1.5 跟踪服务

如何做好维修车辆的跟踪服务？

跟踪回访流程如图 2－14 所示。当顾客提车离开工厂时，经销商应在一周内跟进回访。体现对客户的关注，了解维修质量、客户接待、收费、维修的时间保证、工作效率等方面的反馈意见，以帮助 4S 店发现不足，改进工作。

跟踪回访是维护服务过程中的最后一个环节。它属于与客户的沟通交流环节，通常通过电话进行。在较大的服务经销商中，主要由专职回访员负责这项工作，而较小的维修经销商可以由服务顾问来完成。业务人员通过电话联系，询问客户的汽车状况和对公司服务改进的意见，询问并帮助解决客户最近的新服务需求，告知相关的汽车应用知识和注意事项，并介绍最近的每一项客户服务，特别是新的服务内容，介绍各种类型的优惠联谊活动，如免费测试周、优惠服务月、汽车使用新知识交流会、老客户联谊会、车友会等。咨询服务的内容见表 2－7。

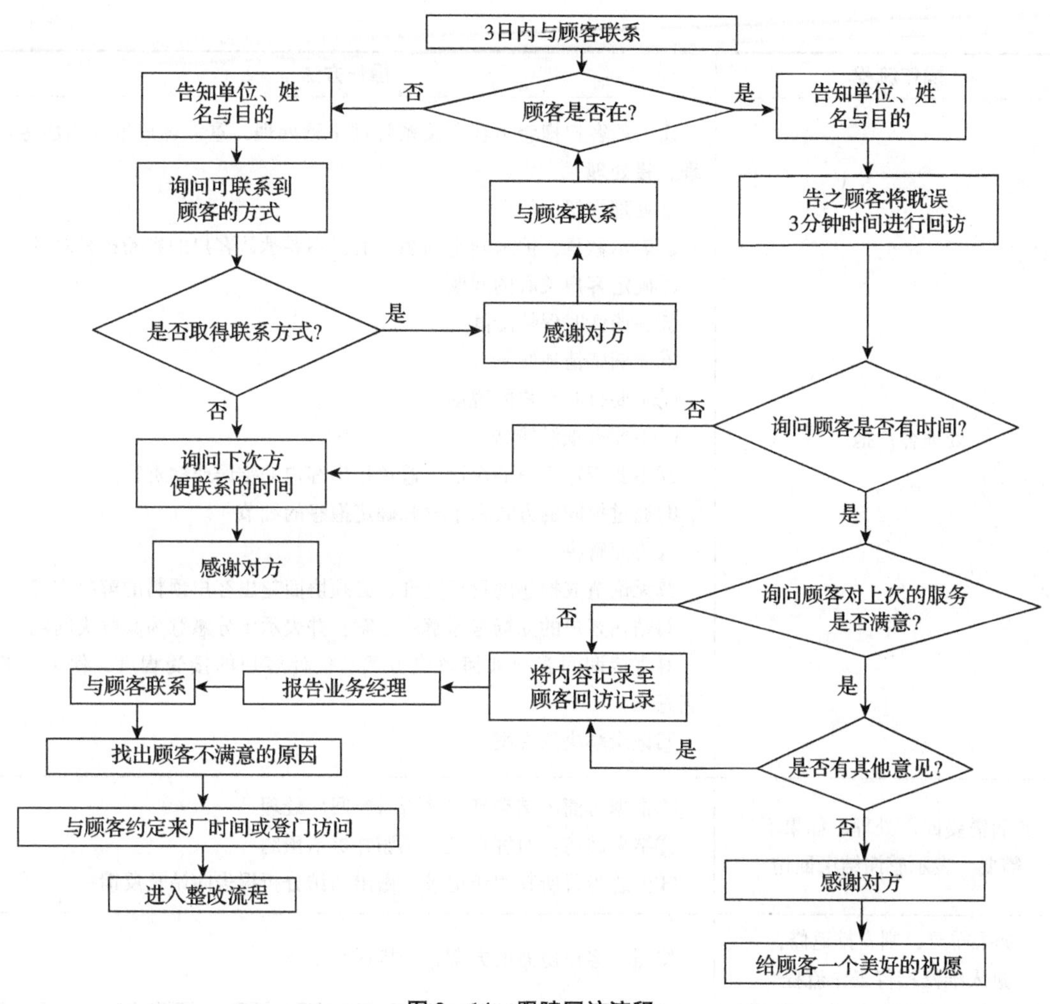

图 2-14　跟踪回访流程

表 2-7　咨询服务内容

操作流程		操作方法
客户联系准备工作		①应准备的资料：当天的维修跟踪记录表、任务委托书、客户档案 ②掌握维修工单上的具体内容 ③做好维修后 3 日内对客户进行电话回访准备
3 日内与客户联系		①按照客户希望的时间及电话联系客户 ②内容：自我介绍、确认客户身份、说明本访问的意图及大概时间，询问是否可以接受回访或另行约定回访时间 ③告知不满意客户对不满的处理结果
询问客户车辆状况	良好	①正式进行回访提问，填写《修后客户回访表》 ②向客户了解维修后的车辆状况是否良好
	不好	需返工的车辆进行返工预约
记录客户抱怨内容		①将客户访问结果记录在“修后客户回访表”上 ②客户抱怨时，向客户关系管理主管汇报

（续）

操作流程	操作方法
处理客户抱怨	①一般客户抱怨由客户关系管理主管处理，重大客户抱怨由服务经理直接处理 ②处理抱怨 ③表示歉意，但未确定问题之前，不要承认客户的判断都是对的 ④确定客户关心的问题 ⑤在谈话时保持冷静 ⑥充满感情地倾听 ⑦不要打断客户的说话 ⑧不要有抵触情绪 ⑨不要否定客户的讲话，避免指出客户的错误或谴责客户 ⑩通过提问的方式来了解和确定抱怨的细节 ⑪协商解决 ⑫无论造成抱怨的责任是谁，必须协商超出客户预料的解决方案 ⑬站在客户的立场考虑解决方案，并表示十分愿意为其解决问题 ⑭直接询问客户如何解决方案，估计客户的接受程度，保证客户满意 ⑮记录解决的方案
是否需要回厂处理，如果不需要，表示感谢结束回访	①根据协商的结果确定是否需要回厂处理 ②结束回访：对客户表示感谢并提请预约 ③汇总当日所有回访记录、做出回访分析报告向站长反馈
如果需要，则安排返修，进入维修接待工作流程	按照与客户协商的方案，安排返修工作

客户回访的主要工作范围是整理客户档案，根据客户地区和行业进行分类，利用微信、电话、信息查询，并负责客户的回访。在回访客户的过程中，确保客户咨询的问题第一时间得到回答。对于那些不能立即作出反应的，应当及时反馈。回访人员的职责如下：

1）跟踪业务员在完成客户车辆维修保养程序后，或在客户拜访公司访谈咨询业务后，在两天内建立相应的客户档案。

2）在研究客户潜在需求的同时，跟踪服务顾问，为下一次服务设计电话内容和回访时间。

3）跟踪服务顾问在客户车辆送修进厂手续办完后，通过电话联系客户，进行售后的第一次跟踪服务，并就客户感兴趣的话题与客户沟通。服务顾问在打电话时，应该主动询问公司的维修质量情况。

4）征求客户对车辆维修服务的意见，向客户表示服务部门的真诚关怀，追求完美的服务态度。记录客户谈话的要点，特别是客户的要求，或希望或投诉，必须清楚地记录并及时处理。能够亲自或者当时作出答复的，应当尽可能多地答复。不能亲自答复或者当时答复的，应当在电话结束后尽快研究，找出解决办法。不能解决的，应当在两天内向前台主管报告，拿出解决方案，并告知客户，必须给客户一个满意的答复。

5）车辆销售后，要及时跟进售后服务。在第一次跟踪服务之后的 3 ~ 7 天内，业务跟踪人员应该与客户联系以进行第二次跟踪服务。电话的内容应该仍然从客户感兴趣的话题开始。内容不要重复，必须有针对性，还应该体现出公司对客户的真诚关怀。

6）公司决定开展客户联谊活动、优惠服务活动和免费服务活动后，业务跟踪人员应提前两周用电话通知客户，然后在两天内将通知函发送给客户。

7）服务顾问必须认真接打跟踪服务电话，包括客户来电询问或投诉电话，登记表格，并保存归档文件。

8）每次跟踪服务的信件，包括通知、邀请函和回复函，都必须以附呈的形式登记并存档。

接受客户投诉时，应及时收集客户服务反馈，回答客户咨询问题，处理客户投诉，填写客户投诉处理表，并根据客户投诉情况向有关部门反馈。协调并监督客户投诉处理的改进，并汇总主管部门的处理信息。对收集到的客户投诉进行处理，及时、积极地与客户沟通，反馈已妥善解决的问题和方法，获得客户认可，最终实现客户满意，如实填写客户返修记录并提交统计表归档。

车辆维修后跟踪工作注意事项：必须确保车辆在修理和交车后 3 天内对每一位客户进行电话关爱回访，以确认修理后的车辆是否处于良好状态。通过这种方式，表达对客户和客户车辆的关注，以及了解客户对本次服务质量的意见。通过回访，正确跟踪和处理有问题或投诉的客户意见，记录电话跟踪的结果并立即向客服主管反馈。跟踪回访记录表见表 2 - 8。

表 2 - 8　跟踪回访记录表

客户信息					
客户姓名		电话		回访日期/时间	
车型		底盘号		任务委托书号	
回访记录					

问题	回答选项		备注
故障是否排除	□是	□否	
接待人员的服务态度	□满意	□不满意	
接待人员说明维修项目	□是	□否	
维修环境和客户休息环境	□满意	□不满意	
继续选择我服务站（忠诚度）	□是	□否	

其他意见和建议：

处理方案：

在回访前填写编号、客户姓名、联系方式、型号、颜色、回访时间、汽车4S店名称等。每个客户都要回访，不可遗漏或重复。如果客户没有时间，应与客户预约，并及时与客户联系，在预约期间进行回访。回访时，应引导客户回答，回访要简单，尽量让车主来表达。根据客户的答复，如实填写表格内容，回访表中的每个问题项必须有记录，不能遗漏。如果在特殊情况下不能填写完整的，在备注栏中注明原因，如图2－15所示。

图2－15　客户信息管理

如果顾客抱怨某项问题的结果，应仔细询问原因，并将其逐一记录在不满意原因栏中。如果有顾客投诉，有必要解释投诉工作，并遵守4S店的投诉流程。客户提出的建议应在客户建议栏中仔细记录。回访后，应该感谢客户对本次回访的配合。

每个月对回访表进行统计，月初由专人统计回访结果。完成统计表格的要求如下：

1）完整填写汽车4S店名称、统计月份、回访总数、统计员和统计结果。

2）不满意报告排名前五位的原因，填写相应的不满意内容。

3）如果有客户建议，记录客户建议并提交建议。

4）如果有特殊原因，回访统计不完整，应在备注栏中注明。

5）完成统计后，应有主管签字。

每周都会发送回访的结果和客户的回复到相关部门，以便及时掌握客户的动态。利用每周质量会议时间，全面总结客户意见和反馈，总结本周的服务质量，制订不同类别的相关整改措施，并重点检查整改措施的实施情况：

1）返修表和维修回访结果统计每月归档并保存一年。

2）对回访的统计结果进行分析和研究。

3）对客户提出的不好的方面进行纠正和改进。

2.2 实践训练

	实训任务	交车结算时客户发难，对问题进行分析并演练实战处理
	实训准备	维修委托书、结算单、配件出库明细等、电脑、工作页
	训练目标	能够掌握交接技巧与客户异议处理的方法
	训练时间	90min
	注意事项	每一位同学都应当积极发言，能够在讲台上清晰地回答出老师提出的问题

任务　交车结算时客户发难，对问题进行分析并演练实战处理

任务说明

请模拟维修车辆的业务接待情境，选择三位学生分别扮演客户、业务接待员、协助技术专家的角色，真实还原接车的过程。汽车故障：发动机加速无力，故障灯点亮。

实训组织与安排

教师活动	• 将学生按照三个人一组分组，每组三位学生分别扮演客户、业务接待员、协助技术专家的角色，进行对话演练，根据发动机加速无力，故障灯点亮的故障现象可能存在的几个重要问题可以设置出不同内容的四个实训模拟工作站点，四组同时开始演练，每一组应当将四个站点的任务全部完成，在轮组的对练中注意角色的交换
学生活动	• 按照任务中的要求填写出要求完成的内容 • 积极参加老师的实训安排，在规定的时间内完成各个工作站点的任务。一个站点的任务完成后与其他小组交换任务 • 组员之间应能积极沟通交流学习心得与经验，互帮互助

任务操作

角色扮演	角色活动安排
角色 1	角色安排：
	话术：
角色 2	角色安排：
	话术：
角色 3	角色安排：
	话术：
决策类型	**决策方案**
与师傅决策	请站在厂家的角度，和师傅沟通任务实施计划的可能性（包括：工作任务的时间控制和成本控制、工作步骤的正确性、规范性、合理性，工作过程的安全性与环保型，考虑厂家的经济效率与工作效率等，并记录决策结果与师傅的建议
	总结：

（续）

决策类型	决策方案
与客户决策	请站在客户的角度，和客户沟通任务实施计划的可能性（包括：有几种可能提供客户选择，某些项目做或不做，现在做还是未来做，考虑客户的成本控制、时间控制、安全性、环保型、美观性、便利性等，并记录决策结果与客户的意见）
	总结：

2.3 探讨验证

教师活动	● 组织学生将结算过程与处理的结果进行汇总，形成报告让学生在讲台上对小组成果进行展示。再针对深层问题，引导学生进行问题探讨
学生活动	● 在课堂上积极回答老师的提问与问题讨论，将小组完成的调研报告对大家进行讲解，并完成老师提出的问题探讨

问题探讨	
1. 引起客户为难的问题通常是质量问题，也不排除其他的隐性问题，例如客户自身的问题，如果质量存在一定问题，如何与客户沟通这个问题？如果不存在质量问题，是客户就想在价格上希望再进一步减免，应该如何解决？	
2. 在车辆维修的环节，如何提升维修质量？客户的关注点有哪些？	

项目小结

本项目的学习目标你已经达成了吗？请通过思考以下问题的答案进行结果检验。

序号	问题	自检结果
1	什么是预约？预约的好处有哪些？	
2	车辆预约维修的工作流程有哪些？预约维修时间应如何安排？	
3	汽车有哪些保养周期？	
4	什么是主动预约？说说主动预约的工作要点有哪些？	
5	什么是被动预约？说说被动预约的工作要点有哪些？	
6	什么是环车检查？有哪些注意事项？	
7	汽车售后服务核心工作流程有哪些？	
8	汽车维修的方法有哪些？分别有什么不同？	
9	交车与结算的工作内容有哪些？	
10	跟踪回访的工作内容有哪些？有哪些工作要点？	

项目练习

单项选择题

1. 预约的目的是（　　）。
   A. 根据客户和车间的情况安排恰当的服务
   B. 增强客户的优越性
   C. 减少客户的维修费用
   D. 以上都对

2. DMS 软件可以方便地检查客户车辆服务情况，（　　），进行车辆的定期维护。
   A. 利用系统中的保养提醒功能预约客户　　B. 利用系统中的厂方的指导
   C. 利用系统中的客户信息　　D. 以上都对

3. 售后服务核心流程服务理念是（　　），统一作业标准，规范服务标准。
   A. 以客户为中心　　B. 以维修效率为中心
   C. 以服务效率为中心　　D. 以上都对

4. 环车检查的重点在于（　　）。
   A. 记录车辆的实际外观
   B. 车辆外观状况的确认
   C. 避免客户在提车时产生不必要的误会或纠纷
   D. 以上都对

5. 汽车维修的方法有（　　）。
   A. 就车修理法、总成互换修理法、专业分工法
   B. 总成互换修理法、专业分工法、综合作业法
   C. 就车修理法、专业分工法、综合作业法
   D. 以上都对

问答题

业务接待人员应如何跟踪车辆的维修进度？

____

____

____

____

思考与讨论

1. 如何处理客户的接车异议？

____

2. 如何做好跟踪回访？

项目三　车险业务管理与配件管理

学习目标

完成本项目的学习后，能够达到以下目标：

- 掌握汽车保险业务经营与管理方法
- 掌握汽车配件业务经营与管理方法

3.1 基础知识学习

以4S店为代表的汽车经销商、汽车维修商目前大多代理销售车险，在4S店投保前期保费通常比较高。在4S店投保的好处是售后服务，出险后的理赔都不用投保人操心，配件通常也是原厂的，质量上有保证。本节将学习汽车保险与汽车配件的经营管理等内容。

学生准备

学生在正式上课之前，应当做好如下准备：

- 在课前预习老师安排的教学内容，完成老师推送的学习准备。
- 准备好发言稿与提问的问题。
- 准备好本次学习内容的范围内需要向老师提出的问题。

3.1.1　汽车保险业务经营与管理

4S店的车险与保险公司的车险有什么关系？又有哪些不同？

中国是世界上发生道路交通事故最多的国家之一。汽车保险可以承担自然灾害或事故造成的人身伤害或财产损失，并给予受害人一定的经济补偿。汽车保险的作用如图3－1所示。在实际的汽车保险业务中，最常见的合作方式是与汽车修理点、修理单位、4S店等深入合作。几乎每个4S店都与一个或多个保险公司合作。4S店属于代理汽车保险，通常与保险公司达成更多的协议，保险公司还为4S店开发更多的便利服务和特殊保险种类。4S店可以对车辆损失直接进行赔偿，保险公司签发保险单。如果购买的是电话汽车保险，则4S店不能直接赔偿，需要到固定的定损中心来确定损坏情况，并且需要支付修理费用。不能在4S店购买电话保险，但4S店有很多便利和促销活动。

如果汽车保险是在4S店购买的，客户只需要提供个人信息，之后，其他事项由4S店办理。如果在保险公司购买，只要拨打保险公司的电话，就会有专门的销售人员上门服务，也可以直接登录保险公司的网站。从严格意义上讲，禁止汽车保险与新车捆绑销售。

图3-1　汽车保险的作用

汽车保险的类型根据其性质可分为强制保险和商业保险。强制保险是国家强制购买的保险，商业保险不是强制性的保险，车主可以根据实际情况选择购买汽车保险的类型。根据保护责任的范围，可分为基本保险和附加保险。基本险包括第三方责任险、车辆损失险、交通强制责任保险（简称交强险）；附加险包括全车盗窃险和车辆责任险、无过失责任险、车辆货物掉落责任险、玻璃单独破碎险、车辆行驶损失险、自燃损失险、新增设备损失险，不计免赔特约险等。

（1）交通强制责任保险　交通强制责任保险标志如图3-2所示。全称机动车交通事故责任强制保险，由保险公司对被保险机动车发生道路交通事故造成受害人（不包括本车人员和被保险人）的人身伤亡、财产损失，在责任限额内予以赔偿的强制性责任保险。这种保险类似于第三方责任保险。事故发生后，受害人（非保险人和车辆）支付保险，但交通强制责任保险赔偿金额较低。购买保险时，最好同时购买第三方责任保险，以保护被保险人利益免遭损害。

（2）第三方责任保险　如图3-3所示，简单地说，你在开车时可能撞到别人，对其造成直接损害，或财产损失。此时，保险公司将对你的第三方负责。一般来说，第三方责任保险有5万元、10万元、20万元、50万元和100万元保额，上限是1000万元。保额达到50万元更合适，一般事故都可以处理。

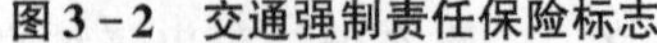
图3-2　交通强制责任保险标志

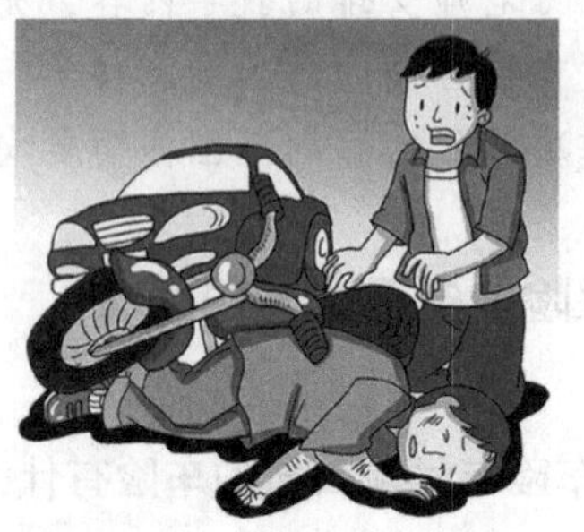
图3-3　第三方责任

（3）车辆损失保险　这种保险是最容易理解的。如果你不想在事故发生后为自己的汽车维修费买单，就必须买这种保险。

（4）汽车盗抢险　顾名思义，车辆可以在被盗抢后由保险公司支付赔偿，但不是全额支付，只能获得80%的车辆保险金额。特别注意的是，如果丢失了车钥匙，就只能得到75%的赔款。

（5）车上责任保险　车辆发生事故后，如果人身或货物受损，车上责任保险可以赔偿因交通事故造成的人员伤亡。

（6）玻璃单独破碎险　汽车玻璃往往是汽车中最容易破碎的零部件。这种保险是专为汽车玻璃设计的，它只提供汽车玻璃破碎的补偿。根据车型投保会有国产玻璃和进口玻璃之分，一般来说，进口汽车只投保进口玻璃。

（7）自燃损失保险　是指汽车发生自燃事故后，保险公司可以赔偿，但赔偿的前提是非产品问题，例如，自己改装或改动了汽车电路引起的自燃事故，保险公司会拒赔。

（8）不计免赔特约险　车辆出险后，原则上有5%~20%的责任应当由当事人自己承担。不计免赔特约险的作用是将自己需要承担的5%~20%的责任转移到保险公司。简单地说，有了这个保险，可以得到100%的保险公司赔付。

如图3－4所示，4S店保险在定损环节中具有很大的优势，当车主索赔金额与实际修理价格的差异较大时，保险公司只是基于平均值和最低的配件价格和维修价格来计算赔偿的金额，这个价格在品牌4S店很难修复。在购买汽车保险的4S店中，万一发生事故，车辆不仅是保险公司单方面的事情，而且要服从制造商总部服务品质要求，服从认证协议的约束，客户保证事故车辆的定损价格严格按照4S车间的维护标准来确定，并且在维修时使用原厂零部件和维修工艺技术，真正做到了“保险放心、无后顾之忧、维修放心、理赔省心”。

在4S店投保的优势如下：

（1）量身定制的保险计划　授权经销商的保险顾问熟悉各合作保险公司的汽车保险产品和自助保险政策，并根据车辆使用、驾驶习惯、预算等因素，推荐合适的汽车保险产品和促销方案。

（2）省事省心　从保险购买、保险出现处理、定损、理赔到维修等流程，有专门人员负责“一条龙”服务，使得客户避免了复杂的保险理赔程序，整个流程服务更加省时、省事、无忧。

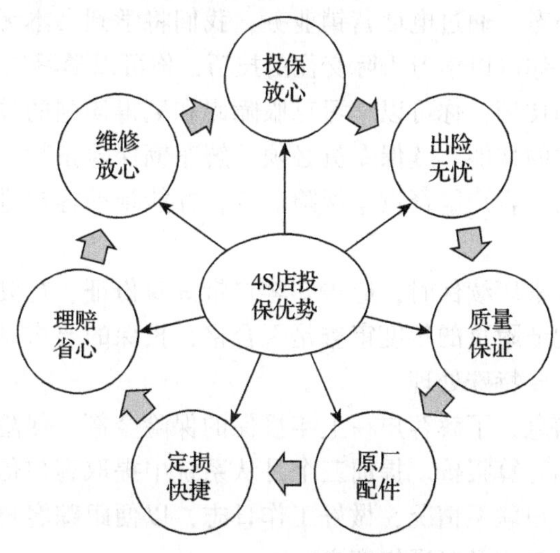

图3－4　4S店投保的优势

（3）维修质量一般高于非4S店维修　4S店拥有经过专业培训的技术人员、专业的服务人员、严格的维修保障体系、工艺和标准、专业的维修设备、原装配件、优质油漆、标准透明的价格等，优势显而易见。

（4）续保价格更优惠　除了保险公司提供的所有服务外，客户还可以在店里享受物有所值的续保优惠或礼品赠送。

(5) 可以免费得到事故救援 4S店不收取约定范围内的救援费，更专业的救援服务将更无忧。近年来，混合动力汽车和纯电动汽车越来越多。对救援和挂车的要求越来越高，事故碰撞后的危险程度也越来越高。除了专业救援公司外，4S店的救援也会更方便、省心。

(6) 纯正的配件和替换件 由制造商认证，修复的质量得到了保证，降低了在外部维护中被伪劣配件替换的风险。

(7) 在经销商处投保好处多 当发生交通事故后造成损坏时，将参照原件和标准工时定损，不承担任何额外费用。没有在汽车经销商购买保险的车辆，经常会出现因为与保险公司未就维修损坏的标准和价格达成协议，导致事故车辆的定损低于4S店的维修成本，使得客户需要额外支付维修费。

(8) 车辆的损失评估过程将更加专业 检查会更详细，修理后的车辆使用风险和隐患要低得多，较高的维修工艺标准也保证了车辆的残值。

汽车保险是一种特殊的产品。销售人员首先要有信心，必须熟悉各个险种的知识，并且应从顾客的角度考虑问题，了解对方的需要，学会倾听客户的意思，找到突破点，尽力满足客户的要求。

对于电话销售，保持积极的态度是特别重要的。这个结论的原因是，当一个人拿起电话时，虽然接电话的动作非常简单，但它也体现了一个人的心理状态和习惯。对于糟糕的内心状态和习惯，我们需要学会突破。很多时候，人们拿起电话或打电话，他们总是有消极或积极的态度。与市场营销相比，电话营销更有可能被顾客拒绝。因此，为了做好电话营销，电话营销者首先需要有一个良好的心态。

优秀的销售人员和经理是业务大师，因为他们是最健谈、最喜欢打电话的人。打电话推销产品需要一种综合的心态。通过电话营销业务，我们将学到书本无法学到的东西：你可以学习与他人相处的能力，你可以学习人际交往的技巧，你可以学习如何成为一个受欢迎的人，你可以学习说话的艺术和技巧，你可以学习克服障碍和赢得谈判的技巧，你可以学习如何在电话上打扮自己，推销你的技能。续保专员必须了解车辆保险条款，了解保险责任和各种类型保险的名称，知道如何与客户解释汽车保险业务，并能帮助客户进行案例分析，得到客户的认可和信任。

通过电话与客户确认来店续保时，应告知客户带好身份证、行驶证驾驶证。一些特殊的客户，如有些车辆的行驶证附页的年度审查是否合格，投保的要求是不一样的。为节省客户时间，特殊情况的客户需要特殊处理。

从系统中提取客户信息，了解客户在上年投保的保险金额、保险费的金额，如果客户有特殊要求，应详细记录和计算报价。提前三个月从系统中提取客户信息，根据保险到期日排序，通知客户，记录与客户联系情况，做好工作日志，以便跟踪客户和提升成功率。保持与客户的联系，如有促销活动应及时通知客户。

顾客拒绝应对话术如下：

1. 在店里续保太贵了

话术1：外部报价是否包括免责条款？如果你在事故发生后必须支付一部分赔偿金，保险公司需要支付的金额就会减少，那么保险费自然会更便宜。我们的销售店推荐的保险将确保您在事故后不必为自己的费用买单。在外部报价中，汽车损坏保险的保险金额是多少？我想，先生，20 万元是比较合适的金额。如果保险金额低于这个数额，保险费将减少，但这是不够的，您将不能得到 100% 的赔偿。外方报价中商业第三方保险的保险金额是多少？20 万元以上吗？

话术 2：一些保险公司对外报价，商业第三方保险的覆盖范围只设为 5 万元，而我们的销售店向客户提供报价时，商业第三方保险的覆盖范围都设为 200 多万元，所以保险费也不同，非常正常。

话术 3：在外面报价中有没有车身划痕险和单独玻璃破碎险的单列，如果你只投保车损险，车身被他人恶意划伤或玻璃单独破碎，车身将不获赔偿。我们建议您的续保计划包括这两个险种来防止这两种情况的发生，免去后顾之忧。

话术 4：我们店为您提供一站式保险服务，特别是有理赔服务的，图 3－5 是保险购买渠道的比较。事故发生后，您只需要提供保险单和相关信息，与保险公司协商的事情可以由我们来处理，这样可以节省您的宝贵时间。同时，店铺的高质量维修以及原厂部件的使用可以消除您的顾虑，由专业的人来做专业的事，会让您感到放心。汽车修理的整个过程是透明的，正品零件的价格也将 100% 得到保险公司的认可。

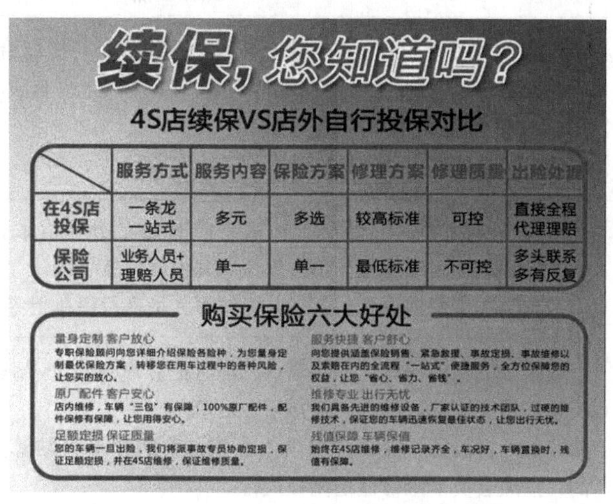

图 3－5　保险购买渠道的比较

话术 5：中小保险公司利用廉价的保费作为卖点，可能在结算时不会接受原装配件价格，这会导致客户需要承担部分维修费用。此外，还有一种可能是，事故车辆将被拉到不正规的修理厂和使用伪劣的零件修理。

2. 我的朋友是保险公司的

话术 1：你的朋友在哪个保险公司做保险？如果是中小保险公司，事故发生后，我们店无法代理您的车损理赔，这意味着无法为你提供一站式的保险服务。此外，这样的保险公司可能不接受原厂零件的价格。修理时，你可能要支付部分维修费。

话术 2：你的朋友是这家保险公司的业务员，还是理赔定损人员？保险公司的业务和定损是两个独立的部门。如果你的朋友在业务部，那么发生事故时，他可能很难帮助到你。

3. 我打算只购买交强险

话术：交强险只负责向第三方支付损失，保险金额相对较低。第三方死亡、残疾 11 万元，医疗费用 1 万元，财产损失 2000 元。万一发生意外，你认为只付保险费就足够了吗？在一个导致第三方死亡的事故中，如果死者的家人向法院提出上诉，除了死亡赔偿金，可能有一些孩子抚养费、丧葬费等费用。考虑到这些情况，额外购买一定数额的保险业务更为实用。

店内汽车保险销售流程如图 3－6 所示。

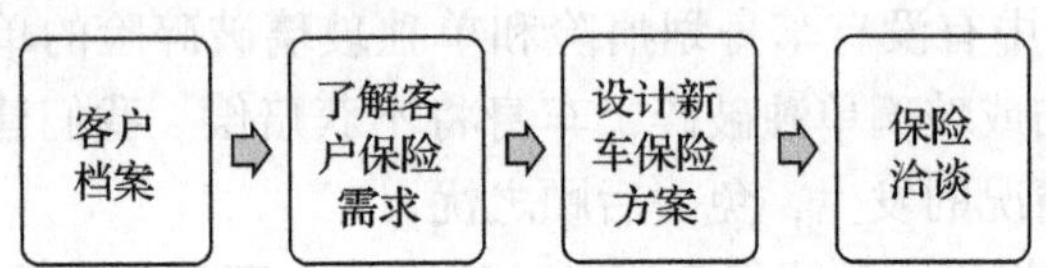

图 3－6 店内汽车保险销售流程

车辆续保工作业务流程见表 3－1。

表 3－1 车辆续保工作业务流程

续保工作步骤	操作要点
1. 客户跟踪提醒	4S 店续保专员根据客户信息资料及上年续保资料提前给客户发送保险到期短信 4S 店续保专员通过短信或电话与客户联系，介绍车险险种、公司营销政策及 4S 店续保优势 登记客户信息
2. 客户投保确认	与客户电话沟通确认后，通知客户前来 4S 店办理续保手续 客户到现场，续保专员填写投保单并由客户签字确认 客户前往维修结算处付款，并由结算人员在投保单上签字确认
3. 投保资料接收	续保专员在投保单上签字确认，同时把客户身份证/驾驶证（或企业代码证）、行驶证传真至续保平台，通知平台出单 续保专员根据投保单内容录入系统，并通知平台结算上报。如涉及续保储值的，按照会员卡维修储值流程执行
4. 出保险单证	续保平台根据 4S 店投保单出具保险单证、保险发票 续保平台专员根据系统商业险金额打印续保维修券 登记续保明细台账、续保维修券台账、购物卡发放台账、续保费用结算单 填写续保签收本
5. 保险单证传递交接	续保平台专员将保单、保险发票、续保维修抵用券、续保费用结算单交给 4S 店指定财务结算处 4S 店指定财务结算收到以上资料在续保费用结算单上签字确认后当天送达续保平台专员 续保专员登记续保明细台账、续保维修券台账 续保专员在系统内处理已完结保单
6. 客户取保单	客户前往指定财务结算处，领取保单、发票、续保维修抵用券并签收

（续）

续保工作步骤	操作要点
7. 保险账目核对	每月末与各4S店维修财务人员、各保险公司核对该月的保险业务账目
8. 客户退保	如客户要求退保，在保单生效前3个工作日以前的： 4S店续保专员把退保通知书传真至续保平台专员，同时将保单、发票退还给保险公司 4S店续保专员将续保维修抵用券退还给续保平台专员 续保平台专员收到续保维修抵用券后，通知保险公司销账，并在退保通知书上签字确认后传真至4S店续保专员。双方财务保管经确认已销账的传真件 在保单生效前未满3个工作日的： 客户须自行前去保险公司退保 续保平台收到保险公司返还的续保维修抵用券后，与4S店销账

3.1.2 汽车配件业务经营与管理

汽车配件有哪些类型？

汽车售后零部件主要是指汽车维修备件。在汽车售后服务中，汽车备件服务的使用频率最高，也是客户衡量汽车服务质量的重要环节。因此，汽车售后零部件管理在汽车售后服务中起着重要的作用。

汽车售后配件是指构成整车和服务于汽车的产品，包括发动机零件、传动零件、制动零件、转向零件、传动零件、电器零件、车身及附件、汽车灯具、汽车外饰、汽车内饰、汽车维修工具、车辆防护与养护用品等。

（1）按照汽车售后配件的来源分类：

①原厂件；②配套件；③副厂件；④通用件；⑤进口件。

（2）按照汽车售后配件的使用性质分类：

①消耗件；②易损件；③维修件；④基础件；⑤事故件。

（3）按照汽车配件的重要程度分类：

按照汽车配件重要程度可分为关键配件和非关键配件，关键配件又分为三类，见表3－2。

表3－2　关键配件的分类

类型	相关说明
第一类（3种）	汽油机电控系统、制动系统的防抱死装置和防滑装置、安全气囊
第二类（22种）	柴油机燃油系统、活塞及活塞环、轴瓦及轴瓦材料、气门及液压挺杆、增压器、滤清器、散热器、磨片离合器、转向机构、万向传动装置、减振器、空调装置、座椅调角器及滑轨、车锁、刮水器、后视镜、玻璃升降器、电动机、组合仪表、灯具、高强度紧固件、专用轴承

（续）

类型	相关说明
第三类（33 种）	薄壁缸套、无石棉缸垫、中央制冷器、风扇离合器、排气管消声器、齿轮箱、弹簧、车轮、推拉软轴、暖风机、组合开关、座椅、安全带、支撑气弹簧、分电器、点火线圈、火花塞、中央接线盒、电线束、免维护蓄电池、无石棉摩擦材料、粉末冶金件、燃油箱、保险杠、仪表板、成型地毯、中央成型管、转向盘、密封橡胶件、传动橡胶件、软管、硬管、门窗密封条

汽车售后配件仓储管理是指对汽车配件仓储业务和运营的规划、组织、监督和控制。仓储业务分为仓储验收、配件仓储维护和出库供应三个阶段。汽车售后零部件的入库主要包括入库手续的接收、接受和处理。配件的接运是配件仓储业务流程的第一个操作环节。根据不同的情况，配件可以分为专线接送、车站接送、码头接送、仓库自行提货和仓库内部配送。

经销商的售后配件主要业务如图 3－7 所示。

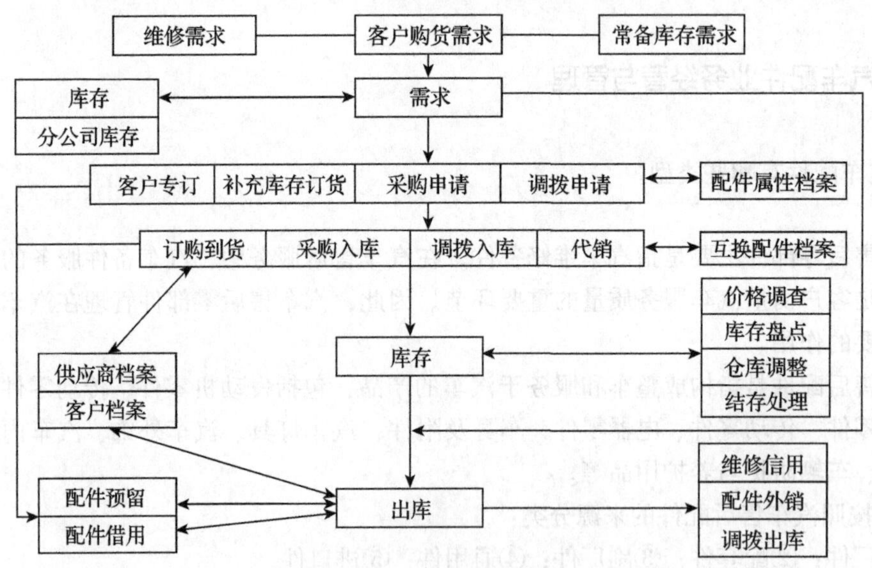

图 3－7　经销商的售后配件供应链管理业务流程

配件验收是配件进入仓库的准备阶段。验收操作程序包括验收准备、数据核对、实物核对、验收记录填写。对配件进行检验后，质量好、数量准确的汽车零部件，应及时入库，并及时解决验收中出现的问题。库房管理如图 3－8 所示。

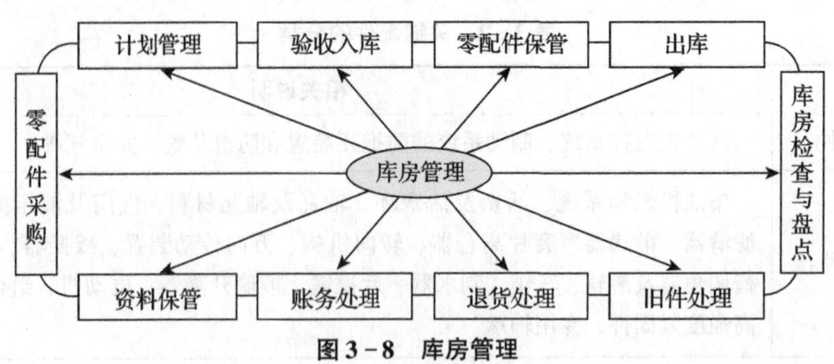

图 3－8　库房管理

1. 库存建立与控制

建立库存是指新车型的推出，原有旧车型库存部分逐渐退出市场，不再进行库存管理。由于在不同时期对备件和零件的需求量不同，备件的库存量也应不同，需要根据需求量确定库存量。零配件的生命周期与零配件库存增减如图 3 - 9 所示。

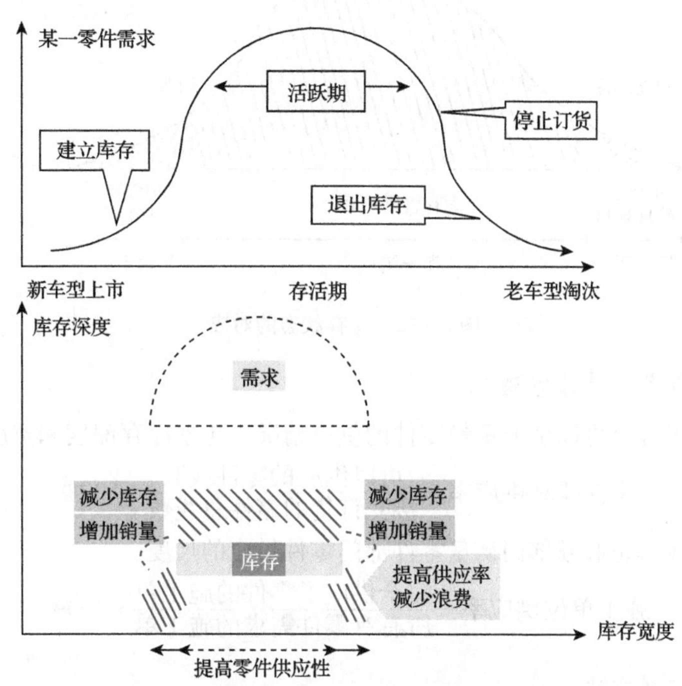

图 3 - 9　零配件的生命周期与零配件库存增减（源自丰田公司）

安全库存是用来补偿在补充供应的前置时间内实际需求量超过期望需求量，或实际订货提前期超过期望订货提前期所产生的需求。如果没有安全库存，当前置时间内的需求量超过其期望值时，便会产生缺货现象，提高企业的缺货成本；这时就要增加安全库存，每增加 1 单位的安全库存，都会对缺货有预防作用，安全库存量的增加使前置时间内缺货的概率减少，从而降低缺货费用，但会引起储存费用的上升。在某一安全库存水平下，缺货费用与储存费用之和达到最小值，这个水平便是最优水平。高于或低于这个水平都会增加企业的库存成本。建立库存/报废时点见表 3 - 3，经销店可以通过从零件需求的历史记录中统计出来的月均需求和需求频度，发现零件需求的规律，从而确定需要库存的零件范围。

表 3 - 3　建立库存/报废时点

项目	增长期			平稳期	衰退期	
月均需求	少	较多	较多	多	少（短期）	少（长期）
需求频度	低	低	较高	高	低（短期）	低（长期）
库存状态	无库存	不一定	建立库存	库存管理	“停止库存试验”	报废

库存记录审计常与周期或定期财产清查同时进行。清查审计包括对库存产品的检查，然后将检查所得数量与储存在库存系统文件中的库存记录进行比较平衡。库存状态的对应方法

如图 3－10 所示。

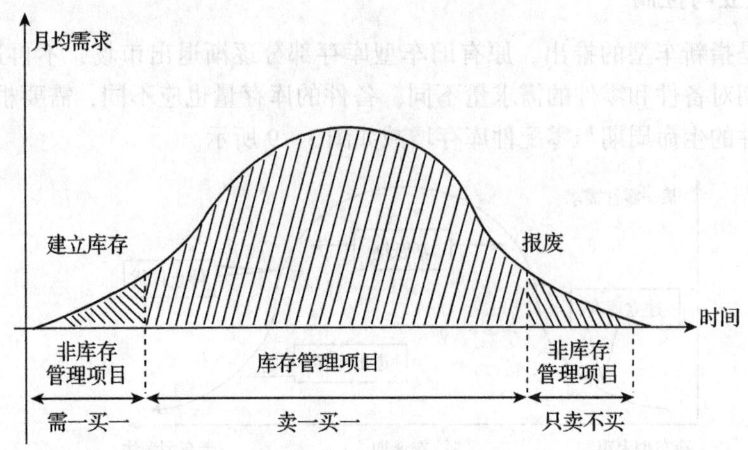

图 3－10　库存状态的对应

(1) 零件供应率的计算方法

1) 零件即时供应率可以全面衡量零件的供应情况，包括库存深度和宽度。

$$零件即时供应率=\frac{可以供应的零件线数}{接受订货的零件总线数}\times 100\%$$

2) 施工单供应率是服务部门衡量零件部门零件供应的尺度。

$$施工单位供应率=\frac{完全供应了零件的施工单}{所有有零件需求的施工单}\times 100\%$$

(2) 进货量控制方法

1) 为了供需平衡，配件的正常供应，应“勤进快销，多销多进，少销少进”，并保持正常的周转库存。计算采购量的方法是：根据当期的实际销售量，预测下一期的销售量，加上一定的周转库存，然后在当期末减去库存预算，从而计算下一期采购量。

2) 对于供过于求，销售量不大的情况，配件要少，采取“随进随销，随销随进”的方法。

3) 短期供应方面，紧凑型配件供不应求，应开拓新的供应渠道，挖掘供应潜力，适当增加储备。

4) 大宗配件，应采取批量采购的方法，使采购和销售相适应。

5) 高档配件，按“当地销售，少量进货，随进随销”。

6) 对具有销售面窄、销量低特点的配件，可增加样品数量，加强促销和严格控制采购量。

7) 新产品及新经营配件，根据市场需求，较少投入试销、宣传和推广，促进销售，努力开拓市场。

8) 汽车车型将要淘汰的零部件，应少而多变，随销随进。

9) 本地进货，可以分批次，每次少进、勤进；外地进货，适销配件多进，适当储备。每批次进货能够保证多长时间的销售，这就是一个进货周期，进货周期也是每批次进货的间隔时间。

要确定采购周期，应考虑以下因素：零件的尺寸、零件的类型、供应商的距离、零件的运输方便性、供货的可用性以及经销商储存零件的条件。为了确定一个合理的采购周期，我们必须使每次采购的数量是适当的，必须加快资金周转，保证销售正常进行，保证配件销售的正常需要，不使配件库存过大。

如图 3－11 所示，汽车售后备件库存管理是汽车售后备件管理的重要组成部分，汽车售后备件仓储管理一般包括备件仓储和维修、备件库存和备件仓库安全管理。这些环节的管理质量将直接影响汽车售后零部件仓库管理的质量。

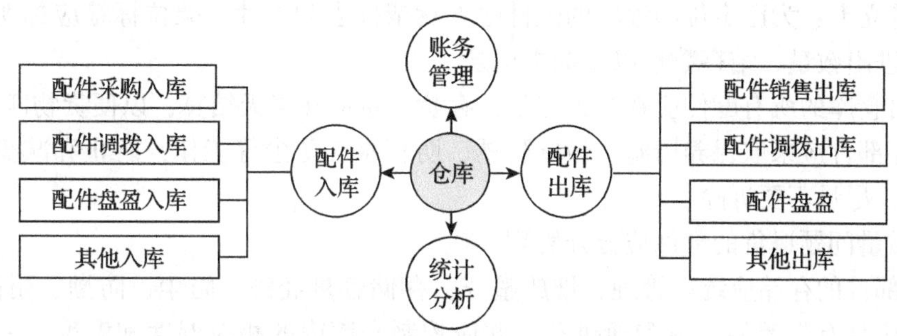

图 3－11　汽车售后配件仓储管理

2. 汽车零部件采购管理

入库验收是零件进入库存仓库的准备阶段，库存中的附件比较复杂。做好仓库的验收工作，可为提高库存质量打下良好基础。

根据仓储证书（包括产品仓储单、收据、转移单、退货通知），对产品型号、产品名称、规格、产地、数量等内容进行验收，确定拆箱验收次数，接受符合质量要求标准的产品。

1）计划员负责保存工厂的所有采购细目，管理临时采购发票和货单。

2）配件在进入仓库之前，仓库管理员应安排好仓库为新到达的货物提供空间。

3）在买方从货场取货后，仓库经理与计划员、调度员和买方共同检查货物的数量、质量，并完成零件的第二次验收。

4）买方核实采购清单，同时对于门到门和临时采购，共同保管人必须填写收到的货物清单，核实后双方签字确认；对于有质量问题的货物，保管人有权拒收。

5）计划员用购买清单打印订单，数量以实际收据为准（如有价格变动，应及时调整）。如果未收到订单，应在查询清单和财务报表中登记编号。

6）保管人负责附件的复检，并根据检查好的仓储文件，仔细填写卡片，填写卡片工作应该在当天完成。

3. 汽车零部件仓储管理

备件的相关信息在入库时被记录在电子标签中，并分类存储；在零件库门口的相应位置安装固定的读写器，以便于实时读取相关信息。备件库的工作人员配备手持读卡器，当手动查询库存和备件的信息时，可以读取相应标签的数据，以便工作人员可以收集和分析数据。如果是一个具有温度和湿度要求的备件，还可以通过温、湿度标签来检测备件仓库的温度和湿度，分析其是否适合备件的储存。对于入库存储的部分，可以采取分类管理和 ABC 方法相结合的方式来管理，确保库存零件的准确性，节省空间，操作方便，配件的储存应做到科学、合理、安全。

1）区划分类：根据配件模型，合理规划配件的放置面积。

2）五五摆放：根据配件的性质和形状，五五摆放为“五五成行，五五成方，五五成串，五五成包，五五成层”。配件摆放要求整齐、通畅、便于计数和分类。

3）4号定位：根据库号、架号、层号、位号，实现配件的统一编号，配件的编号一一对应，使编号能够快速核对，及时准确地发货。

4）建签立卡：为已定位和编辑的配件建立货架标志和卡片，架位标签应标明到货日期、进货厂家、进出数量、结存数量以及标志记录。

5）进出仓库的所有配件应在当天登记，存货数量应在当天结算，以便货物匹配。

6）库存部件应采取保养措施，做好防锈、防积水、防尘等工作，防止和减少自然损失。如果有包装，尽量不要拆除。

7）因质量问题退货的部件应分开管理。

汽车零部件的存储应统一管理，堆放整齐，存储容量经济，防尘、防潮、耐高温。贮存配件的仓库应具有紧闭的门窗和通风孔，并应控制仓库内的相对湿度和温度。一般情况下，相对湿度不得超过70%，温度应在10～30℃之间。贮存轴承、工具和精密仪器的仓库的相对湿度不得超过60%，贮存软木制品的仓库的相对湿度不得超过60%。塑料制品，特别是填充防火橡胶，应在不超过25℃的湿度下存放于专用仓库。对于容易吸湿和发生锈蚀的部件，应在部件的底部放置离地面至少15cm的层板。如有必要，可将少量生石灰或吸湿剂放在地上。

4. 汽车售后配件出库的要求

1）必须凭单发货。

2）发货应及时准确。

3）发货应贯彻“先进先出”的原则。

4）发货前应确保包装完好无损。

5）发货时包装文件应齐全。

6）仓库管理部门必须严格执行配件的签发手续。

7）汽车零部件出库后，应当及时销账，及时清理现场，并将提货凭证注销后归档。

8）仓库管理部门要提高服务意识，提高对客户的服务水平，减少和预防事故。

5. 库存零件盘点

库存配件的流动性非常大，应避免缺货和积压，保持账面、卡片和物品齐全，进行定期和非定期的库存盘点工作。

1）仓库管理员应随时检查有入库与出库记录的配件。

2）每月对零件库存进行盘点。

3）按季度进行财务人员参与的全面盘点。在盘点过程中，应合理安排配件的出库与入库，确保盘点的准确性，避免盘重、盘缺或盘错。

4）在库存盘点过程中，不得虚报、瞒报或变更账目。

5）盘点结束后，盘点人员要填写盘点单，对盘盈、盘亏的配件要查明原因，并进行必要的处理。季度盘点后，应报告配件的损坏情况。

3.2 实践训练

	实训任务	保险续保
	实训准备	保险单、保险险种说明、电脑、白板笔、移动白板、白板纸、工作页
	训练目标	熟悉车险续保各个环节处理，加强学生分析问题和解决问题能力 能够掌握车险的险种类别与搭配销售的方法
	训练时间	90min
	注意事项	每一位同学都应当积极发言，能够在讲台上清晰地回答出老师提出的问题

任务　保险续保实战演练

任务说明

假设杨先生的爱车保险还差三个月保险到期，请模拟保险专员的续保工作情境向杨先生推荐保险续保。

优惠条件：

1）未出任何事故的车辆，续保客户可享受商业险保费最低 7 折优惠。赠送发动机保养券一张，免保养工时费。

2）可享受城内免费拖车救援服务。

3）可享受免费办理本公司贵宾卡，客户凭此卡消费积分兑换礼品并可以享受预约保养工时 8 折优惠。

4）可享受免费代理车辆年审服务。

实训组织与安排

教师活动	将学生按照两个人一组分组，每组两位学生分别扮演客户、保险专员角色，进行对话演练，根据险种搭配的推荐方案可以设置出四个实训模拟工作站点，四组同时开始演练，每一组应当将四个站点的任务全部完成，在轮组的对练中注意角色的交换
学生活动	按照任务中的要求填写出要求完成的内容积极参加老师的实训安排，在规定的时间内完成各个工作站点的任务。一个站点的任务完成后与其他小组交换任务 组员之间应能积极沟通交流学习心得与经验，互帮互助

任务操作

准备	投保单、保险单、车险操作软件系统、电脑、汽车保险险种说明
车辆信息	
客户信息	
电话邀约话术编写	
客户接待话术编写	
需求分析话术编写	
险种推荐话术编写	
保费计算与保费说明	
异议处理话术编写	
促单话术编写	
条例告知	

3.3 探讨验证

教师活动	• 组织学生将保险续保实训活动结果进行汇总，形成报告让学生在讲台上对小组成果进行展示。再针对深层问题，引导学生进行问题探讨
学生活动	• 在课堂上积极回答老师的提问与问题讨论，将小组完成的调研报告对大家进行讲解，并完成老师提出的问题探讨

问题探讨	
1. 在进行保险险种搭配时，应当注意那些问题？客户不肯上保险的原因主要有哪些？有什么对策？	
2. 在续保业务操作中，如何防止客户的隐形风险？如何避免在以后的车险理赔时出现的各种矛盾与风险？	

项目小结

本项目的学习目标你已经达成了吗？请通过思考以下问题的答案进行结果检验。

序号	问题	自检结果
1	4S 店与保险公司提供的车辆保险哪些不同？	
2	机动车基本险和附加险的险种有哪些？	
3	什么是交强险？	
4	什么是第三方责任险？	
5	在 4S 店投保的优势有哪些？	
6	关键配件是如何分类的？	
7	什么是汽车售后配件仓储管理？	
8	入库验收作业有哪些环节？	
9	什么是零配件的生命周期？应如何处理？	
10	如何做好零配件的进货管理？	

项目练习

单项选择题

1. 4S 店属于（　　），车辆的保险理赔走直赔。

A. 直营车险　　B. 兼营车险

C. 代理车险　　D. 以上都不对

2. 汽车保险主要分为（　　）两大类。

A. 基本险和附加险　　B. 财产险与意外险

C. 主险和基本险　　D. 以上都对

3. 交通强制责任险是在出事故后赔付给（　　）的一种保险。

A. 投保人与非投保人　　B. 非投保人与本车人员

C. 投保人与本车人员　　D. 以上都对

4. 仓储业务包括（　　）三个阶段。

A. 入库验收、直营销售和出库供应　　B. 入库验收、保管保养和出库供应

C. 入库验收、物流配送和出库供应　　D. 仓储验收、配件仓储维护和出库供应

5. 进货周期要考虑（　　）等。

A. 配件销售量的大小、配件种类的多少、距离供货商的远近

B. 距离供货商的远近、配件运输的难易程度、货源供应是否正常

C. 配件销售量的大小、距离供货商的远近、货源供应是否正常

D. 以上都对

问答题

交强险与第三方责任险的区别是什么？

思考与讨论

1. 怎么确定汽车配件的进货周期？

2. 汽车配件的存储方法有哪些？

项目四　客户关系管理与数字化营销

学习目标

完成本项目的学习后，能够达到以下目标：

- 掌握客户沟通技巧
- 掌握客户关怀与档案管理方法
- 掌握汽车售后数字化营销方法

4.1 基础知识学习

通过各种行为特征识别客户、分析客户偏好和行为习惯并从中得到有价值的决策信息，创造和传递客户价值，在为客户购买产品和服务的过程中，使客户价值和企业价值最大化。本节的学习重点是客户关系管理与数字化营销。

学生准备

学生在正式上课之前，应当做好如下准备：

- 在课前预习老师安排的教学内容，完成老师推送的学习准备。
- 设计并编辑好自己的话术，准备好课程预习，并准备好需要向老师提出的问题。

4.1.1 客户沟通

怎么才能做好与客户之间的高效沟通？

沟通是人类社会交往的重要手段。每个人都有自己的世界观。每个人都对同一件事有不同的看法和想法，而沟通的关键在于能够及时有效地掌握信息，因为只有当我们拥有正确和完整的信息时，我们才能更好地沟通。在当前的企业中，内部人员的沟通已成为公司的重中之重。内部员工之间良好的沟通不仅可以节省办公时间，提高工作效率，更好地服务客户，而且可以使公司有一个良好的工作氛围，让每个人都有一个愉快的心情。

沟通包括语言沟通和非语言沟通。最有效的沟通是语言沟通和非语言沟通的结合。语言沟通包括书面沟通和言语沟通。非语言沟通包括语音、语调、停顿和肢体动作。单向沟通通常意味着不允许对方提问，如图 4-1 所示，一方发送一条消息，另一方接受信息。这种交流方式在我们的日常工作中是很常见的。例如，公司的领导安排任务，或者你向其他同事解释其他任务，让他做代理等。在进行这种单向沟通时，我们应该特别注意所选择的沟通渠道，还必须特别注意接受能力，以及您是否完全表达了要传达的内容，在使用单向沟通时，要特别注意信息的传递方式和信息的准确性。

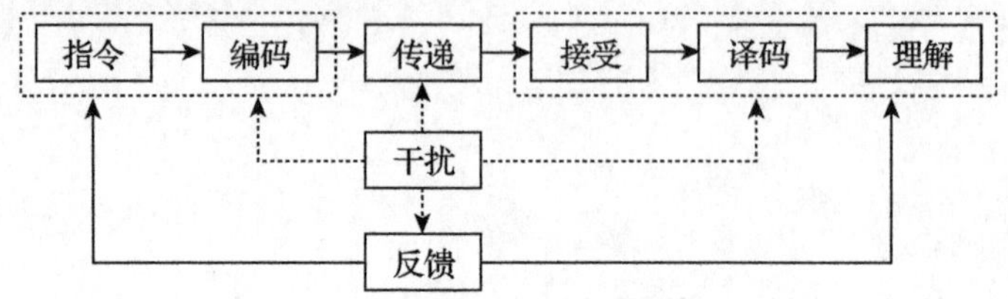

图 4-1　沟通信息传输与过程失真

事实上，沟通应该是一个双向的、反复的过程。由一方首先与另一方沟通，对方是怎样理解的，有什么意见等，反馈回来，再传达，然后再反馈，形成一个循环过程。只有这样，你才能确保你传达的信息是准确的。在日常工作中，也有将沟通分成正式沟通和非正式沟通的方法，方法如下：

正式沟通包括报告、要求、预算、会议等。

非正式沟通包括讨论、店长接待日、员工活动等。

有些公司有很好的企业文化建设，经常使用非正式沟通，可以达到比正式沟通更好的交流效果。当然，不同的经销商会有不同的做法。

沟通是人与人之间、个人与群体之间为了达成共识和情感交流而进行的传递和反馈的过程。沟通的基本结构包括信息、反馈和信道。没有它，没有人能交流。沟通可分为非正式沟通网络和正式沟通网络两种类型。通过对“小道新闻”的研究，非正式沟通网络主要有集群、谣言、偶然等典型形式，正式沟通网络有链式、轮式、全通道式、Y 式等形式。沟通按信息流动方向不同可分为上行沟通、平行沟通和下行沟通三种。

在正常的沟通过程中，经常会出现一些沟通障碍，如图 4-2 所示。所谓沟通障碍，是指在信息传递和交换过程中，由于信息的干扰或误解而导致沟通失真的现象。在人们进行信息交流的过程中，经常受到各种因素的影响和干扰，从而阻碍了信息交流。沟通障碍主要来自三个方面：发送者障碍、接收者障碍和信息传播障碍。

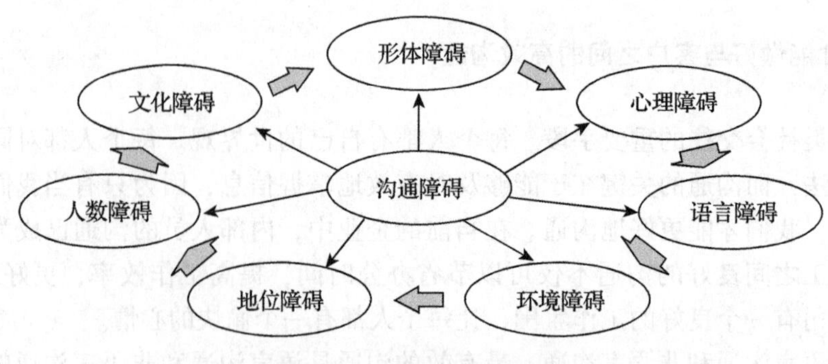

图 4-2　沟通中常见的障碍

语言技能可以帮助你理解别人，使与他人交流成为可能，所以一定要准确表达你想说的话。在现实生活中，还有许多非语言沟通的事物，比如一个表情、一个小动作、一个简单的身体姿势、一件衣服、一个特殊的位置等，它们都属于非语言沟通。最富有内涵的沟通是肢体语言和语调，包括人的仪表、举止、语气和表情。非语言沟通的使用有助于沟通主体更准确、更清楚地传递信息，也有助于沟通对象接收更完整、更正确的信号。除了精通语言沟通技巧外，优秀的经理人需要正确使用非语言工具来提高语言表达能力和感染力。同时，他们热衷于捕捉和准确地识别对方在沟通中的非语言因素，可以成功地实现沟通目的。

有效的沟通不是批评，而是没有责备，没有抱怨，没有攻击，没有教化。面对客户，只有通过互相尊重来沟通，如果对方不尊重你，你也应该适当地要求对方尊重，否则很难沟通，例如，客户的车辆有问题，从客户的角度来看，心情比较复杂，应该给客户信心，不要说不应该说的话，千万不要说不好的话，在沟通的过程中不能口齿伶俐，也不能一言不发。

身体姿势和动作被称为身体语言，是非语言沟通的重要组成部分。它们包括人体姿势、身体动作等，而常见的身体动作包括手势、头部动作、肩膀动作、脚部动作和身体接触。一般来说，伸展、打开、抬起的姿势或动作表示积极的信号，而收缩、闭合（交叉）、下垂的姿势或动作则传递消极的信息。

客户服务部的要求是：要善于沟通、有较强的反应能力，应具有强烈的服务意识，能够熟悉电脑操作和互联网应用，善于发现和引导客户的需求，善于处理客户投诉，具备丰富的产品知识，应能够熟悉服务流程和服务工作的改进。

沟通期望差距如图 4－3 所示。在与客户的沟通中，有各种各样的客户类型。在交谈中，倾听也好、说也好，前提是说话要双赢，这样客户才会把内心的声音讲出来，阐述自己的观点和想法。在与客户的交谈中，需要听出客户没有表达的意思，那些没有说出来的要求。

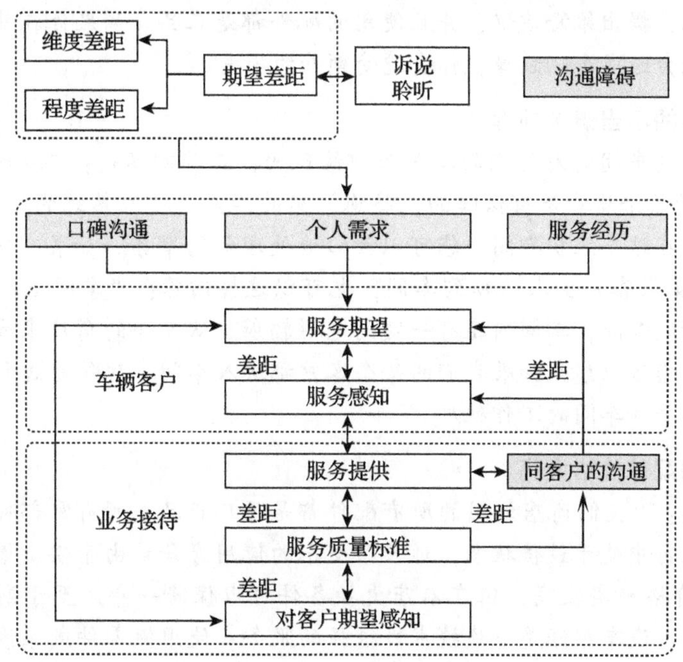

图 4－3 沟通期望差距

当你不知道该说什么，或者你做不到的时候，你应该仔细听。只有听，你才能得到更多有用的信息。有了有用的信息，你就能思考问题，让对方觉得你是一个务实或真诚的人，客户不会因为你不能说而看不起你，而是会欣赏你的务实，人们喜欢真诚的人。不要只听你想听的话，更重要的是，倾听顾客想要说的话。少说话，少反驳顾客的意见，多倾听，多提问题，使用非语言交流。人们在谈话中都会有缺点的，每个人都希望自己的演说能够得到别人的肯定，仔细倾听对方的话，为什么这么说，不要只想着如何反驳对方的观点，这样你就会失去客户。

业务接待工作人员在与客户交流中不好的习惯如下：

1）对谈话主题无趣，不能安下心来听对方讲话，表现出漠不关心的态度。

2）被对方说话的姿势所吸引，忽略了说话的内容。

3）听不到合意的内容便激动，影响了对其余信息的接受和理解。

4）只重视事实而忽视原则或推论。

5）过分重视条理，对于条理较差的谈话内容不愿多加思索。

6）假装注意，实际上心不在焉。

7）注意力不集中，分心于其他事。

8）对较难懂的内容不提问，不反馈，不求甚解。

9）被对方的感情语言分心，抓不住实质性内容。

10）不爱动笔，内容太多时，听了后面忘了前面。

案例一、路程较偏远，不想来店换机油

正确的回答是：当然，如果您想自己更换机油，请注意同等级机油，同时更换滤清器。不过，我们还是建议你去4S店换机油。因为4S店经过专业培训的售后人员会在更换机油的同时检查您的车辆，提出维修建议，并且使用的配件都是正品。如果你在非原厂指定的修理厂更换机油，可能会造成车辆故障，你会遭受额外的损失。

案例二、客户的不当请求处理

当顾客想开车到车间看看他们的车是如何修理的，正确回答是：“我理解您的心情。您可以放心，4S店的维修质量是有保障的，替您修车的师傅是技术熟练的技术人员。大修后，我们会进行检查。在这个维护期间，您可以放心地处理你的事务。如果有任何问题，我们会及时与您联系。”如果客户要求必须到车间，也可以这样回答：“车间里的车辆在不断地移动，举升机在不断地升降，车间内还有一定的电磁辐射。从安全的角度来看，我们不建议您进入车间。此外，您可以想象如果我们的每个客户都进入车间参观维修过程，这将影响技术人员的正常维修水平和车间的工作秩序。”

案例三、抱怨配件价格太高

正确的回答是：“我们商店使用的所有配件都是原厂正品。所有零部件都有严格的质量保证，使整车在运行中处于最佳状态，延长了整车的使用寿命。由于供货渠道和运营成本的影响，4S店备件价格确实较高，但在本店更换备件可以保修一年。至于副厂件，虽然价格低，但是假货很多，汽车维修是一项技术性很强的服务。使用假零件或维修不当对汽车造成的后果是非常严重的。因此，为了保证您汽车的维修质量和使用安全，我们建议您多花一些钱，使用原厂的配件，这样您就可以放心了。”

案例四、抱怨工时太高

正确的回答是："您好，本店所有维修项目均按工厂保修标准工作时间设定。工时标准不仅是维修的实际施工时间，也是维修和故障检查的技术难点。在汽车维修行业中，我们都认为4S车间的维修技术是相对标准化的。小到螺钉，大到车辆的每个部分维修，操作都是根据汽车制造商的标准数据进行的，这样可以确保您的车辆始终处于最佳状态。为了延长车辆的使用寿命，建议您严格按照厂家要求，定期到4S店或服务店进行维修保养。"

4.1.2 客户关怀与档案管理

什么是客户关怀？作用是什么？

1. 客户关怀

客户关怀的目的是根据用户车辆的生命周期分析，开展客户关怀活动，关注车辆状态与用户自身生活，给予用户无微不至的关怀，从而加强与用户之间的联系，安抚抱怨用户，维系忠诚用户，挖掘潜在用户，最终提升用户满意度和忠诚度。

客户关怀方法如图4－4所示，客户关怀活动是指通过多种媒介与客户保持有序的联系，进行良好沟通，让用户满意，最终实现用户愉悦的一系列活动，可采用短信关怀、贺卡关怀、生日关怀、礼品关怀、答谢会等多种形式。

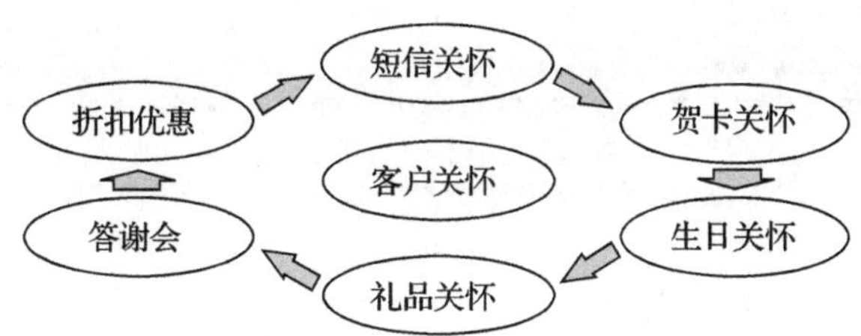

图4－4 客户关怀方法

客户关系活动应该从客户关系管理的角度进行。每一项客户关怀活动都应以数据分析为基础，通过对销售档案、维修档案、投诉档案等资料的分析，合理规划关怀目标群体，合理制订活动年度计划。定期开展客户关怀活动研讨会，促进各部门客户关怀活动的开展等。对于每一个客户关怀活动，在实施前应该制订一个客户关怀活动计划。活动策划包括活动日期、活动主题、目标群体、活动模式和内容、活动规模、活动成本、执行人员、负责人员等。

每次执行客户关怀活动后，需要做一份活动总结评估报告。报告需要总结、评估和分析这项活动的实施情况并提出改进意见，还应该总结和评估全年的客户关怀活动，综合分析活动并提出改进建议。

2. 客户档案管理

客户派车到工厂进行维修，或到公司咨询和洽谈有关汽车技术服务。业务部门办理完有关手续后，或者协商后，应当整理客户有关资料，形成档案，两日内归档。客户相关信息包括：客户姓名、地址、电话号码、维修或拜访日期、车辆型号、车牌号、车辆类型、维修项目、维修周期、下一维修周期、客户所需服务、本公司维修记录。业务人员根据客户档案数据，研究客户对汽车维修及相关服务的需求，找出“下次”服务的内容，如通知客户按时维修、通知客户参与优惠活动等。对于每个到店维修或维护的客户，必须详细地制作客户档案以获得客户的个人信息和车辆信息。

合理使用客户档案：客户经理在维修后 3 天内与客户联系，询问车辆维修后的状况，确认维修质量，感谢客户对售后服务的支持与合作，提醒客户参与；在必要时进行年度检查，并提醒客户下一次维修时间，让客户感受到我们对客户爱车的关心。

尽可能多地了解客户的爱好或客户的家庭状况、家庭成员、家庭成员的兴趣和爱好，并制定公关策略。例如，在顾客的生日，给顾客送一张贺卡或一个小礼物，或者建立一个车主俱乐部。对于加入俱乐部的顾客，可以给他们提供零件和时间的折扣，或免费维护。总之，所有的工作都是让客户感受到贴心的关怀，让客户真正体会到我们细致周到的关怀服务理念。服务站和客户之间的关系从简单的服务和被服务关系转变为亲密的朋友关系。

检查 CRM 系统中收到的订单数量和客户信息是否一致。如果发现不一致，则将情况反馈给服务顾问。如果存在数量上的差异，则需要修改工单信息；对于不正确的信息，需要对系统信息进行更改。售后财务经理应当在每个月月底完成本月所有售后工作订单文件的审核和归档。

客户档案管理如图 4－5 所示，需要按区域详细登记每个客户的完整信息，做好客户数据的日常维护工作，并与销售部门、客户地址、电话负责人等保持良好沟通。零部件供应商的信息必须准确，以便公司及其客户处理售后工作。

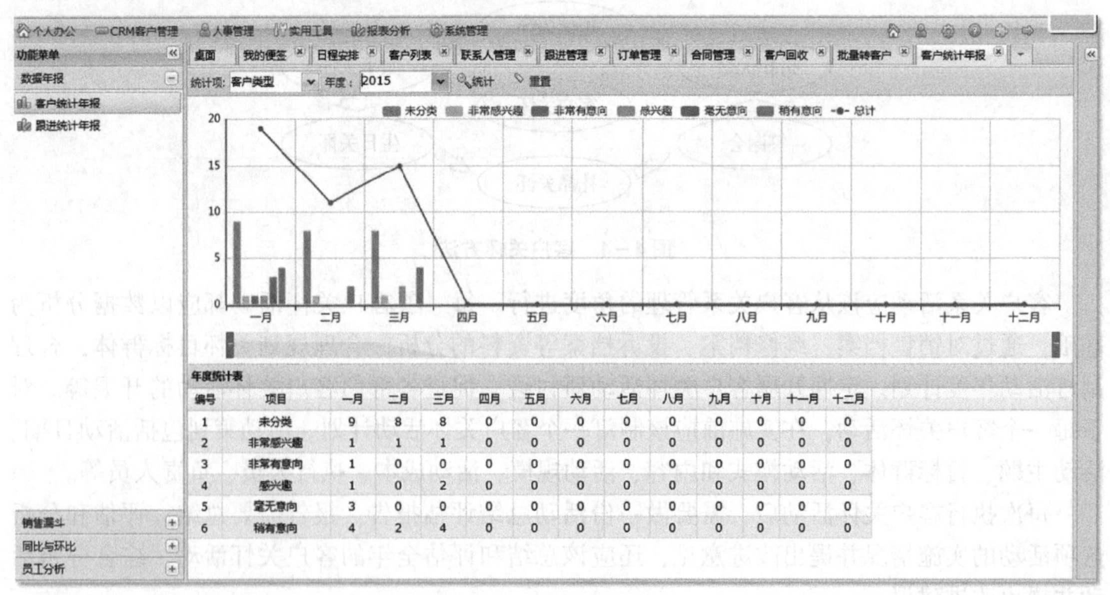

编号	项目	一月	二月	三月	四月	五月	六月	七月	八月	九月	十月	十一月	十二月
1	未分类	9	8	8	0	0	0	0	0	0	0	0	0
2	非常感兴趣	1	1	1	0	0	0	0	0	0	0	0	0
3	非常有意向	1	0	0	0	0	0	0	0	0	0	0	0
4	感兴趣	1	0	2	0	0	0	0	0	0	0	0	0
5	毫无意向	3	0	0	0	0	0	0	0	0	0	0	0
6	稍有意向	4	2	4	0	0	0	0	0	0	0	0	0

图 4－5　客户档案管理

用户信息管理：用户、车辆等相关信息数据的收集、录入、整理、保管、统计、利用、销毁等方面的工作内容和工作流程，做好信息数据的管理工作，提高数据质量，开展数据分析，以方便开展针对不同用户的各项营销、服务、关怀活动，提高用户满意度。客户返回的售后回执单，全部录入系统，方便查找和统计、分析等。

产品质量信息管理：收集客户反馈回的产品方面的各种投诉，做好分类、整理、分析工作，及时地交公司相关部门处理。

配件质量信息管理：售后仓库要做好配件质量信息的反馈工作，针对重要零件如：电动机、控制器、后桥、差速器、车架、前减振器、轮辋焊合等做好数据监控，及时将异常信息分类、整理、分析，并报品质检验部以防同类事故的发生。

为加强客服部门对档案的管理，发挥档案的作用，就需要有效地保护客户信息的完整性，建立客户服务档案标准并制订管理制度，杜绝档案的泄密与流失。客户服务档案建立标准见表4－1，客户档案表见表4－2。

表4－1　客户服务档案建立标准

工作项目	标准・要求・方法
销售档案的利用	1. 销售档案包含了客户信息和车辆信息。4S店服务部门应与销售部门充分联络，确保每天都取得最新的客户销售档案
	2. 利用本店销售部门的客户销售档案，建立客户的服务档案
非本店销售车辆的首次回厂	1. 非本店销售的车辆首次回厂时，应以标准格式为客户建立服务档案
	2. 非本店销售客户服务档案的建立要求，与本店销售客户的建档要求一致
客户回厂维修、保养时加入维修信息	维修信息包括：派工单号、交车日期、行驶里程、维修内容、维修类别、接待人员、维修班组
客户服务档案日常维护	1. 车辆回厂维修，客户服务档案应加入新维修信息，并于即日完成更新
	2. 五星服务站应采用计算机管理客户服务档案
	3. 所有客户服务档案原则上应保存5年
	4. 连续2年未回厂的客户服务档案可予以撤销

表4－2　客户档案表

车主姓名/单位名称			联系地址		
联系电话		家庭电话		邮政编码	
使用者姓名		联络地址			
联系电话		家庭电话		邮政编码	

销售商	品牌	车型	车牌号	VIN	发动机号	变速器（AT/MT）	车身颜色	钥匙号码	购车日期	用途（公用/私用）

（续）

序号	派工单号	报修日期	交车日期	维修类别	维修内容	行驶里程	维修顾问	维修班组
1								
2								
3								
4								
5								
6								
7								
8								
9								
10								

留住老客户的主要方式包括：

1）高质量的服务可以留住高质量的客户，帮助运营商降低成本，提高销售利润，增加营业额。因此，在向客户提供服务时，必须考虑客户的体验价值，并努力满足客户的期望，提高服务质量。

2）如果没有好的质量，企业就没有发展。经营二手车时应控制车辆识别和评估的风险。质量与品牌的影响力和运营的声誉有关。二手车是一种特殊的产品，与新车相比风险相当大。车辆状态和性能是评价车辆质量的重要标准。必须为顾客提供所售二手车的质量保证服务，降低顾客风险，增强顾客信心，积累顾客对经销商的忠诚度。

3）留住客户需要行动导向、战略发展规划和高效执行力。面对日益激烈的市场竞争，例如二手车，目前二手车价格已经变得越来越透明，因此管理者需要高度重视决策，把客户的担忧放在首位，以高效的服务赢得客户的信任。

为了吸引新客户，你可以参考以下方法：

1）充分利用 CRM 系统，准确统计客户信息，通过市场调研获取更多的客户名单，邀请客户参与营销活动，开拓新的商机。

2）在经营中，如果你能留住老顾客，你自然会吸引新顾客。CRM 系统的辅助管理，使客户的筛选更加准确，这对于经销商的经营是非常有用的。做好对老客户的关爱和信任，制订营销策略，激励客户帮助经销商寻找或介绍新客户，充分利用现有资源拓展市场。

4.1.3 汽车售后数字化营销

什么是数字化营销？

1. 汽车售后营销基本概念

目前，汽车保有量的增加使得所有的经销商越来越重视售后服务。服务营销的概念是从短期服务中获取利润，应当建立一个长期的服务营销理念与服务营销体系，特别是品牌服务营销，品牌是发展售后服务市场的必由之路，要重视品牌，开发品牌。在服务内容和质量上提供差异化服务，打造服务品牌，加强服务人员培训，依靠服务质量获得良好的客户评价，维护和加强与客户的关系，实现营销目的。

根据不同客户群体的消费习惯、消费模式和范围，可以有效地帮助服务人员进行客户资源管理和服务工作。汽车售后服务营销类型与操作方法如图 4－6 所示。针对不同的消费群体，了解不同消费群体的消费需求和消费目的，制订不同的营销策略，做好工作，赢得企业良好的声誉，增加市场占有率。每年根据不同的季节、节假日设计独特的服务活动，可以巩固客户的忠诚度，扩大潜在客户的市场容量。

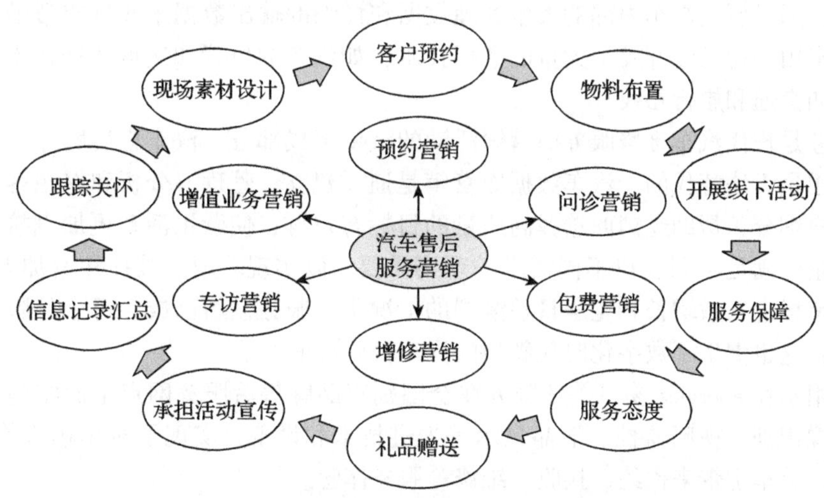

图 4－6　汽车售后服务营销类型与操作方法

预约营销是通过预约吸引客户进站，预防客户流失，均衡业务供求，创造服务机会的营销策略，了解客户的车辆使用情况和服务需求并建立、巩固、开拓固定客户资源。

问诊营销是基于问诊的规范化及循序渐进的诊断结果，铺垫和促进服务顾问的深入交流，让客户感受贴心，对发现的损坏问题给出适当的服务建议。

包费营销是典型的套餐式营销，主导产品有保养、维护、大修、深度保养以及维修达到一定销售额的业务。

增修营销是对新发现的故障或问题，向客户提出合理化建议与方案，提供有价值的服务。

专访营销是针对不同的客户通过电话访问、上门拜访、节日和活动特邀参加的形式开展营销，主要以开展诸如车辆年检、驾驶证年审、新车挂牌、车辆保险等代办代售业务、汽车装饰与精品买卖以及汽车美容为主。

2. 汽车售后市场数字化营销

汽车数据库营销是通过建立、管理、分析和挖掘客户信息数据库，进行客户细分，帮助经销商选择高质量的目标客户群，使营销活动更加直接和准确。它适应了汽车企业满足不同客户、不同需求的现实要求，实现了获取、维护和增加客户的目标。汽车数据营销不再只是增加在线渠道的媒体组合，它涉及整合到大型数据营销的所有方面。

数据库营销是利用现代计算机技术对经销商的客户数据进行收集、处理、分析，包括现有客户情况、产品购买和使用分布的技术，例如客户购买时间、方法、数量、维护频率和成本等。通过对数据库信息的分类、筛选、匹配和计算，实现销售线索挖掘、客户价值细分、客户管理等功能，找到销售线索，找到最有价值的客户群体，通过个性化的营销策略，以直接回收营销手段，在降低大众传播营销成本的同时，与客户建立稳定而长期的关系，从而实现经销商的经营目标和利润的增长。

汽车从研发到采购，从生产到物流，最后到营销、服务和售后市场，涉及的数据量非常大。大数据技术可以通过大数据应用于整个价值链系统，用来提高产品质量，改善生产，简化业务流程，改善业务模式，提高效率。例如，福特汽车公司一直使用大数据分析来探索最佳流程指标，通过研究汽车内部的大量处理数据和详细的输出数据来改进或帮助公司改变其商业模式。丰田公司已经开发了大量的数据技术，如汽车的位置和速度数据技术，用以发展通信服务，如交通和旅行路线。

售后服务是现代汽车维修服务商营销活动的重要组成部分。汽车售后服务在汽车营销中的地位和作用是无法替代的。汽车数据库营销是通过建立、管理、分析和挖掘客户信息数据库，进行客户细分，帮助经销商选择高质量的目标客户群，使营销活动更加直接和准确。它适应了汽车企业满足不同客户不同需求的现实需要，以实现获取、维护和增加客户的目标。在国内汽车市场进入微增长和竞争日益激烈的情况下，服务创新已成为每个品牌都必须面对的重要课题，这也催生了数字化时代新型的汽车售后营销。

上海通用别克 eService 易享关怀服务在全国别克品牌售后服务网点全面实施。该服务集成了视频图像识别、视频监控、液晶显示等先进技术和设备，实现了对车辆维修的可视化、透明化管理，给车主带来预约、接收、维修等服务体验。

进入别克 4S 店之前，车主可以通过移动终端设备预约到店时间、预设车辆养护个性化需求；车辆开始维修后，车主可以通过 LED 看板远程监督、查看车辆的实时维修进程；保养结束车辆离店后，微信、QQ 会适时将养护贴士推送给车主，解答日常用车的困惑或预防以及自检技巧。

上海通用汽车的智能手机应用 App，借助目前最流行的信息工具，为客户提供赏车、购车、用车和互动的“掌”上服务。汽车网联的智能手机应用如图 4-7 所示。

图 4-7　汽车网联的智能手机应用

该 App 包含 iShop 移动展厅、iCare 别克关怀、iAsk 行车助手与 iGame 互动中心四大功能模块，客户可以足不出户就查看到别克产品的 360°外观内饰，了解车型亮点，还可查询别克 4S 店的位置信息和服务热线，实时联动预约试驾及车贷申请。同时，iBuick 还具备个性化的查询违法、统计油耗、获知洗车指数、记忆停车位置、爱车课堂以及保养、保险、年审换证提醒等功能。在互动游戏方面则可以通过拍摄照片渲染车身，设计出独一无二的昂科拉、君越等车型。

汽车保有量的增长使得汽车成为人们生活必需品的同时，服务质量的问题在销售后变得越来越突出，在汽车维修过程中，车主与 4S 店的关系是不对称的，4S 店有汽车维修项目和保证时间。对于车主来说，简单快捷的售后服务体验是最需要的。

实践表明，服务顾问使用电脑为车主提供售后服务比不使用电脑的得到更高的服务满意度。电脑的用途包括：记录车主的个人信息，检查车辆的维护/维修记录，列出问题的细节，以及获得费用估计。

此外，研究显示，虽然汽车经销商试图通过数字服务来提高客户满意度，以留住客户，但他们在提供积极和友好的数字体验方面仍然存在缺陷。数字化营销在确定消费者体验和满意度方面的作用日益显著。数字体验不再只是一个“附加项目”，而是一个“必需品”。经销商需要通过各种数字渠道和联系，更好地与客户互动。

事实上，在汽车设计、研发等前期营销阶段，数字体验是汽车公司和经销商的最佳服务。然而，就售后而言，经销商在提供友好的客户数字体验方面仍有不足之处。研究显示，40%的受访者在使用微信/App 订阅方面存在问题，包括预约困难、网站/应用程序的易用性和预约时间不理想。

这解释了为什么数字体验的满意度相对较高，但是只有小部分车主愿意尝试使用数字渠道向经销商寻求维护/维修服务，因为采用数字技术并不意味着它们实际上用于改善消费者体验和满足消费者期望。

以互联网为代表的数字产品和服务已经渗透到人们日常生活的各个领域，也影响了一代消费者的生活方式和消费习惯。在物联网、大数据、云计算等技术的冲击下，传统的汽车产业正面临着前所未有的机遇和挑战。为了更好地实现战略转型，汽车产业与互联网数字化的深度整合是不可逆转的趋势。

2014 年，宝马率先在我国推出了售后电子商务数字化概念。2017 年，宝马为宝马云计算应用和微信公众号搭建了一个平台，为不同领域的客户提供了 1000 ~ 100000 项服务。由于电子商务渠道的高效通信和新的容量，大量从网上签订的维护服务订单将被转移到离线经销商，从而完成经销商流量渠道的扩展。消费者在网上购买服务凭证后，可以到经销商处享受售后服务，包括可靠的原厂配件质量和专业技术人员的维修工作。整个过程可以给客户带来更方便舒适的体验，也可以提高经销商的效率。2018 年，宝马推出 OBD 智能车终端，帮助老车主实现车辆定位、行驶里程管理和 CBS 远程售后服务等功能。

在当前最热门的汽车共享服务模式中，不仅宝马、通用等公司推出的汽车共享项目已经进入我国，吉利、北汽、上汽、奇瑞等也纷纷投入各自的分时共享租赁项目。

我国车联网规划如图 4 - 8 所示，目前，各品牌经销商都推出不同形式的增值服务来吸引客源，以促进车型的销售。北京吉普公司围绕“Friend”服务品牌宗旨不断地与消费者进行沟通，奔驰中国着力打造“星徽理念”，上海通用则力推“别克关怀”。南京菲亚特整合了其销售、服务的渠道和体系，对下属的授权 4S 店加强了指导与管理，并正式推出了“简捷生活”这一服务品牌，通过“小修快修绿色通道”“大修理赔快速通道”“全国汽车救援联盟”等众多服务举措和自己不断地努力提供给所有菲亚特车主最便捷的服务。

汽车专业服务是一个长期的过程。服务质量决定顾客满意程度。在一定程度上，服务已经成为吸引消费者的一个重要因素。一旦增值服务完成，就意味着下一个营销开始。回头顾客是指挖掘顾客的二次购买潜力，良好的服务也等同于经销商的广告，这是经销商赢得声誉的一个重要手段。国内汽车市场正在从“卖车”转向“卖服务”，许多制造商的职能已经从以制造为中心转变为以服务为中心，进入了“后市场时代”。未来，顾客忠诚度依赖于服务。掌握了客户，也就把握住了市场。

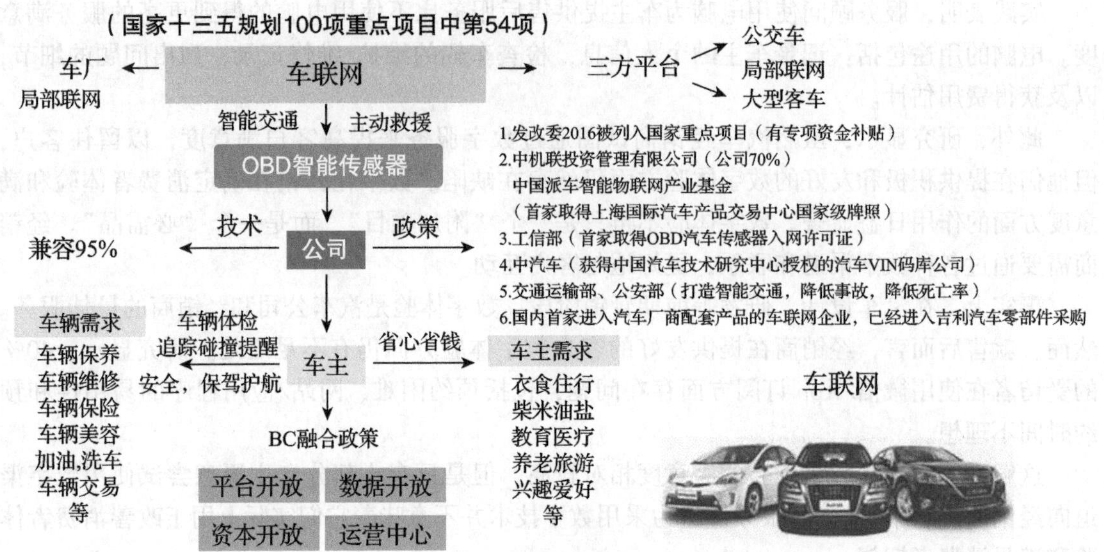

图4-8　我国车联网规划

汽车客户关系管理一般是以客户为中心，组织经销商的所有业务活动，从而最大化维系客户的生命周期，增加客户消费的频率和数量，实现客户的忠诚度，最大限度地提高客户价值和经销商利益。客户关系管理的实施要求汽车经销商在经营理念、组织结构、技术平台、流程体系、经销商关系等方面作出重大调整。

客户关系管理的核心是客户数据的管理，主要通过利用经销商的内部数据来实现数字化营销。一般汽车经销商的海量的销售数据难以统计。针对汽车经销商能够集成的大量内部数据，有必要从分析客户关系管理以及运营客户关系管理等方面建立一个比较完整的系统。汽车经销商方面也应专注客户档案管理和呼叫中心建设，一些领先的汽车公司已经开始扩展到自动化和多媒体中心的营销过程。同时，汽车企业应特别注意分析客户关系，将数据挖掘利用，这是客户关系管理的核心工作。数据挖掘可以通过客户生命周期中的模型来驱动运营客户管理系统，如客户价值模型、客户流失预警模型、上销模型等。在客户关系管理的执行端，特别强调的是由于汽车消费的商品属性和汽车客户生命周期的复杂性，很难通过多媒体中心独自开展营销活动。在这种情况下，汽车经销商可以借鉴客户俱乐部形式，建立自己的客户俱乐部，其中客户信用设计、消费和流通是关键。最后，汽车制造商和经销商必须意识到每个人都在并肩作战，以便在数据、系统、营销执行等方面保持一致，以确保客户的利益。

移动互联网，移动通信网络和互联网的融合，信息内容、承载网络和终端设备的集成是不可抗拒的历史趋势。它在营销观念、营销方法、营销手段、营销含义、营销效果等方面的革命性变化，将迅速显现并作用于传统的大众化营销，产生巨大的影响。

智能网联的应用如图4-9所示。在营销方法上，传统的网络营销方法包括网络多媒体广告、即时通信、电子杂志、EDM、游戏植入、搜索引擎营销优化、内容知识共享、论坛营销、视频网站、电子商务网站、团购等。由于移动互联网技术的应用和发展，消费者在汽车上的停留时间延长，汽车售后市场和客户关系管理逐渐兴起，以及车联网的应用日益增多。汽车屏幕的服务和营销功能越来越多地被汽车工业所使用。值得强调的是，软件集成（特别是在协议层）将使得信息在更多块屏幕之间的获取、传输、存储和投影变得简单和随意，当信息终端的边界变得模糊时，借用任何终端设备都可以调用其他终端设备的资源，也将带来市场上不可估量的变化。

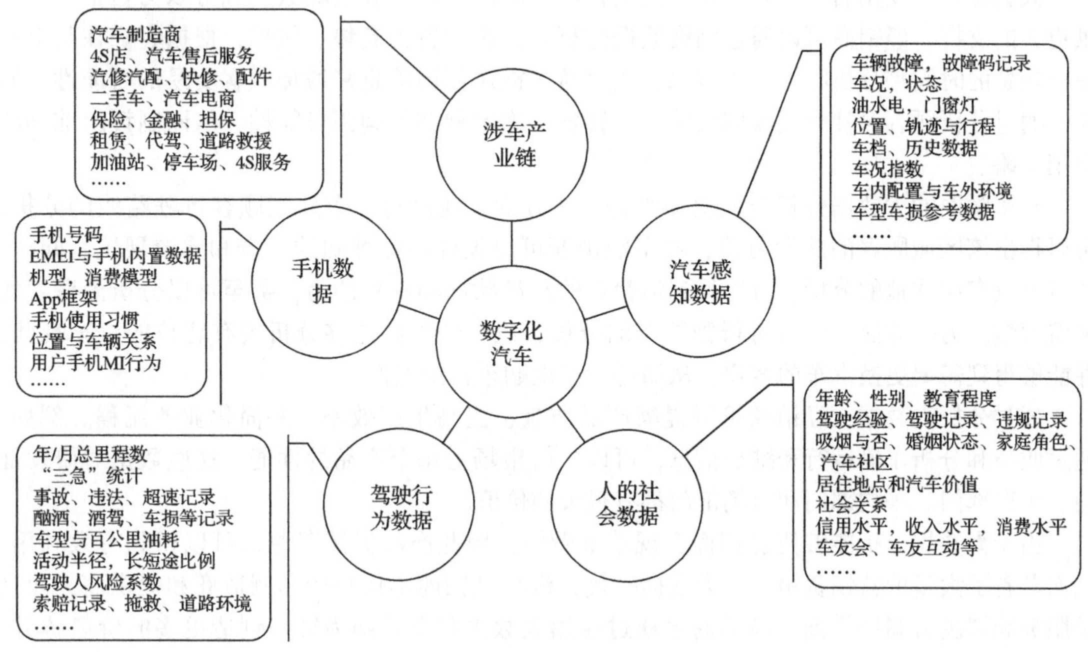

图 4-9　智能网联的应用

如图 4-10 所示，消费者通过位置服务可以获得导航、设施查询等诸多便利的生活和行车服务信息，而车企也可以由此为客户提供更多更智能的服务应用和营销信息。例如，车企和经销商可以计算客户的行驶里程，并在恰当的时间点提醒客户更换易耗零部件或进行维修保养，甚至推荐最合适的服务网点等。

图 4-10　车联网的数据通信

近年来，随着 CRM 系统的引入，大多数经销商都能够有效地将这一信息整合到关系营销中。该模型具有较大的局限性：首先，汽车经销商获取的信息来源极为有限，所有的营销活动都基于已经发生的商业信息，并且不够深入和欠缺广度；其次，收集到的数据并不一定反

映客户的真实需求，例如大多数公司经常进行客户调查，希望使用设计的问题来获得客户的真实想法。结果往往适得其反，与实际情况相差甚远。

大数据广泛使用后，现有的营销模式将产生质的飞跃。大量的数据源可以为营销工作提供更大的支持。经销商可以通过网络数据分析获得客户行为趋势。例如，根据客户在某个页面上花费的时间来分析顾客购买意愿，然后通过推送促销信息来增加顾客交易的可能性。同样，通过分析顾客对社会化媒体的关注和转发，确定顾客的购买可能性，从而制订出准确的促销策略。

对车联网的大数据分析令人更加兴奋。一方面，通过对一个地区顾客行驶路线的分析，可以得出该区域顾客的旅游习惯，汽车经销商可以设计出更准确的广告和旅游展览。同时，通过对汽车居住地的分析，可以得到消费者的经济状况和消费能力，甚至可以分析消费者的消费习惯。另一方面，通过对行驶数据的分析，汽车经销商能够分析现有客户的汽车现状，并能够得到需要更换汽车的客户，从而进行二次购车营销工作。

通过分析大数据，经销商可以提高产品质量，提高生产效率，并简化业务流程。例如，通过收集和分析车辆运行和维护信息，可以了解市场上每个产品的性能。这些数据对研发部门、生产部门、采购部门和市场部门都有很大的价值。

由于大数据分析能够使经销商实现精准营销，因此产品促销资源也可以得到有效利用，从而节省了大量的营销费用。在大数据时代，汽车经销商不仅是产品制造商和提供商，而且是服务和解决方案提供商。经销商要通过应用大数据和车联网为客户创造更多的价值体验。例如，通过定期分析客户车辆的运行状态，定期提供车辆“体检表”，并进行定制维护，以分析和纠正客户的驾驶习惯。通过车辆定位和行驶路线行为分析，为客户提供便捷的旅行指南和实时交通信息。它甚至可以与餐饮、娱乐、零售和酒店等行业合作，创造一种新的汽车生活方式。

4.2 实践训练

	实训任务	对客户进行回访，并邀约客户参加公司的活动
	实训准备	电脑、白板笔、移动白板、白板纸、工作页
	训练目标	能够掌握回访的沟通技巧与邀约客户的方法
	训练时间	90min
	注意事项	每一位同学都应当积极发言，能够在讲台上清晰地回答出老师提出的问题

任务　对客户进行回访，并邀约客户参加公司的活动

任务说明

采用角色扮演的方法，将学生进行成对分组，各组之间自行设计提问与话术，然后进行实战演练，一个轮回后轮换角色。

实训组织与安排

教师活动	将学生按照两个人一组分组，每组两位学生分别扮演客户、客服角色，进行对话演练，将不同的邀约活动内容设置出 4 ~6 个实训模拟工作站点，同时开始演练，每一组应当将所有站点的任务全部完成
学生活动	按照任务中的要求填写出要求完成的内容 积极参加老师的实训安排，在规定的时间内完成各个工作站点的任务。一个站点的任务完成后与其他小组交换任务，在轮组的对练中注意角色的交换 组员之间应能积极沟通交流学习心得与经验，互帮互助

任务操作

①对所有进入客户档案信息表的顾客，在客户维修车辆接车后，客服专员必须在 3 天内进行回访 ②回访一般采用电话形式，回访后必须填写顾客回访记录表，即使顾客没意见也要对顾客表示出公司的关心。根据顾客反馈的不同信息分别处理 ③对于顾客回访记录表中顾客提出的问题，售后服务部门要分析整理，对需要采取纠正和预防措施的及时反馈到责任部门进行整改	
回访客户前的工作准备	
电话沟通话术与应对话术编写	
对练练习	①先由老师扮演客户，学生扮演客服，进行电话对话演练，设计出不同的话题，再将学生进行成对分组按照每一个话题进行练习，完成后轮换角色对练。②在情景设计时可以设计出 4 ~6 个演练台，每组演练区的问题都不一样，每组学生完成任务后进入下一个任务，直到每个演练台的任务完成。③注意在对练中应当用笔及时记录下客户的重点信息
问题记录	
总结	

4.3 探讨验证

教师活动	组织学生将回访的结果进行汇总，形成报告让学生在讲台上对小组成果进行展示。再针对深层问题，引导学生进行问题探讨
学生活动	在课堂上积极回答老师的提问与问题讨论，将小组完成的调研报告对大家进行讲解，并完成老师提出的问题探讨

问题探讨	
1. 如何通过客户回访，争取到客户成为忠诚客户并通过客户的口碑宣传获得更多的潜在客户？	
2. 如何将调查的数据进行整理、分析？	

项目小结

本项目的学习目标你已经达成了吗？请通过思考以下问题的答案进行结果检验。

序号	问题	自检结果
1	什么是沟通？沟通的类别有哪些？	
2	什么是沟通障碍？沟通过程中沟通障碍有哪些？	
3	有效的沟通原则有哪些？	
4	人的肢体语言有哪些？	
5	客户关怀的内容有哪些？	
6	如何留住老客户，吸引新客户？	
7	什么是服务营销？汽车售后服务营销类型有哪些？	
8	什么是数字化营销？	
9	大数据应用对汽车服务营销有哪些帮助？	
10	移动互联网营销有哪些特征？	

项目练习

单项选择题

1.（　　）是指不允许对方提问，也就是说一方发送一条信息，另一方接受信息。

A. 双向沟通　　B. 被动沟通

C. 单向沟通　　D. 以上都不对

2. 正式沟通有（　　）。

A. 报告、请示、总裁接待日　　B. 报告、请示、预算、会议

C. 座谈、总裁接待日、员工活动　　　　D. 以上都不对

3. 汽车数据库营销是通过（　　），帮助经销商甄选优质的目标客户群。

A. 客户信息数据库的建立、管理、分析

B. 客户信息数据库的建立、管理、分析、挖掘、客户细分

C. 客户信息数据库挖掘、客户细分

D. 以上都对

4. 汽车专业服务是一个长期的过程，（　　）决定了客户的满意程度。

A. 服务效率　　　　B. 客户车辆的返厂率

C. 服务质量的好坏　　　　D. 以上都对

5. 经销商通过对（　　）的分析，可以提高产品质量、改进生产、简化业务流程。

A. 市场调研　　　　B. 大数据

C. 公司业绩统计　　　　D. 以上都对

问答题

为什么会产生沟通障碍？如何与客户进行有效沟通？

思考与讨论

1. 如何建立与维护客户档案？

2. 请分析说明车联网技术对现代汽车售后数字化营销具有哪些意义？如何利用车联网的技术优势做好售后的数字化营销？请对传统营销优劣与车联网营销优劣的话题进行深入研讨，并针对这两个话题组织一场辩论赛。辩论赛的规格要求请参考标准的比赛规则，比赛时间控制在 60min 左右。

项目五　汽车维修质量管控

学习目标

完成本项目的学习后，能够达到以下目标：

- 掌握维修车间质量管理与考核要点
- 掌握维修质量控制与一次修复率提升的方法
- 掌握汽车质量保修流程与规定

5.1 基础知识学习

汽车的新工艺、新技术以及新结构是汽车技术的成熟化和发展，对于维修人员的要求也是越来越高，汽车维修需要进行系统化的管理，通过加强质量管理和提升服务质量来建立品牌形象，提升竞争实力。本节将重点介绍汽车维修质量的管控。

学生准备

学生在正式上课之前，应当做好如下准备：

- 在课前预习老师安排的教学内容，完成老师推送的学习准备。
- 准备好本次学习内容的范围内需要向老师提出的问题。

5.1.1 维修车间质量管理与考核

如何提高汽车的维修质量？

汽车维修质量是汽车维修企业生存的基础，是企业发展的重要延伸。正确认识车间管理的内涵是非常重要的。在车间的管理中，维修车间的管理是一项非常重要的日常工作。汽车修理质量既包括技术质量，又包括维修服务质量。从技术角度看，车辆维修质量是指车辆维修作业对车辆技术状况和工作能力的维持或恢复程度。从服务角度来看，车辆维修质量是指顾客对维修服务的态度、水平、及时性、周到性和费用的满意度。

说到汽车维修管理，首先要知道什么是管理。管理的定义是指在特定环境中调动组织内所有可用资源的过程，以及为了实现特定目标而有秩序地计划、组织、指导、实施和控制整个汽车维修的过程。汽车维修质量管理是用于调查、计划、协调、控制、检验、处理和信息反馈的总称，以保证和提高汽车维修质量。汽车维修质量检验是汽车维修质量管理的重要手段，是整个汽车维修质量管理体系中的关键环节。质量检验员是代表经销商进行维修质量控制的关键岗位，影响和决定经销商的质量管理水平，维修车间的管理与其他部门的管理一样，其目的是通过优化资源协调来促进工作效率和生产收入的最大化。

如图 5-1 所示，为车辆创建完整的技术文件，并且车辆指定的维护项目按时且以良好的质量完成。建立和维护汽车维修的计算机文件，签订维修合同，实现“一车一档”。档案存储时间为两年，文件内容齐全，查询方便。根据客户需求及维修类别，跟进服务，提醒服务，以及做好用户回访及信息反馈工作，认真听取客户反馈，并及时反馈给客户任何经过大修和装配修理的车辆的信息。及时听取客户对维修质量和服务态度的反馈，进一步完善规章制度，定期跟踪服务。认真贯彻“三检”制度，不符合维修合格条件的车辆不得出厂。汽车维修质量管理包括经销商的工作能力、维修工具的完整性和可靠性、汽车零部件的质量、维修工艺规范、维修工作环境管理、维修档案数据管理、安全生产管理、员工质量意识和服务理念，并以此方式建立一个完整的员工队伍，建立全过程、全方位的管理机制。将事后检查转变为预防和改进，将简单的结果管理转变为全过程管理，将产品管理扩展到人员、设备、材料、方法和环境的管理。通过计划、执行、检查、处理的循环工作方式，促进质量管理的持续改进。

图 5-1　车辆进厂维修

长安汽车定期保养项目如图 5-2 所示。

对于维修公司来说，以下 3 点是重要的：

1）建立健全与维修作业内容相适应的安全生产管理制度，建立安全生产组织，分解各级安全责任，实施安全生产责任制，实施安全责任到人，并在营业场所公示。对所有员工进行定期或不定期的安全生产教育和培训，并记录存档。

2）新员工先培训，再上岗。确保员工具备安全生产知识，熟悉安全生产规章制度和安全操作规程，掌握本岗位的安全操作技能。配备有符合维修工作内容的安全防护措施。安全保护设施、消防设施等均符合有关规定。有毒、易燃、爆炸物、腐蚀剂、压力容器等危险物品的储存、使用、保养，由专人负责。

3）建立健全各类作业、各类机电设备的安全操作规程。安全操作规程在相应的车间或设备附近标明。定期检查、修理、维护起重设备、校准设备、喷漆工位等易发生生产事故的设备和电路，并做好维修记录。加强生产现场安全管理和监督，定期进行安全隐患排查和自查自改，主要负责人每月到现场至少检查一次。生产厂房、停车场均达到安全、环保、消防要求，并取得相应的合格证书。

建立和完善汽车维修质量管理体系，认真执行维修前、中、后的质量检验制度。对汽车的二次维修、装配修理或车辆修理，严格执行“四单证制度”（进厂检验单、工艺检验单、竣工检验单、维修结算单和机动车维修竣工单）。根据许可证颁发的被许可项目，进行机动

行驶里程/km	机油	机油滤清器	空气滤清器	空调滤芯	汽油滤清器	冷却液	(水泵、压缩机)传动带	制动液	火花塞	制动、驻车系统检查	车轮、底盘螺栓力矩检查	转向系统检查	前束检查
5000	●	●	—	—	●	○	—	○	—	○	○	○	—
10000	●	●	○	●	●	○	—	○	○	○	○	—	—
15000	●	●	○	○	●	○	—	○	○	○	○	—	—
20000	●	●	●	●	●	●	—	○	●	○	○	○	○
25000	●	●	○	○	●	○	—	○	○	○	○	—	—
30000	●	●	○	●	●	○	—	○	○	○	○	—	—
35000	●	●	○	○	●	○	—	○	○	○	○	—	—
40000	●	●	●	●	●	●	—	●	●	○	○	○	○
45000	●	●	○	○	●	○	—	○	○	○	○	—	—
50000	●	●	○	●	●	○	—	○	○	○	○	—	—
55000	●	●	○	○	●	○	—	○	○	○	○	—	—
60000	●	●	●	●	●	●	○	○	●	○	○	○	○
65000	●	●	○	○	●	○	—	○	○	○	○	—	—
70000	●	●	○	●	●	○	—	○	○	○	○	—	—
75000	●	●	○	○	●	○	—	○	○	○	○	—	—
80000	●	●	●	●	●	●	—	●	●	○	○	○	○
85000	●	●	○	○	●	○	—	○	○	○	○	—	—
90000	●	●	○	●	●	○	—	○	○	○	○	—	—
95000	●	●	○	○	●	○	—	○	○	○	○	—	—
100000	●	●	●	●	●	●	○	○	●	○	○	○	○

注：“●”为更换，“○”为清洗、检查、调整，“—”表示无此项目。

图5－2　长安汽车定期保养项目

车修理，不得超出经营范围。不得对已报废的机动车进行维修，不得擅自改装机动车。对维修部件实行仓储检查制度，不得使用假冒伪劣配件对机动车进行维修。为了保证汽车维修质量和安全，应加强检查。

员工管理

车间管理的核心是人员管理。人员管理方法见表5－1。管理的本质是协调，协调的中心是人。人、机器、原材料、方法和环境是管理的五要素。车间运行管理的目的是监测和实施标准维修流程，提高车辆维修质量，优化生产进度。顾客满意是以顾客体验为基础，以顾客满意为关注焦点，对顾客满意进行测量和分析。改进和创新售后服务管理，提高客户体验，提高员工满意度和客户满意度。加强成本控制，优化成本，避免浪费，提高工作效率，改善每日维修计划和平均产值，以优质的服务提高员工收入。

表5-1　人员管理

要素	管理内容	
科学派工	定人定组	每名服务顾问带领一个机修班组并直接派工，定期轮换，事故车另说
	主管调度	接修的车统一分派，可按班组，也可按工种直接派工到技师个人
	派工顺序	返修—预约—召回—VIP—正常到厂维修（按时间顺序）
	把握原则	根据项目难易、时间裕度派给能胜任者，返修应特别关注，另行处理
管理目标	了解任务，熟悉员工，科学合理派工，可提高维修效率，保证维修质量，节省维修时间；派工顺序的准确把握，有利于提高前台业务工作效率，提高客户满意度，培养客户忠诚度；合理派工的意义，在于促进员工技能的提升，团队意识的培养，有利于成本控制；根据车型档次、项目难易，派胜任者担当，可有效提高一次合格率（FFV）	
规范作业	接到承修车辆，维修技师确认3/4/7件套是否使用，作业前安装翼子板布等保护件；阅读委托书上的维修项目，明确交车时间、所需配件情况，规划好维修方案；需不同工种维修时，安排好各个项目的作业顺序，确定作业方案，力争衔接顺畅；作业中，工具台、配件、工具保持清洁（三清），配件、工具、废油液不落地（三不落地）；各个项目的维修作业遵守技术规范，设备工具、检测仪器使用遵守操作规程	
行为准则	配件使用遵守“能修勿换”的原则，换下的旧件妥善保管，按业务指令处理；发现新问题、遗漏项，或作业时间变动，及时反馈给服务顾问并征询客户意见，不自作主张；特殊、疑难、把握不准的项目寻求技术帮助，不得盲目操作，影响后续进度；作业完成后，对照委托书检查是否漏项，填写作业记录、技师建议并签字；设备、工具、场地、车辆的卫生良好，交车前再次检查	
严禁现象	穿拖鞋、不穿袜子上班，脏手在车内操作，油水满地，工具杂乱，车辆乱停，车间昏暗；员工追逐打闹，说脏话串岗，扎堆聊天，倚靠车身，蹬踏轮胎、保险杠；交车清洁不彻底、有手印，遗漏工具、配件。在车内坐卧，乱动物品，听音响；野蛮操作、试车，拖延进度，因质量问题返修，车进车间后长时间无人接修	

对于车间维修作业，除了技术之外，要注重与前台工作人员的沟通，尤其注意维修之前、维修过程中、维修完工之后三个阶段主要问题的沟通，把问题具体化，把故障清晰化。汽车故障的类别有：完全故障、局部故障、致命故障、严重故障、一般故障。

故障的表现形式有：异响、泄漏、过热、失控、乏力、污染超限、费油、振抖。

传统汽车维修内容与特点：传统汽车维修采用以机械修理为核心的手工操作技艺，强调修理工艺，并以零部件修复为主要手段，辅之以整车或总成的调整试验，是总成拆装、调整工艺与零件修复工艺的组合。传统汽车维修作业的流程一般为：解体→清洗→检验→修理→重新组装调试。

现代汽车的维修内容与特点：现代汽车维修以各种机、电、液一体化检测设备及诊断系统作为维修作业的核心与基础，突出检测诊断，以准确确定故障点为主要目标，以总成调整换装工艺与系统诊断技术有机地组合作为维修的主要手段。现代汽车维修作业的流程为：不解体先检测诊断→确定故障→不解体或少解体地进行清洗→少量修复→零件元器件调换→测试→直至合格。汽车维修质量内容见表5－2。

表5－2　汽车维修质量内容

序号	质量	相关说明
1	性能	指维修或维护好的汽车为满足客户使用要求所具备的技术特性。如汽车大修后，发动机额定功率、车辆最高行驶速度等
2	寿命	指车辆维修后的正常使用期限，如汽车发动机大修后，在通常条件下可行驶的里程等
3	可靠性	指经维修的汽车，投入使用后，维修部位的耐用程度和持久程度。一般用首发故障里程或小时衡量
4	安全性	指汽车维修后使用中不出现机械故障和保证安全的程度。如维修后制动系统的制动效能和可靠性；转向系统的灵活性和操纵稳定性等
5	经济性	指维修后的汽车，运行费用的大小，如与发动机燃油经济性相关的油耗费用和其消耗材料费用的大小等

修理工作完成后，必须进行一系列的准备工作，以便将车辆交付给客户。这些准备工作包括质量检验、车辆清洁、旧零件的准备、竣工的最终检查，以及通知客户取车。

1）质量检验：质量检验有助于发现维修过程中的错误，验证维修效果，也为维修人员的评估提供了依据。质量检验是维修服务过程中的关键环节，维修人员修理车辆后，质量检验员应当检查并填写质量检验记录。如果涉及转向安全系统，如转向系统、制动系统、传动系统、悬架系统等，必须提交给试验驾驶人进行试验操作并填写试验记录。

2）车辆清洁：在客户的车辆修理完成后，应进行必要的内部和外部清洁，以确保车辆作为维护良好、内部和外部清洁并满足客户要求的车辆交付给客户。

3）准备旧零件：如果委托书显示顾客需要取走旧零件，维修人员应将旧零件擦干净，包装，放入车内或放在顾客指定的位置，并通知业务接待。

4）竣工的最终检查：

① 质检是保证车辆维修质量的重要工序和必要手段。

② 质量检验包括车辆进厂检验、工艺检验和工厂检验，质量检验员和维修人员必须保证质量符合检验标准。

③ 质量检验工作实行专职人员检验、维修人员自检和三级互检制度。

④ 技术总监对车辆检验工作的组织和领导负有全责。

车辆维修过程检验流程如下：

① 车辆维修订单签订后，车间主管安排车辆维修，如涉及多工种协同维修，车间主管应根据交货时间合理安排生产计划。

② 维修人员操作规程、维修程序和技术标准的维护、工艺检验、自检和互检，以及返工

车辆的修理。

③ 返修车辆，事故车辆通过各种类型的自检、互检后，质量检验员重新进行检查，检查合格可以安装，否则，质量检验员有权决定返工。

④ 在维修过程中，维修人员不能解决的质量问题一般由技术总监解决，重大质量问题由主管向上级单位报告。

⑤ 检验工作完成后，质检人员移交时，主要负责人签署维修订单。

车辆出店检验流程如下：

① 车辆修理后，质量检验员进行车辆竣工验收，并在维修单上签字。

② 需要通过道路试验的维修车辆，由质量检验员通过道路试验后，交付给用户。检查过程中发现的问题和缺陷立即由专业人员负责修理。

③ 通过竣工检验的车辆，由质量检验员根据维修项目在维修单上签字。

④ 技术总监（质量检验员）与负责人对需要返修的车辆进行技术鉴定，确定该车是否属于修理质量问题。

⑤ 技术总监确认客户返修成立后，主修理人应当尽快进行返修工作；主修理人在修理其他车辆时，应当采取灵活处理客户车辆问题的办法。

如果客户车辆的问题不在维修范围内，并且客户同意修理车辆，技术总监或质量检验员应引导客户到前台开立新的维修订单；如果客户不愿修理，应按返工程序进行。注明情况，并将“返工单”送到前台。丰田汽车维修流程如图 5－3 所示。车辆维修过程管理应在维修车间的质量管理中进行。顾客的维修车辆必须经过预约、接待、维修、质量检验、交车、回访等重要环节。对每个环节的控制，可以帮助我们掌握管理中各个环节的问题和进展。在监控、质量控制等工作中，各部门应做好及时沟通和反馈工作，避免执行指令在管理上因沟通障碍而失真。

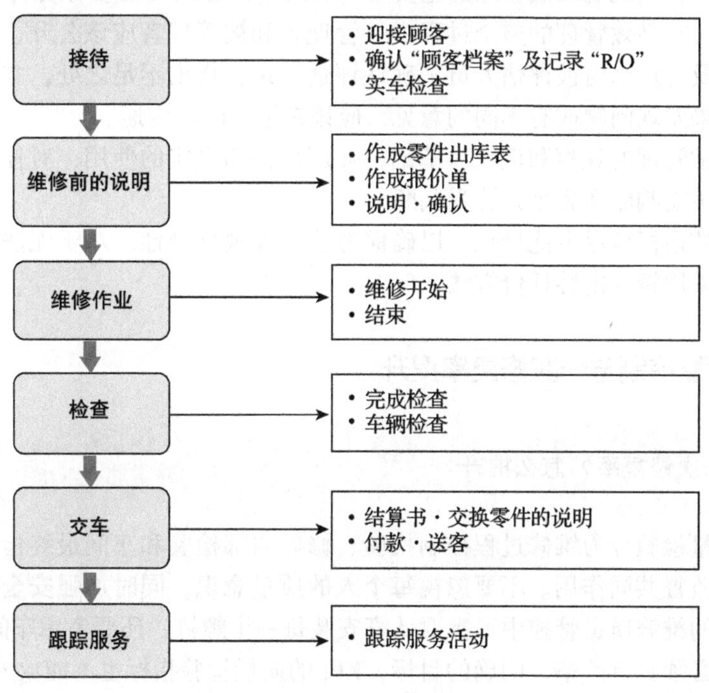

图 5－3　丰田汽车维修流程

做好与下属沟通的工作。鼓励自己的团队达到员工的满意度是非常重要的，因为只有当员工满意度提高时，员工的积极性才能得到提高，工作效率、产品质量和员工责任感才会得到提高。只有提高员工的责任感，才能提高团队的凝聚力。这种工作氛围将直接或间接地带给客户。同时，工作的结果将保证客户车辆维修的质量和效益，这相当于促进客户满意度的提高。维修车间生产部在工作中要经常与员工沟通，并投入更多的精力提高员工的满意度。比如，培养团队精神，及时关爱员工，解决员工的一些困难等，让员工有归属感，就会提升责任感。

在维修工作中，工作技能是非常重要的，但更重要的是拥有工具和设备来帮助你完成大量的维修。高效优质的设备是保证维修质量和生产效率达到维修标准的重要基础。如果设备投资过于保守，技术陈旧，不能及时补充和更新，势必降低维修质量，影响工厂的声誉。特别是对于新的服务网点，如果在建设初期不及时引进优质、高性能的设备，将会造成巨大的资源浪费，为以后的更新、引进新设备、进行高低混合和优良资源配置带来阻碍。只有在使用时合理地维护设备才能保证维修的质量，并且起到环境保护和节能的作用。如果投入成本高于普通设备，实际使用成本将大大降低。车间设备的投入和补充应根据车间实际的维修业务需求来确定，维护的进度才不会受到影响。否则，维护能力就会出现瓶颈，生产进度也会受到影响。

员工绩效考核的目的是通过考核来增强员工的工作责任感，帮助员工不断提高个人的工作技能。有助于管理者充分了解部门的人力资源状况，有利于管理者提高部门工作效率。让经理和员工就目标和行动达成一致将有助于塑造一个高效率、高目标达成率的优秀团队。通过考核，绩效管理与公司的战略目标和经营计划紧密相连，充分调动各方面的积极性和责任感。形成科学合理的薪酬绩效管理机制，促进人力资源向人力资本的转化，实现集团公司的可持续发展。

在绩效考核中，员工是绩效管理的主要参与者之一，强调员工参与绩效计划、绩效辅导、绩效评价和反馈。在绩效管理的整个过程中，管理者和被管理者应该公开、诚实地沟通和交流。评估结果应及时反馈给被评估人员，确认评估结果，指出不足之处，并提出今后的努力和改进方向。如果发现问题或有不同的意见，应该在第一时间沟通。

评估应以日常管理的观察和记录为基础，强调数据和事实的使用，对任何评估都应有事实依据，以避免主观判断和凭个人感受判断。

员工绩效考核指标应尽可能量化，以确保考核的客观准确性。对于无法量化但需要评估的绩效指标，应采用行为定性评价方法。

5.1.2 维修质量控制与一次修复率提升

什么是一次修复率？怎么提升？

汽车维修质量检验分为维修过程控制检验、修后内部检验和车间最终检验。核心是内部相互监督和质检监督共同作用。不要忽视每个人的质量意识，同时加强安全生产和维护的责任意识：在车间的维修质量管控中，需要认真安装每一个螺钉，还要考虑车间烤漆房的隐患。质量管理的评估必须具有严格、明确的目标，KPI 的质量检验指标也不能放松。

汽车维修质量控制

（1）服务顾问的准确咨询和科学审查　服务顾问应具备良好的技术基础经验和规范的诊断查询技能。服务顾问的技能提升是每个4S店服务部门必须注意的一个环节。如果服务顾问的业务能力较低，客户就无法准确把握车辆的真实信息。标准化的咨询技巧都与品牌的指导思想和咨询有关，需要注意的两个方面是：5W2H的询问应将开放与封闭问题相结合，熟练地使用与相互整合，准确把握客户的车辆问题和具体需求。要用科学的方法，否则会走错方向，延误维修工作计划的正常实施。

在接待处对车辆进行检查时，服务顾问和客户在检查发动机后应将车辆开到举升机上，并与客户检查底盘上的部件。当向客户询问故障现象时要详细，如果有必要，你应该和顾客一起路试汽车。在路试时，不要强行加油、紧急制动、高速倒车和转弯等，这会使顾客对汽车感到非常心疼，尤其是不要随意动车上的高端影音系统。

估算维护成本和工时是一个非常敏感的问题。如果不小心，可能会起客户流失。维护成本很容易计算，对于简单或明显的故障，可以直接估计修复成本，但是需要进一步检查，应考虑可能存在其他的问题部件，把具体的维修费用如实告知客户，并且预算应写在修理订单上，作为未来核算的基础。如果在修理过程中发现其他损坏的零件，询问客户是否可以更换。在估计维修周期，即预定交货时间时，应考虑并留出一定的时间余量，例如等待时间、维修技术难度系数或由于其他紧急任务而暂停修理某些车辆。一旦确定了时限，就必须尽快完成，否则将给客户和汽车4S店带来不必要的损失。

（2）对技术人员进行技术评估后合理调度　车辆到达后，并不是每个人都可以胜任这项工作。在初步判断后，需要选择技术人员。否则，应当能更好地修复的故障不能由合适的人修复，容易引起人力资源浪费。未能确认的故障需要合适的维修技术人员来确定故障。要客观、准确地选择施工对象，确保车辆的一次修复率。

（3）维修问题的合理处理　一般维修中也容易出现维修质量问题：油底壳螺塞不紧、机油滤清器不抹油、漏油等小环节，都是由于操作不当和配件不合格造成的。特别是对于无法修复的疑难杂症和偶发故障，有必要给予足够的时间来支持。

（4）零部件供应　准确及时地供应备件是一个环节。如果在维修期间缺件，客户也同意订件，接下来就要做好配件预定确认、订单的跟踪工作。交车时间要与客户约定的维修时间相匹配。保持与客户沟通，并做好记录，记录不明确很容易影响到车辆维修的质量。

（5）车间设备和技术支持　现场技术支持和专业工具、设备支持是保障维修的关键。毕竟参加过主机厂的培训人员是少数，所以技术总监应关注新员工的技术培养。新员工的操作规范性会直接影响车辆维修质量。设备和工具需要定期维护和检查，以确保设备和工具具有良好的工作性能。在维修工作中，不能因为关键设备或施工专用工具发生故障而影响了维修进度，对于设备易损的重要零部件应有合理的配备。每天要做好专用工具与设备检查，并进行定期维护。

（6）质量控制　维修过程控制检查包括维修后的内部检查与车间的最终检查，核心是内部相互监督和质检监督共同作用。维修车辆后，检修项目的检查是总检中的重要工作，必须仔细、彻底地检查，并在必要时进行路试。检验项目主要包括：检查维修后质量是否满足其使用的技术标准，工作状况是否良好。检查车辆部件连接是否牢固，尤其是车辆维修后是否遗留有安全隐患。只有在确认车辆维修后质量没有问题之后，才可以通知顾客来接车。

(7) 交车前确认　服务顾问需要确认维修或保修项目是否完成，以及是否完全合乎客户的要求。这一环节是服务顾问的保证质量的最终环节。

(8) 交车说明　客户接受维修的车辆时一般比较小心。在这方面，服务顾问应具有足够的耐心，并应主动与客户试车，随时解释和说明预防措施，并且不应让客户单独试车，特别是对于一些难以应付的客户（如嫉妒、不讲道理、可疑等），我们必须克服易怒性，耐心地与客户沟通，使他们满意，并愿意再次回厂接受其他服务。

汽车一次修复率提升

售后服务的各个方面都影响着维修的实现，不仅仅依靠诊断维修技术，即使技术再好，也不足以保证不发生非维修问题；同时，与客户沟通不足，不适当的零件供应和过程控制也影响维修的实现。影响维修的因素通常分为四个方面：诊断维护技术、客户沟通、过程控制和零件供应。例如，一汽丰田汽车有限公司提出了基于“多因素综合评判”原则的“一次性维修”方法。返工是指在国家保修政策或制造商在维修后规定的保修期内出现同一故障或修理项目中更换了新的零件，在规定的保修期内更换的零件出现损坏。

一次修复率是汽车维修的一个基本指数，不同的产品也有维修率的细分，如即时修理率、平均修理率和缺陷修理率。在售后服务方面，客户的问题主要有维修时间、维修价格和维修质量，这些是客户的基本诉求。如果有维修质量问题，没有一次修复，服务效率和品牌、客户满意度就无从谈起。

一次修复率是以月为单位，计算方法为

一次修复率 = 当月一次修复合格总数/当月进站报修车辆总数 ×100%

为了提高维修质量，应尽可能提高一次修复率，完善维修制度，加强对内、外维修返工的处罚。

现场技术支持和专业工具和设备支持是提高维修率的关键，技术管理人员应当组织好新员工的内部培训技术，多关注新员工在维护过程中遇到的困难。新员工的操作不规范或专用工具没有到位，将直接导致车辆维修问题。在新员工上岗一个月内加强对其的现场指导是非常有必要的。需要定期维护和检查设备，以确保设备良好的工作性能。确保关键测试设备或施工专用设备不频繁发生故障和停机。每日填写的5S设备检查维护表是基本的记录。一次修复评价与改进方法如图5-4所示。

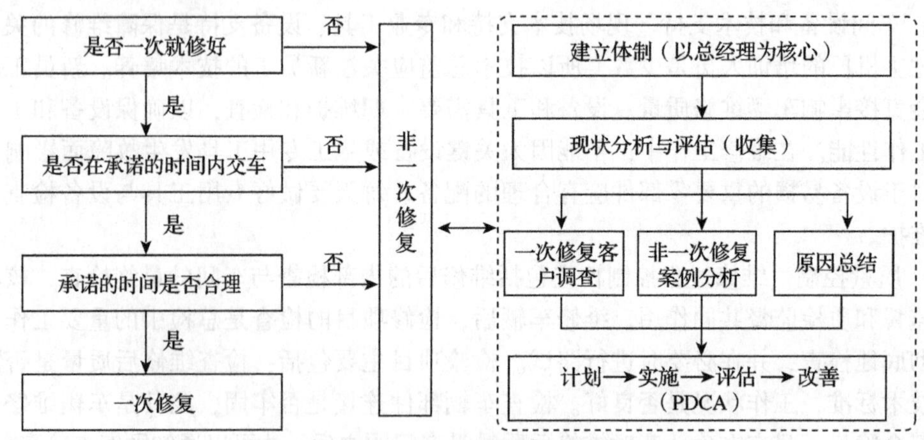

图5-4　一次修复评价与改进方法

除了诊断/修复以外，一次修复改善活动涉及汽车服务的各个环节，贯穿整个售后服务流程，流程内任何一个环节出现问题都可能导致非一次修复案件的产生，一次修复的重要性不容忽视。一次修复改善模型如图5-5所示。

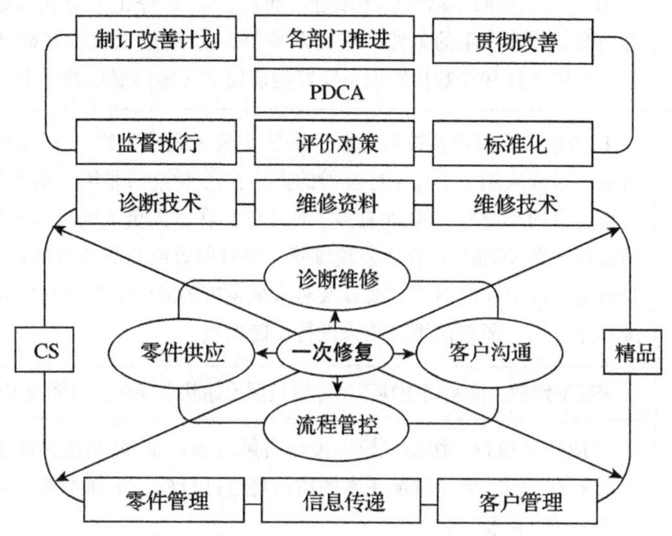

图5-5　一次修复改善模型

一次修复业务流程如图5-6所示。

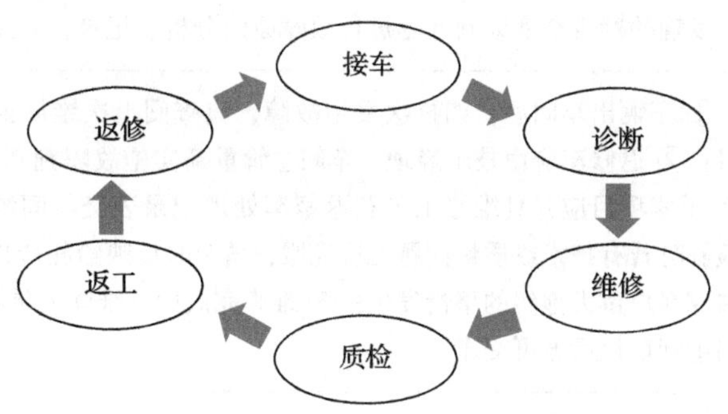

图5-6　一次修复业务流程

一次修复业务流程分解的详细说明见表5-3。

表5-3　一次修复业务流程说明

序号	流程	流程操作说明
1	接车	① 必须充分记录客户关心的问题重点与要求；② 接车时，业务接待员应详细询问客户故障发生时的现象、发生频率及条件等重要信息，并做好相应记录
2	诊断	① 业务接待员应陪同客户进行检查，分析故障原因，制订维修方案；② 业务接待员应有条件查阅维修档案、维修通告，以便尽可能准确制订维修方案和预估修理工时；③ 对新问题、疑难杂症或暂时难以准确判断的故障应予以记录，并及时反馈，申请技术支持

（续）

序号	流程	流程操作说明
3	维修前	① 无派工单的车辆一律不准进入车间；② 维修工人应在维修前完全了解车辆故障内容、故障发生的条件、维修方案等；③ 维修工人应在确认备件仓库有相应配件，专用工具和诊断检验设备完好的前提下实施诊断维修作业
4	维修中	① 维修工人需严格按照维修手册的要求来完成维修；② 维修工人应重视修理的质量，必须采用上下道工序互检的方式；③ 树立质量第一的思想，争取在第一时间内将客户的车修好；④ 如有多工种维修，在本人负责项目结束后，完成上下道工序的交接；⑤ 在维修过程中发现维修方案有偏差或有其他故障隐患，应及时与车间主管联系，以便及时纠正方案以及对未被发现的故障隐患进行修理；⑥ 在完成每一步维修作业后，需对该维修结果进行功能检查
5	维修后	完成维修后，必须将更换下的零件按照原始状态保存，以便技术经理分析故障原因
6	质检	① 应严格执行三级质检流程进行质量检验；② 对存在疑难杂症的车辆及一次未能修复的车辆，除了按照正常的质检规范进行外，车间主管还应组织技术骨干对车辆进行最终检验
7	返工	① 对于在质检中发现问题的车辆，质检人员应填写返工处理表，随同原始派工单退回维修工人进行返工，重新进行维修质检流程；② 技术经理应针对一些维修质检中发现的疑难杂症或新问题进行故障原因分析、记录，并及时反馈
8	返修	① 车辆出车间后，如再次发生故障，应查阅上次维修记录，确认是否为返修项目；② 返修车应由技术经理、车间主管重新实施故障判断，了解不良情形及原因；③ 返修项目应开具维修工单和返修车处理记录表交车间维修，优先安排维修；④ 检修时若有技术或质量问题无法克服，请及时反映给相应部门要求协助处理，以免造成客户重大抱怨的事情发生；⑤ 维修完成后，维修工单和返修车处理记录表交车间主管审核后方可交车
9	交车	① 返修车于交车时应由业务接待员或业务主管以上员工亲自向客户说明发生故障的原因及处理对策，并向客户道歉，并目送客户离厂，若情况需要，应提供送车等服务；② 返修后的 3 天内，业务主管直接对客户进行追踪、确认

如果车辆返修引起的经济损失在 500 元以下，由技术经理与车间主任决定，500 ~ 2000 元之间，由服务经理和技术经理或车间主任决定。返修的经济损失超过 2000 元，由服务总监及公司技术部门决定。

外部返工过程如下：

1）当顾客来店时，售后服务部接到投诉时，接待的服务顾问应该首先了解负责上次维修接待的服务团队，条件允许时可以由这个小组来接待顾客。

2）对车辆故障进行初步检查后，如果确定上次维修未到位，应立即对客户的车辆进行维修并向客户道歉，并填写返工记录表。如果是新的故障，服务顾问应按照正常的维护流程和相关系统操作，并做好相应的客户解释工作。

3）车间接到修理车辆的委托书后，应当立即准确地排除故障，严格检查。修理完成后，质量检验员/技术经理要检查故障是否已经修复；如果问题仍未解决，请按内部返工规程处理，当问题处理结束后将返工记录表存档。

内部返工流程如下：

1）当质量检验员或服务顾问检查车辆的质量，发现质量不合格时，必须立即返工，直至验收合格。

2）对于同一辆车，同一故障的内部修理仍不合格三次，质量检验员或服务顾问需要填写返修记录表，根据上述外部维修程序进行处理。

3）返修工作完成后，必须先进行自检，交质量检验员复验。服务顾问在通知客户接车前，可通过交货前检查，确认合格。

返修车的月度汇总分析见表5－4。主要人员还必须写出修理所需采取的措施和程序。不合格车辆要求服务经理/服务总监在出厂前签字确认。

表5－4　返修车月度总结分析表

<table>
<tr><td colspan="2">本月结算车辆：</td><td colspan="2">台次</td><td colspan="4"></td></tr>
<tr><td colspan="2">本月非一次修复：</td><td colspan="2">台次</td><td></td><td colspan="2">一次修复率</td><td>%</td></tr>
<tr><td colspan="2">本月返工：</td><td colspan="2">台次</td><td></td><td colspan="2">返工率</td><td></td></tr>
<tr><td colspan="2">本月返修：</td><td colspan="2">台次</td><td></td><td colspan="2">返修率</td><td></td></tr>
<tr><td colspan="2" rowspan="2">非一次修复原因</td><td>返工台次</td><td>返修台次</td><td>非一次修复台次</td><td>原因分析</td><td>改进措施</td><td>责任人</td></tr>
<tr><td></td><td></td><td></td><td></td><td></td><td></td></tr>
<tr><td rowspan="3">前台原因</td><td>故障描述不准确</td><td colspan="6"></td></tr>
<tr><td>未完全记录客户要求</td><td colspan="6"></td></tr>
<tr><td>车间生产力不足</td><td colspan="6"></td></tr>
<tr><td rowspan="2">配件原因</td><td>配件质量问题</td><td colspan="6"></td></tr>
<tr><td>配件供应不足</td><td colspan="6"></td></tr>
<tr><td rowspan="4">车间原因</td><td>项目没全部完成</td><td colspan="6"></td></tr>
<tr><td>操作者疏忽</td><td colspan="6"></td></tr>
<tr><td>工具、设备不足</td><td colspan="6"></td></tr>
<tr><td>技术能力不足</td><td colspan="6"></td></tr>
<tr><td>其他</td><td>原因及描述</td><td colspan="6"></td></tr>
<tr><td>合计</td><td colspan="7"></td></tr>
</table>

站长：　　　　　　　　制表人：　　　　　　　　日期：

另外，也可以通过研究与开发质量评价指标来控制售后返修率，KPI 目标管理指标见表 5 -5，通过对关键参数进行设置、取样、计算、分析，衡量流程绩效的一种目标式量化管理指标，KPI 是现代企业中受到普遍重视的业绩考评方法。

表 5 - 5　KPI 目标管理指标（仅供参考）

重点目标	主要措施	管理项目	管理水准
进厂台次			
首保率	通过 SA 实施电话招揽，提升首保进厂量	首保招揽成功率	80%
定保率	通过 SA 实施电话招揽，提升定期保养进厂量	定保招揽成功率	45%
续保率		续保达成率达到 60%	达成率 60% 以上
预约率达到 30%	要求 SA 对客户进行预约推销和引导，店内针对预约客户推出优惠措施	预约达成率	达成率 30% 以上
首保、定保跟踪率	前台接待针对所有首保、定保客户进行电话招揽	跟踪成功率	95%
感谢电话实施率	前台接待针对前一天出厂车辆拨打感谢电话	回访成功率	100%
营业额			
制订维修套餐服务	制作保养维修套餐优惠项目，吸引客户消费	套餐使用率	50%
增加维修项目	制订附加维修项目	附加项目使用率	30%
提升客单价达到 950 元	提升 SA 的销售技巧，针对 SA 在销售技巧方面进行培训	客单价	900 元以上
提高事故车定损单价	与保险公司接洽，提高定损金额	定损单价	800 元
CSI 成绩			
电话调查	前台接待接车时直接向客户要分，并通过客服回访结果来进行分析，找出问题点，进行整改，提高整体接待水平	CSI 成绩	95 分以上
飞行检查	规范 SA 标准接待流程，每天对业务接待进行两次接待流程检核，发现问题，及时整改	店内飞行检查分数	95 分以上
问卷调查	通过面访、短信、电话等方式，尽量和客户沟通，在接到调查问卷时及时和 4S 店联系，共同完成填写或全部给予好评	问卷调查成绩	97 分以上

KPI 可以使部门主管明确部门的主要责任，并以此为基础，明确部门人员的业绩衡量指标，使业绩考评建立在量化的基础之上。目标达成检查表见表 5 - 6，建立明确的切实可行的 KPI 指标体系是做好绩效管理的关键。

表 5－6　目标达成检查表

重点目标	主要措施	责任部门	达成基准		达成情况	
			管理项目	目标值	实绩	达成率
1. 进厂台次		售后部	进厂台次			
首保率	实施首保电话招揽	售后前台、客服	达成率 80%			
定保率	实施定保电话招揽，开展服务活动	售后前台、客服	达成率 45%			
自店续保率	电话招揽	售后部	达成率 60%			
他店续保率	电话招揽	售后部	达成率 60%			
预约率	推销预约，引导预约	售后前台	达成率 30% 以上			
感谢电话实施率	要求前台接待针对前一天出厂车辆拨打感谢电话	售后前台	回访率 100%			
2. 营业额/万元		售后部	营业额			
单台产值	提升 SA 的销售技巧，与保险公司接洽，提高定损金额	售后前台	单车产值			
3. CSI		售后部	季度 CSI 总评			
电话调查	前台接待直接要分，客服部回访调查	售后前台	客服回访情况统计			
飞行检查	对 SA 进行飞行检查流程培训，然后进行实际接车演练	售后前台	店内飞行检查成绩			
问卷调查	提醒来厂客户，接到信件后能够给予 4S 店满分评价，或者接到信件后直接与 4S 店联系，由 4S 店指导填写	售后前台	厂家公布问卷调查成绩			
4. 品质		售后部				
一次修复率	标准流程的执行，维修技能的提高	售后车间	客服回访情况统计			
内部返工率	维修技师的标准工艺的执行和维修技师的责任心	售后车间	检验员检验情况			
外部返工率	严格执行三级检验制度	售后车间	SA 统计数据			
5. 效率		售后部				
工位周转率	专职安排，合理派工，提前安排预约车辆	机修车间	部门自行统计数据			
	专职安排，合理派工	钣金车间	部门自行统计数据			

（续）

重点目标	主要措施	责任部门	达成基准		达成情况	
			管理项目	目标值	实绩	达成率
5. 效率		售后部				
烤漆房周转率	计划安排烤漆时间	喷漆车间	部门自行统计数据			
工时利用率	调度合理安排	机修车间	部门自行统计数据			
人均修理台数	通过各种途径招揽保险事故车	钣喷车间	部门自行统计数据			
洗车效率	合理安排洗车，强化洗车标准	洗车房	部门自行统计数据			
准时交车率	严格控制交车时间，及时与SA沟通	售后车间	部门自行统计数据			

如图5-7所示，经销店需统计店内每月一次修复KPI，了解自店一次修复实况并且在店内共享数据及改善方法，实行全店目视化管理，全员关注一次修复改善，做到通过管理一次修复项目实现对整个服务流程的管理和控制。

1. 一次修复的定义：第一次修理就能完全修复

2. 一次修复的判定方法

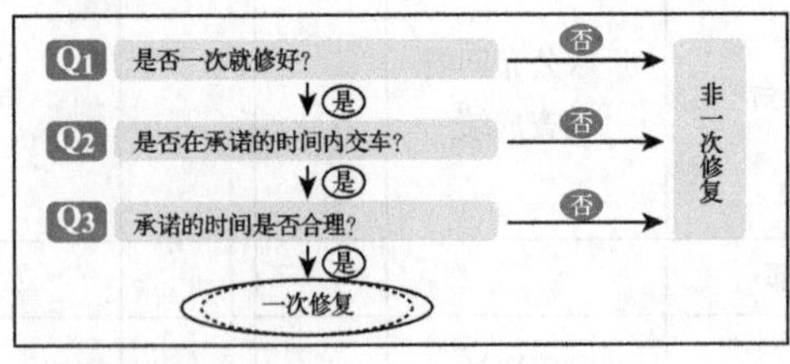

3. 一次修复率的计算方法

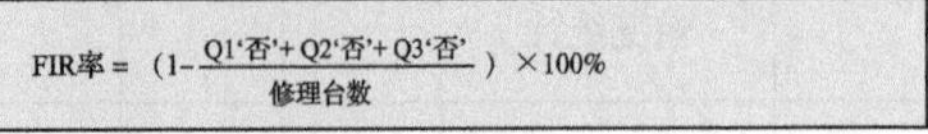

4. 2010年全国平均一次修复数据

	第一季度	第二季度	第三季度	第四季度
全国平均一次修复率	86.2%	88.2%	90.4%	91.7%

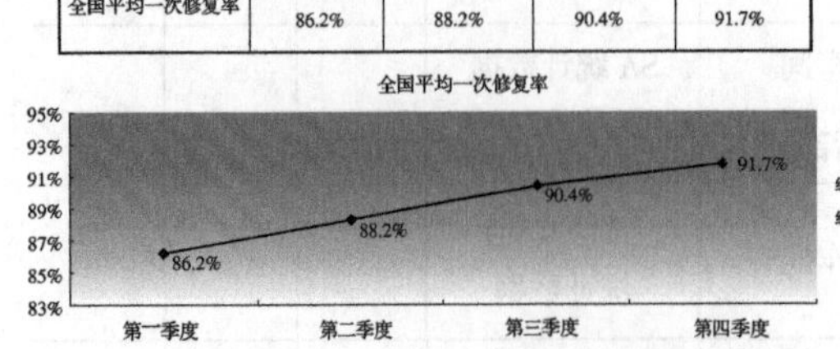

5. 2010年第四季度各大区一次修复数据

一次修复率	东北	华东	华北	华中	华南	西部
第四季度	93.7%	93.6%	91.9%	92.6%	88.6%	92.5%

各大区平均一次修复率

98% 95% 93% 90% 88% 85% 83% 80%

93.7% 93.6% 91.9% 92.6% 88.6% 92.5%

全国平均 91.7%

东北 华东 华北 华中 华南 西部

6. 2010年第四季度全国非一次修复问题线分现状

	没有一次修好（Q1）	没在承诺时间内交车（Q2）	承诺的时间不合理（Q3）
全国平均	2.0%	3.4%	2.9%

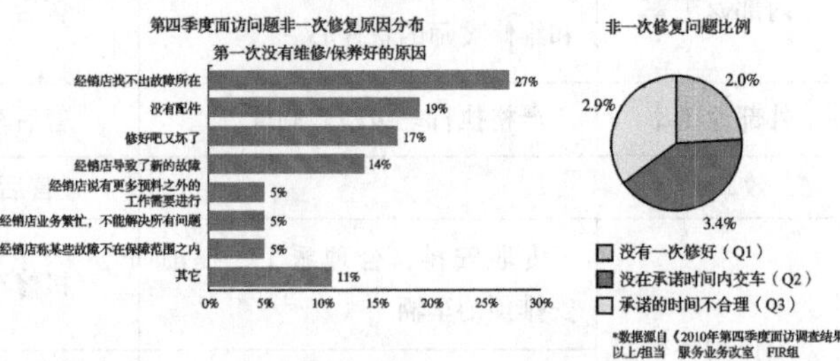

非一次修复问题比例

2.0%

2.9%

3.4%

没有一次修好（Q1）

没在承诺时间内交车（Q2）

承诺的时间不合理（Q3）

*数据源自《2010年第四季度面访调查结果》以上/组当 服务业务改室 FIR组

图5-7 某主机厂2010年全国一次修复率统计

一次修复问题点虽然最突出的部分表现为诊断维修技术方便，但是不能只关注诊断维修技术，如图5-8所示，流程/零件/精品等方面也存在相当一部分非一次修复案件发生，同样需要经销店予以重视。

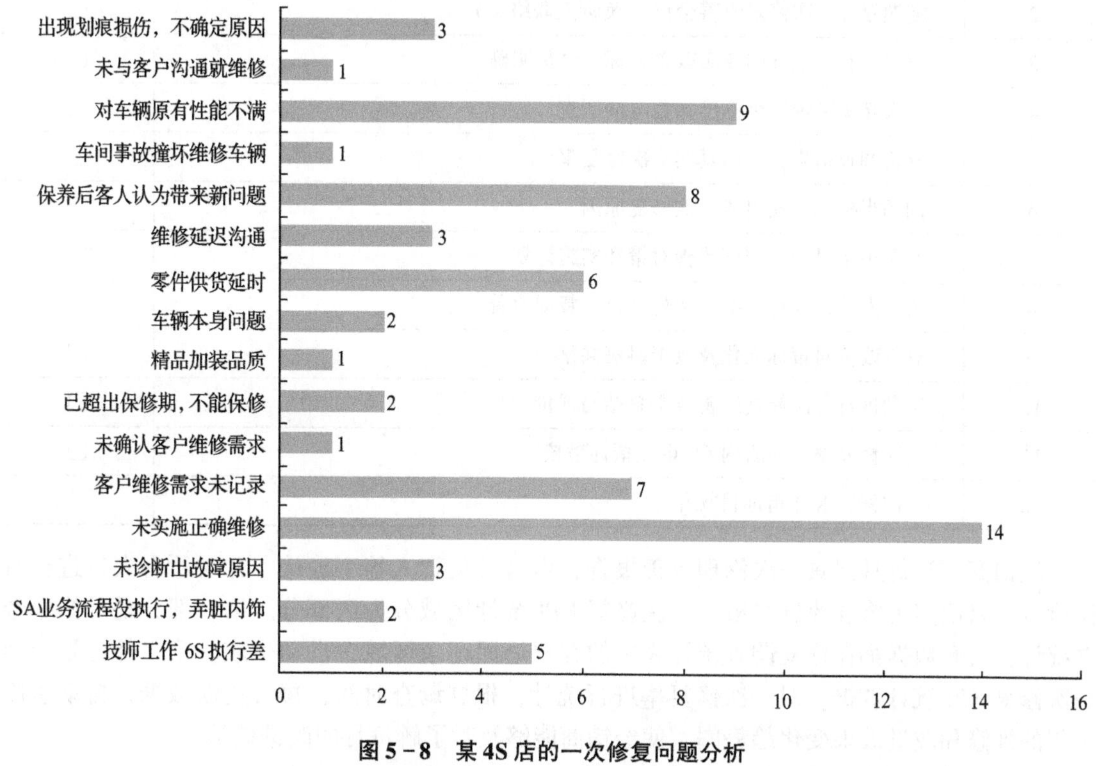

图5-8　某4S店的一次修复问题分析

大多数经销商对非一次维修的原因不太了解，没有深入的研究和分析，不可能制订有针对性的改进措施。经销商应根据店内的情况进行调查分析，找出非一次维修的原因，并根据根本问题制订改进措施。经销商如果没有建立完整的维修体系，责任划分就会不明确，没有完善的非一次修复改善流程，在改善工作中经常发现许多漏洞，活动难以实施。因此，应该建立一套完整的维修与改善体系，并动员全体员工积极参与改进：

1）SA负责与客户沟通，准确记录车辆故障情况。

2）维修技师负责维修车辆，确保一次修理。

3）技术主管负责提供技术支持。

4）服务经理负责实施改善和解决客户投诉。

5）总经理负责指导相应过程中出现的问题。

在建立了改善体系和明确责任之后，可以召开改善启动会议，动员所有员工进行工作改进。改善活动开展后，定期召开小组讨论会，制订改进方案。在取得成果后，总结改进效果和不足，并长期实施计划。随着改善的范围不断扩大，经销商必须独立地进行自我检查和改善工作，以确保店内独立改善过程的标准化，见表5-7。

表 5－7 一次修复改善店内检查表

序号	项目	是/否
1	建立全员参与的一次修复管理体制，各岗位明确职责	☐
2	定期召开一次修复改善会议（负责人联络会）	☐
3	设定具有挑战性的自店改善目标、全员明确	☐
4	一次修复判定三个标准实施电话调查	☐
5	分析调查结果，得出真实一次修复率	☐
6	询问当事人，找出非一次修复原因	☐
7	改善小组讨论，制订改善对策和实施计划	☐
8	负责人监督执行状况，奖惩结合，督促改善	☐
9	有效改善对策标准化及改善事例共享	☐
10	定期进行一次修复改善效果总结与评价	☐
11	一次修复率作为店内 CS 重点指标考核	☐
12	一次修复 KPI 指标目视化	☐

经销商应当每月出具一次修理改善报告，由有关负责人签字确认，并对所有人员进行目视检查，以便实施修理改进对策。一次修复 KPI 统计区域分为两部分。第一部分是月修率数据统计，所有数据都在修复调查统计表中的客户返回记录区域中自动生成。第二部分是全年一次修复 KPI 统计数据，对一次修复率进行统计，根据调查时间，每月更新数据，自动生成一年的维修和改进效果变化趋势图，使经销商能够及时了解每月的改进效果。

车间相关的 KPI 指标考核参考见表 5－8。

表 5－8 车间相关的 KPI 指标考核参考

质量指标	公式	参考标准
故障诊断准确率	1－故障漏诊率－故障误诊率	95%~98%
一次修复率	1－返修率－故障漏诊率－故障误诊率	90%（班组 90%~95%）
工序检验率	工序检验数/全部工序数	90%~95%
班组自检率	班组检验台次/班组维修台次	100%
班组自检合格率	1－班组返功率	95%~97%
总检验率	总检验台次/入厂维修台次	EM30%，其他 100%
检验合格率	1－返工率－返修率	90%
返工率	未出厂返修的台次/入厂维修台次	3%~4%
返修率	出厂后返厂维修的台次/入厂维修台次	2%~3%
零件合格率（含外协作业）	1－不合格零件数/维修使用零件总数	95%~98%
维修质量投诉率	投诉维修质量问题的人次/维修总台次	1%~2%

5.1.3　汽车质量保修

汽车质量担保的内容有哪些？

汽车保修索赔是指实行汽车产品条件保修政策（包括整车和配件）的汽车制造商，对有质量缺陷的产品提供保修服务，帮助经销商建立品牌形象，厂家提供免费更换、维修、维护及其他技术服务。

汽车保修必备条件

1）保修信息登记表见表 5-9。日期和里程必须在规定的保修期内。

2）客户必须遵守保修手册的规定，按照要求维护车辆。

3）所有的保修服务工作必须由汽车制造商指定的专门 4S 店进行。

4）必须使用特约维修站发出的原厂配件，并且是在保修期内申请。

5）未经改装的车辆。

表 5-9　保修信息登记表

车辆信息	
车辆识别代码（VIN）	
发动机号	
客户姓名 / 单位名称	
身份证号码 / 单位联系人	
通信地址	
邮政编码	
联系电话	
购车发票日期	年　　月　　日

经销商名称：

地址：　　　　　　　　　　　　经销商印章

邮编：

电话：

三包的定义

（1）包修　自购车之日起（以购车发票日期为限），因产品质量问题造成的过失应当通过更换或者修理的方式处理。主要问题应报销售部门批准。零件和配件的种类不同，其更换或修理也存在不同的质量保证期。汽车的保修期长达两年或 50000km。

（2）包换　购车后 15 天内，车辆出现严重质量问题，没有上牌，客户可以更换汽车。当换车时，顾客提交书面申请，配送单元填写特殊报告。区域销售服务经理报销售部门批准，售后服务部确认后，分销单位负责为客户换车。

（3）包退　购车后 7 天内，车辆出现严重质量问题，没有上牌，顾客可以退货。退车时，客户提交书面申请，由经销商填写报告，区域销售服务经理报销售部门批准并经售后服务部确认后，经销商负责具体退货和退款。

客户的退换手续由销售部办理，向客户收取折旧费。

保修流程与手续

1）为了保证车辆的正常使用，确保顾客享受服务的权利，为了更好地服务顾客，购买后60天，行程为（2000±500）km凭购车发票和驾驶证到4S店免费保养，并每隔5000km进行例行保养，继续享受保修资格。

2）汽车在保修期内出现质量问题的到服务站办理保修手续，服务站不得以任何名义拒绝保修。易损件的类型见表5－10。

表5－10　易损零部件种类

序号	易损件零部件种类范围	质保期限
1	空气滤清器	12个月或10000km
2	空调滤清器	12个月或10000km
3	机油滤清器	6个月或5000km
4	燃油滤清器	6个月或10000km
5	火花塞	12个月或10000km
6	制动衬片	6个月或10000km
7	离合器片	6个月或10000km
8	轮胎	6个月或10000km
9	蓄电池	12个月或20000km
10	遥控器电池	6个月或10000km
11	灯泡	6个月或10000km
12	刮水器刮片	6个月或10000km
13	熔丝及普通继电器	12个月或10000km

根据制造商的售后服务网络，索赔人员负责处理符合质量保修规定的车辆索赔。对于索赔项目，索赔人员应当根据委托书说明索赔的性质，维修人员必须将备件清单连同修复后的备件一起提交给索赔人员。索赔修理的旧零件由索赔人员统一管理，按照汽车制造厂规定的程序进行处理。索赔人员应当按照标准作业程序向制造商报告索赔信息，每月向厂家指定地址发回旧的索赔件，并向生产厂家财务部门提交汽车制造商批准的索赔清单和增值税发票。

索赔的过程如图5－9和图5－10所示。首先，修理工发现问题附件在保修期内，通知索赔人员，由索赔人员到工作现场鉴定并拍照。如果索赔人同意更换，就可以更换，将新领的配件与旧件的零件编号、出厂日期，再汇总制作成索赔单上传厂家对接部门的专门审核的工作人员，再把旧件发回工厂检查，审核通过后，厂家将更换零件的工时和配件费用打到公司账户。

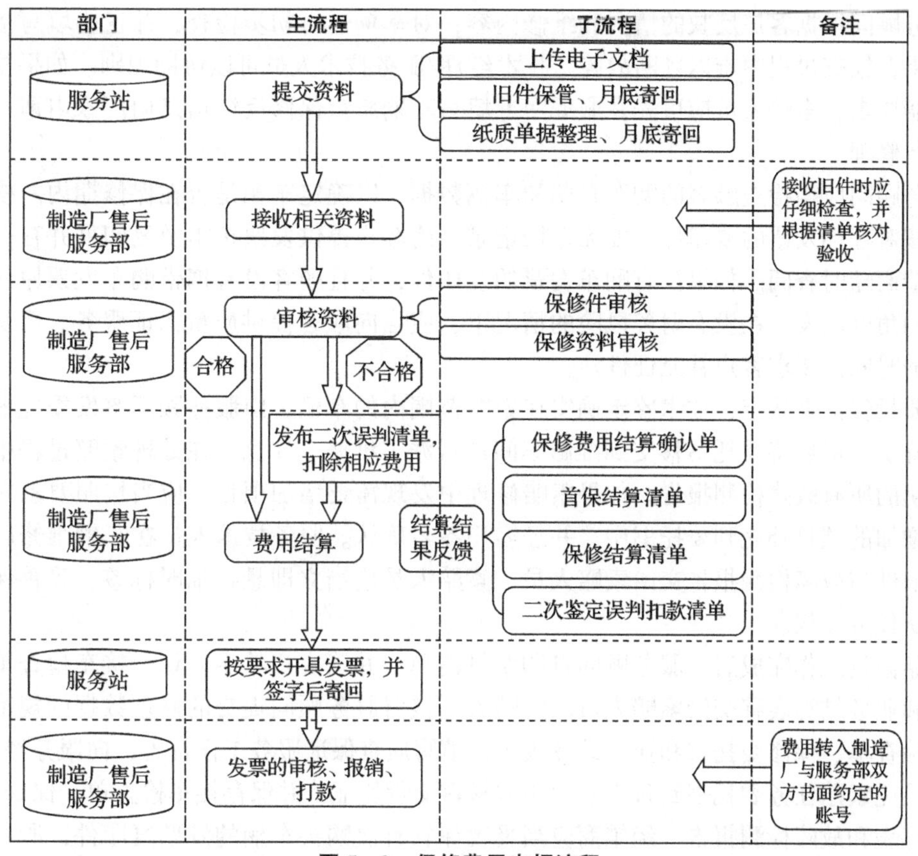

图 5－9　保修费用申报流程

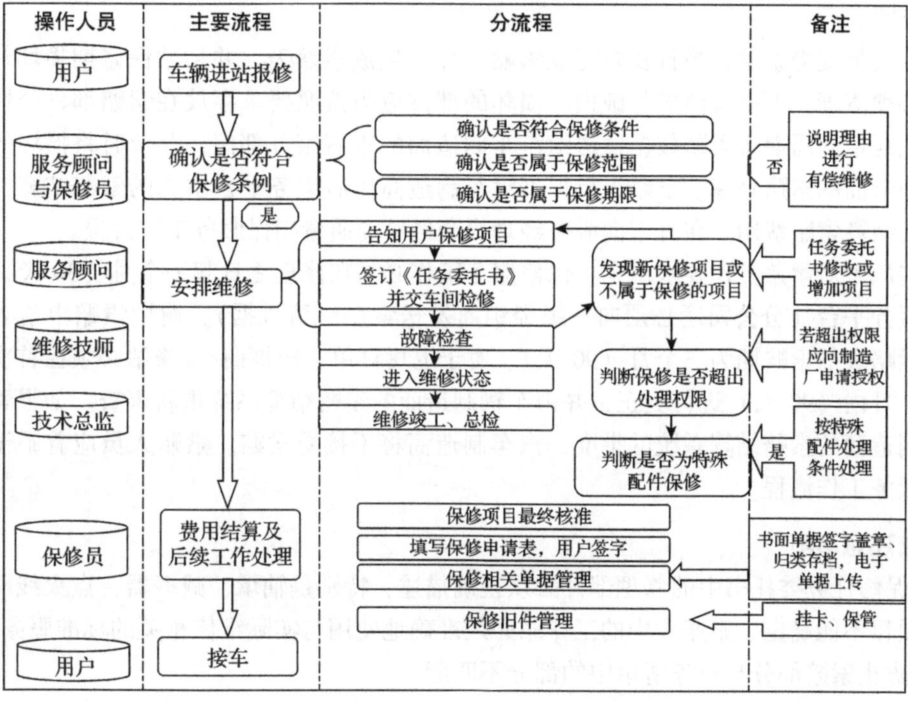

图 5－10　汽车保修业务的工作流程

服务顾问根据客户反映的情况和维修内容，对车辆进行初步检查，并正确填写接车检查单。如果在检查过程中难以判断故障，技术经理/服务技术人员可以协助识别。如果检验结果符合索赔要求，索赔人员应事先在服务网上填写车辆质量保修反馈信息向厂家申请，经批准后再进行修理。

服务顾问应当检查顾客的购车日期和车辆数据，以确定车辆是否在保修期内。核对购买日期并核对存档发票的复印件。如无存档记录，请客户提供发票正本及复印件并存档，以供汽车制造商随时查阅。如果没有购车发票的复印件，并且顾客没有携带购车发票原件，从顾客满意的角度出发，在没有财务风险的情况下，应当向顾客提供质量保证服务。但是，必须在最短的时间内要求客户补充证件。

经质量保证期认定、技术鉴定确实在索赔范围内的车辆，由服务顾问签发委托书。客户签署并确认，最后将委托书移交到维修车间进行派工维修。注意，在处理索赔过程中，必须保留车辆的所有故障检测报告。如果索赔修理中发现需要增加项目，应当按照要求向客户讲明，将增加的项目补充到委托书中，并经客户签名确认。服务技术人员在车辆维修后应及时将索赔旧件与故障检测报告交给索赔人员。索赔人员应当立即悬挂临时标签，妥善保管，并签字确认任务授权。

索赔修复工作完成后，服务顾问打印结算清单，并请客户签字确认。接车检查单、保修委托书和业务结算表移交给索赔人员。索赔人员核对服务顾问提交的修理数据的规范性，包括接车检查单、保修委托书和业务结算表等，填写质量保证服务工作日志，向服务经理报告。索赔人员凭索赔任务委托书到备件仓库领取材料交货凭证，并保存接车检查单、保修委托书、业务结算表和故障检测报告。经销商应当妥善保管首次购买车辆的发票复印件，所有要求赔偿的车辆应当具有发票复印件作为证明和保修依据。该信息应与要求维修的文件一起放置，以便于查阅。

索赔人员提交索赔，当日及时完成索赔工作，生成索赔表，并粘贴保修期损坏标签。索赔标签必须清晰，不得有模糊与破损，损坏的部件应当按照要求存放在索赔部件仓库。索赔人员按照规定的周期将索赔数据发送给汽车制造商的售后服务部门，并及时将损坏的部件退回汽车制造商的索赔仓库。索赔人员根据汽车制造商售后服务平台出具的索赔结算文件向汽车制造商结算索赔费用。在月末向服务经理提交经销商质量担保服务工作月报。

有些厂家对索赔工作要求规定：保修服务工作必须在修理之日起一个月（30天）内上传到售后服务平台（分公司还必须向一级经销商发送索赔申请数据），逾期索赔申请表将不再受理。索赔表的索赔期为三个月（90天）。对于退货订单，经销商/维修站必须在首次提交之日起三个月内（90天）进行更正，并由车辆制造商的索赔结算系统重新审查。如果索赔未得到汽车制造商的索赔结算系统的批准，汽车制造商将不接受索赔。索赔人员应着眼于整个质量保证服务工作流程。

索赔注意事项

1）保修任务委托书中的修理部件必须正确描述，特别是轴承、减振器、点火线圈等，否则索赔项目不能确定。索赔表中的工作站必须准确地使用与实际维修相关的标准服务站。

2）防止索赔部分与业务清单中的部分不匹配。

3）经销商不得将总成部件拆零使用。材料的进出必须以先入先出的原则为基础，并且所要求的部件的数据必须是符合的，严禁使用高价零部件进行索赔。

4）经销商之间相互借用配件必须符合保修的标准与依据，否则不准进行索赔修理。索赔单中的零件号和零件数量必须与业务结算单中的零件号和零件号相匹配，不能出现零件号错误。

5）经销商应准备常用的索赔配件库存量。

5.2 实践训练

	实训任务	对出现返修的工作问题进行处理
	实训准备	电脑、白板笔、移动白板、白板纸、工作页
	训练目标	能够学会对返工问题的分析、处理的方法
	训练时间	90min
	注意事项	每一位同学都应当积极发言，能够在讲台上清晰地回答出老师提出的问题

任务　对出现返修的工作问题进行处理

任务说明

模拟车间的返修事件，对车间车辆维修出现的问题进行处理，并完成实训任务的填写。

实训组织与安排

教师活动	指导学生完成任务中要求的内容。将学生按照两个人一组分组，每组两位学生分别扮演客户、客服角色，进行对话演练，将不同的返修问题内容设置出 4 ~6 个实训模拟工作站点，同时开始演练，每一组应当将所有站点的任务全部完成 安排学生模拟服务经理与维修责任人对于返修工作处理的谈话
学生活动	按照任务中的要求填写出要求完成的内容 积极参加老师的实训安排，在规定的时间内完成各个工作站点的任务。一个站点的任务完成后与其他小组交换任务 组员之间应能积极沟通，交流学习心得与经验，互帮互助

车辆返修分为内部返修与外部返修，对于返修的不同性质，规定如下：

1. 内部返修

1）终检或过程检验员，检验时发现维修不合格的，属内部返修。

2）内部返修的车辆，由检验员责成主修人返修，由检验员填写维修车辆内部返修记录表。

3）主修人返修完工交终检或技术经理复检合格后，终检或技术经理在维修车辆内部返修记录表中签字，车辆方可出厂。

2. 外部返修

1）车辆交付后，用户对维修车辆的质量提出异议，并来厂回检，定为回检待查车。

2）回检待查车进厂后，必须在技术经理或专职检验员的监督下进行拆检，并做好拆检记录。

3）非维修质量责任，应向用户讲明原因，征得用户同意后，按正常维修处理。如用户不修，技术经理或检验员要在回检单上注明原因，并请用户签字后，开具出门条。

任务操作

车牌号		车型		维修单号	
维修班组		维修日期		责任人	
主要维修内容：					
返修单号		返修班组		返修日期	
返修原因					
返修内容：					
返修工时		材料费		其他费用	
返修人		返修组长		质检员	
处理意见：					
责任人确认：		责任班组长确认：		车间主管确认：	
服务经理意见：					
备注：					

1. 返修记录表

<table>
<tr><td colspan="2">返修编号：</td><td colspan="2">车架号：</td></tr>
<tr><td>车牌号：</td><td>车型：</td><td colspan="2">□内返　□外返</td></tr>
<tr><td>原维修人：
现维修人：</td><td>原接待员：
现接待员：</td><td colspan="2">原维修时间：
现维修时间：</td></tr>
<tr><td>维修项目</td><td colspan="3"></td></tr>
<tr><td>返修原因</td><td colspan="3">□配件质量问题　□工作方法问题　□疏忽　□交接问题
□车辆自身质量问题　□管理问题　□其他________</td></tr>
<tr><td>返修结果</td><td colspan="3"></td></tr>
<tr><td>返修费用与
损失统计</td><td colspan="3"></td></tr>
<tr><td>返修处罚
处理意见</td><td colspan="3"></td></tr>
</table>

2. 实战演练

1）先由老师扮演客户，学生扮演客服，进行对话演练，设计出不同的话题，再将学生进行成对分组按照每一个话题进行练习，完成后轮换角色对练。

2）在情景设计时可以设计出4～6个演练台，每个演练区的问题都不一样，每队学生完成任务后进入下一个任务，直到每个演练台的任务完成。

注意：在对练中应当用笔及时记录下客户的重点信息。

客服与客户沟通	
领导与 责任人沟通	
问题记录	
总　结	

5.3 探讨验证

教师活动	组织学生将返修事件的前后经过与处理结果进行汇总，形成报告，并让大家通过小组协作制订出一份车间维修质量提升的工作改进计划，让学生在讲台上对小组成果进行展示。再针对深层问题，引导学生进行问题探讨
学生活动	在课堂上积极回答老师的提问与问题讨论，将小组完成的调研报告对大家进行讲解，并完成老师提出的问题探讨

问题探讨	
1. 在维修车间里，车辆的问题五花八门，问题解决的复杂程度不同，比较容易解决的问题产生的返修率较低，问题越复杂，可能存在的返修问题就会越多，员工的技术再好也难以避免，因为许多问题与员工的技能素养无关，你作为领导，如何客观、公平、公正处理这些返修问题与处罚问题？	
2. 一次修复率需要哪些方面的支持？影响一次修复率的因素有哪些？如何解决？	

项目小结

本项目的学习目标你已经达成了吗？请通过思考以下问题的答案进行结果检验。

序号	问题	自检结果
1	汽车维修车间的工作种类有哪些？	
2	什么是就车修理法？	
3	什么是总成互换修理法？	
4	汽车维修质量包括哪些？	
5	汽车故障的类别有哪些？	
6	汽车维修质量评定的定义是什么？	
7	汽车维修质检的类别有哪些？	
8	汽车维修质量控制要点有哪些？	
9	如何提升一次修复率？	
10	汽车保修前提条件有哪些？	

项目练习

单项选择题

1. 汽车维护的类别是指汽车维护按汽车（　　）来划分的不同类型或级别。
   A. 运行间隔期限、维护作业内容、运行条件
   B. 运行间隔期限、车辆购买时长、运行条件
   C. 运行间隔期限、客户的使用习惯、运行条件
   D. 以上都对

2. 车辆的维修与保养有三个原则是（　　）。
   A. 清洁、检查、补给　　B. 润滑、紧固调整
   C. 定期检测、强制维护、视情修理　　D. 以上都对

3. 按汽车修理的对象和作业深度可分为（　　）四种类别。
   A. 汽车大修、总成修理、汽车小修、零件修理
   B. 汽车大修、总成修理、汽车保修、零件修理
   C. 汽车大修、总成修理、事故车维修、零件修理
   D. 以上都对

4. 汽车维修的质检的类别分为（　　）。
   A. 维修过程控制检验、维修后内检、车间终检
   B. 维修过程控制检验、维修后内检、质量认证
   C. 维修过程控制检验、维修后终检、年检
   D. 以上都对

5. 汽车保修索赔是（　　）。
   A. 提升经销商品牌形象
   B. 为具有质量缺陷的产品提供服务
   C. 方便消费者使用
   D. 以上都对

问答题

如何做好汽车维修质量管理？

____

____

____

____

思考与讨论

1. 一次修复业务流程有哪些？

2. 汽车生产厂家为规范车辆质量索赔出台了哪些保修规定？

项目六　顾客满意度建设

学习目标

完成本项目的学习后，能够达到以下目标：

- 掌握维修接待与业务沟通技巧
- 掌握客户抱怨与投诉处理方法
- 掌握顾客满意度提升的方法

6.1 基础知识学习

优秀的服务和高质量的产品一样，都是提高客户满意度的关键。服务质量的最终评判是客户，只有让所有客户都满意，才能达到市场的要求。本节的学习重点是如何有效提升客户满意度。

学 生 准 备

学生在正式上课之前，应当做好如下准备：

- 在课前预习老师安排的教学内容，完成老师推送的学习准备。
- 准备好本次学习内容的范围内需要向老师提出的问题。

6.1.1 维修接待与业务沟通

怎么与客户进行有效沟通？

客户前来修车，如何让客户对自己车辆的修理结果感到满意，是许多前台客户顾问所困惑的问题。什么是顾客满意？顾客满意被定义为满足顾客的外部和内部需求，并有额外的需求满足称为顾客满意。简单地说，顾客满意＝顾客需求＋心理满足，满足顾客需求是首要任务。对客户接待来说，最根本的事情就是得到顾客的好感，并且需要事先确认顾客的信息。在接待时，应仔细倾听，倾听客户的要求直到客户满意，对于客户提出来的车辆维修要求，例如，有没有特殊规定、振动噪声、加速性能、爬坡性能、耗油、加速无力，乘客数量和道路条件等信息都需要确认。

关键问题是如何让客户满意，客户来修车，车辆存在的问题可能不同，客户的心情、性格等都不一样，应给客户多一点微笑，客户提出的维修要求应该得到确认。用不同的方法服务不同个性的客户，服务项目和服务态度应满足客户的基本期望，努力满足客户的要求。在修理顾客的汽车之前，许多服务顾问会感到不安，甚至有顾虑、缺乏信心等，要通过接待服务，让客户放心。

在售后服务的过程中，要养成随时记录的习惯，“好记性不如烂笔头。”在工作中，多个车辆同时进行维修，及时记录维修车辆的维修动态有助于控制车辆的修理过程。委托书签订后，要及时转交给维修部门，并且多了解车辆维修的维修进度。随时向有关人员解释委托书中的问题，及时传达客户的新要求或客户的相关答复。业务人员应使用维修进度管理看板工具，只要是与客户签订的维修任务，客户的车辆维修计划就应记录在维修进度管理看板上，内容包括车牌号、维修技师、工作开始时间、工作进度、预计完成时间等，并根据管理看板的信息跟踪车辆的维修进度。

为做到让顾客满意，还必须正确处理以下客户需求：

1）注意接待、沟通等服务礼仪和接待顾客的时间。

2）车辆维修报价是每个客户最关心和最敏感的问题，有必要妥善处理备件报价和维修。

3）先了解客户的期望，并立即满足客户的需求。客户的需求有明确的要求，也有不可言说的要求。还要关注客户其他需求，例如采用价格策略、优质服务、附加服务和赠送等。

如图 6－1 所示，服务顾问应该用真诚的态度与客户沟通，在交谈时注意一些语言的忌讳，有些问题该问，有些跟你没有关系的、跟车辆维修无关的问题尽量不要问，特别是客户家庭的情况，观察客户的反应，多采用一些技巧挖掘出客户真正的需求，能解决的问题要先解决，如果客户有朋友在场，也要关心顾客同行的人，不要让客户难堪。关心顾客，关注顾客亲朋好友的感受和需求，引导顾客及其身边的其他人，随时迎接顾客，尽量设定服务建设的预计时间。

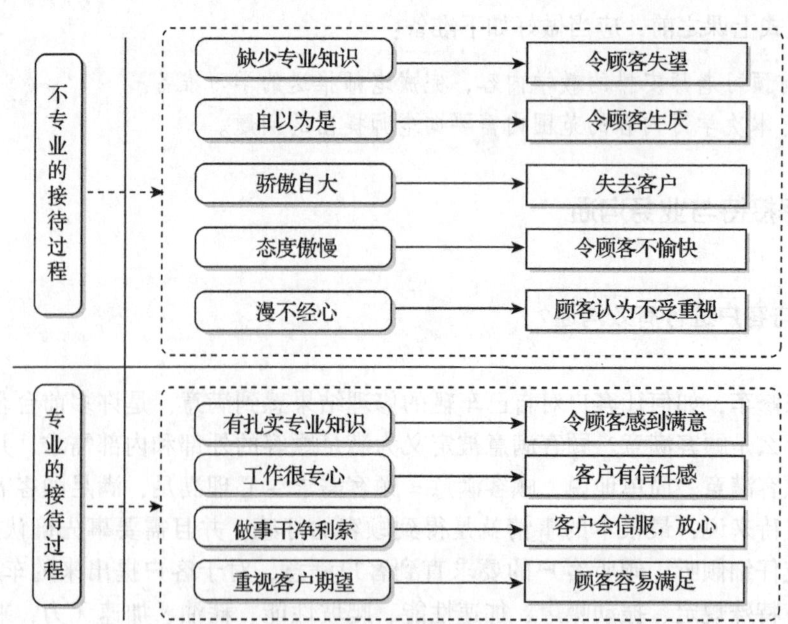

图 6－1　客户接待的专业程度对客户的影响

当车辆交接时，服务顾问和客户将车移动到预检工位，与客户检查车辆的问题，并询问客户何时进行了维修，之前修理了哪些零件，何时发生的故障，是规则的还是偶发的。如有必要应与客户一起试车。试车时，避免猛烈加油、紧急制动、高速倒车和转弯等动作。这会引起客户的心疼，尤其是车上的影音系统。也不要随意动顾客放在车里的一些糖果、饮料、水果和其他物品。

当车辆进入维修车间进行维修时，维修接待员应及时了解车辆的维修进度，并在每次进入维修车间时进行沟通。例如，花时间去车间看看车辆维修的进展，并询问维修人员有哪些问题，能否按时交付车辆？与调度员沟通了解车间的工作压力，是否还能承受一些业务量等。如果客户有特殊需求，也可以及时向维修人员解释。如果可以在约定的时间内完成，则应按时交付。如果不能正常按时交付汽车，需要及时通知客户，并且不能让客户等待太久。

服务流程与客户满意度如图 6－2 所示。在维修过程中应注意一次维修质量，返工会引起客户抱怨。维修项目可根据车辆维修周期、客户服务项目和零件生命周期适当增加。维修内容增加的出发点是保证车辆的安全，节省用户以后的维修费用，对于额外的维修项目，服务顾问必须向客户解释并提供维修建议。如果客户已经离开，可以通过电话通知客户。不管客户同意还是不同意，你必须把它写下来并写下时间。如果顾客在休息室，可以直接到他那里签字并确认，并通知顾客有关修理事宜，准确地向客户解释推荐维修的原因。如果可能的话，向客户显示故障查询结果。对于新发现的一般性问题是否需要维修，客户可以自己决定。如果是必须修理的问题，客户不同意修理，应在车辆维修的委托书上注明，并提醒客户使用车辆的注意事项。填写委托书时，必须得到客户的同意，并让客户在委托书上签字。

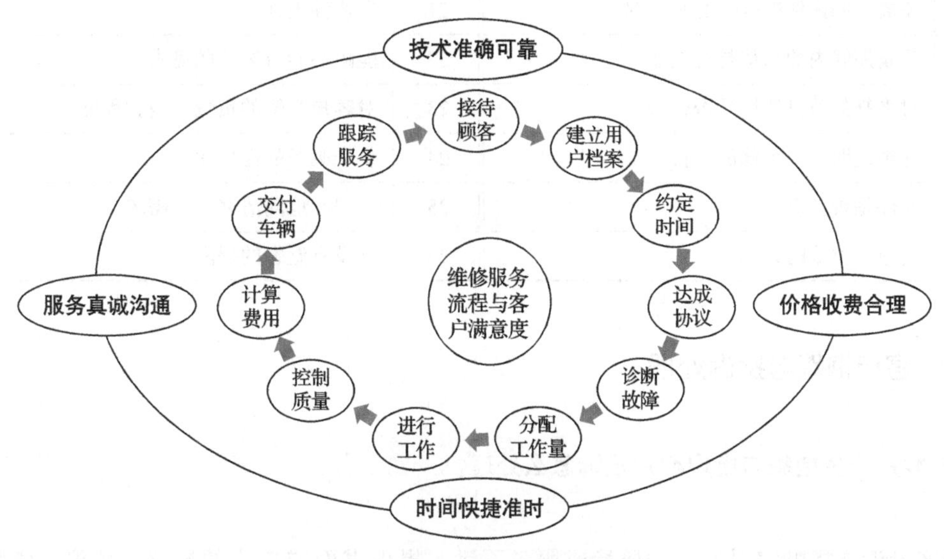

图 6－2 服务流程与客户满意度

估算维修费用和持续时间是一个非常敏感的问题。如果不小心，可能会引起客户流失。在估计预定交车时间时，要考虑周到，留出一定的余地，例如等待、维修技术难度，或者由于其他紧急任务而需要暂停某些车辆的修理。

车辆修理后，必须仔细彻底地检查，必要时还要进行道路试验。确认没有问题后，才可以通知顾客取车。维修顾问在移交维修车辆时，应具有足够的耐心，主动与客户试车，并随时作出解释。决不允许客户单独接受或测试车辆。对于那些难以处理的客户，不要生气，要有耐心。通过认真倾听和解释，直到顾客满意为止。交车后，应在3天内进行回访。如果有客户抱怨或投诉，服务顾问的态度应该真诚，仔细倾听和记录，然后根据情况分析和判断，找出问题与原因。如果是配件或客户操作的原因，应解释清楚，并给予客户满意的答复。如果是维修原因，应该向客户道歉，并及时处理问题，如邀请客户安排适当的时间返回工厂进行补救。

维修顾问的服务细节和服务过程也将在客户心中形成自己的评价指标。客户服务评价指标见表6-1。在接待客户过程中，我们要注意表6-1中所示的这些问题。

表6-1　客户对服务的评价指标

序号	影响客户满意的问题	序号	影响客户满意的问题
1	车辆维修后是否有异响，质量满意度	14	对客户的重视程度
2	功能的操作情况，质量满意度	15	维修后的车辆干净程度
3	接待的时间安排是否合适	16	旧件是否齐全
4	服务的态度与沟通的质量	17	是否考虑了客户的时间
5	礼仪是否规范，客户感到舒服	18	是否提供了交通的人性化服务
6	客户休息区是否有不足	19	诚实、真诚度
7	正确诊断与处理问题的能力	20	满足了客户的要求
8	完成时间评估准确，交车准时	21	专业性很强
9	等候期间内的招待是否满意	22	能耐心聆听客户的需求
10	对维修的项目费用是否合理	23	对客户车辆的负责、爱护程度
11	是否说明解释维修的项目	24	整个服务的性价比
12	配件是否齐全	25	能细心地问清客户的需求
13	交通、付款的方式	26	有没有温馨的提醒

6.1.2 客户抱怨与投诉处理

客户产生抱怨与出现客户投诉怎么处理？

顾客投诉是指顾客对汽车的质量或服务不满，提出书面或口头的异议、抗议、索赔和解决问题的请求，是客户对汽车维修质量和服务表达不满的方式。造成顾客投诉的原因主要是产品质量问题，以及服务态度等，客户投诉是每个经销商都会遇到的问题。对于客户的投诉，我们可以更好地识别问题，并改善对他们的服务，创造新的机会。如何处理顾客投诉是工作的关键，将顾客不满意转化为顾客满意，赢得顾客信任，提高顾客对经销商和产品的忠诚度，在同行业市场中获得竞争优势。

客户投诉方式比较多，也很复杂，具体渠道如图6-3所示。

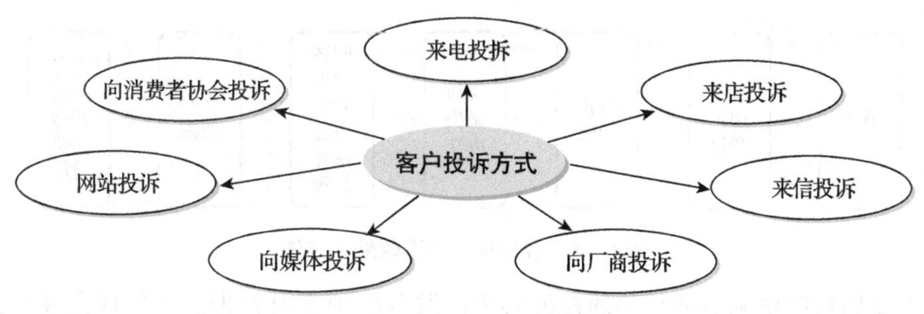

图 6-3　客户投诉方式

经销商应当将顾客投诉热线号码设置在接待大厅的显眼位置。无论客户投诉如何，经销商都是处理客户投诉的第一责任人。在日常工作中要预防和避免顾客投诉，在处理客户的投诉时不能损害经销商和客户的利益。对问题应及时、迅速、果断地处理，尽量满足客户的需求，避免事件的扩大。客户服务专家应监督处理投诉的过程，积极与处理人员沟通，并在承诺客户的时间内向客户报告处理进展或结果。上级主管应当在接到下一级客户投诉报告后 2 小时内对问题进行彻底调查，找出客户不满意的原因，指导下级处理或者亲自处理。

投诉客户的类型见表 6-2。处理客户投诉应首先由参与投诉的公司基层的正式员工处理。受理范围超出职能权限后，转给上级职能人员处理。

表 6-2　投诉客户类型

类型	特征	应对方法
宣泄型	来店抱怨宣泄是主要目的之一，本身在来店之前并没有明确的目的来索取赔偿或者歉意，例如加价购买车辆、超出保修期的维修、保养费用过高的抱怨	花点时间耐心听；热对应，冷处理
习惯型	习惯于挑毛病或指出不足；本身并没有什么特别的或者特定的不满，喜欢表现自己的见多识广和高人一等	用谦虚的态度、表现尊敬的神态，耐心听取；热对应，冷处理
现实型	客户本身并没有什么抱怨或者对我们的处理感到可以接受，但客户的上司、老婆或者朋友有很多意见、建议，客户夹在中间进退两难	动之以情，晓之以理，让客户作出自己的判断；直接和客户的上司、老婆对话
秋菊型	不管问题大小，无论如何也要个说法，甚至宁愿自己承担维修费用也在所不惜，精力旺盛	很难接待，需要讲究策略

填写客户信息、投诉详情、投诉类别等在客户投诉处理中的跟踪表格。及时向处理器提交表单，向客户解释具体内容，并在“处理程序”和“接收时间”列中监督它。客户服务专员应在接到客户投诉后 2 小时内对客户作出答复，投诉部门的负责人应在 1 天内对客户作出答复。客户服务专家应在 1 天内再次返回客户以查看客户是否对处理结果满意。所谓的回答是以一种客户满意的方式来解释问题、过程或结果，这个过程应该是及时的，迅速果断，绝不能无缘无故地推诿，以确保客户满意，避免影响扩大的局面。客户投诉的有效处理方法如图 6-4 所示，服务人员收到客户投诉，应立即全面了解投诉内容和客户要求。对于服务顾问，在职责范围内能够处理的一般质量问题和服务缺陷投诉，应当向客户作出答复，并同时进行记录。超过服务顾问职责范围的投诉，应当在受理后立即向服务经理报告，并按照指示处理。

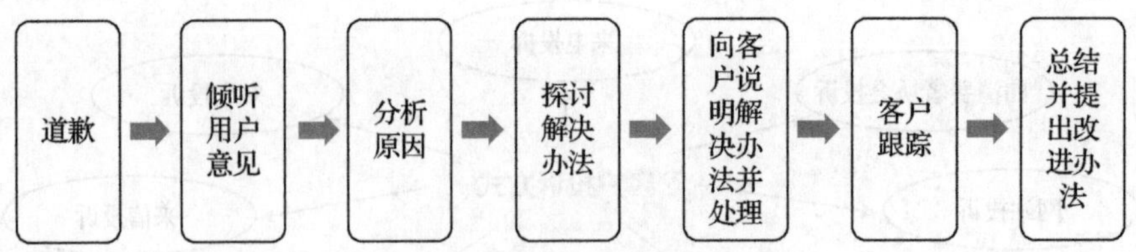

图 6－4　客户投诉的有效处理方法

产品主要质量问题和服务缺陷的投诉必须由服务经理亲自处理。在处理完成后，投诉内容、处理方法和处理结果将被报告给销售服务区。处理人员应及时了解事件的背景和过程，积极应对。处理结果将及时回复给客户，如果问题没有及时解决，应该在收到投诉后 1 天内回复客户，指出问题的进展和下次联系的时间。在处理投诉的过程中，如果处理不能满足客户的要求并达到客户的满意度，那么它应该反映给更高级别的处理人员或具有更大权限的人员处理。投诉处理流程如图 6－5、图 6－6 所示。

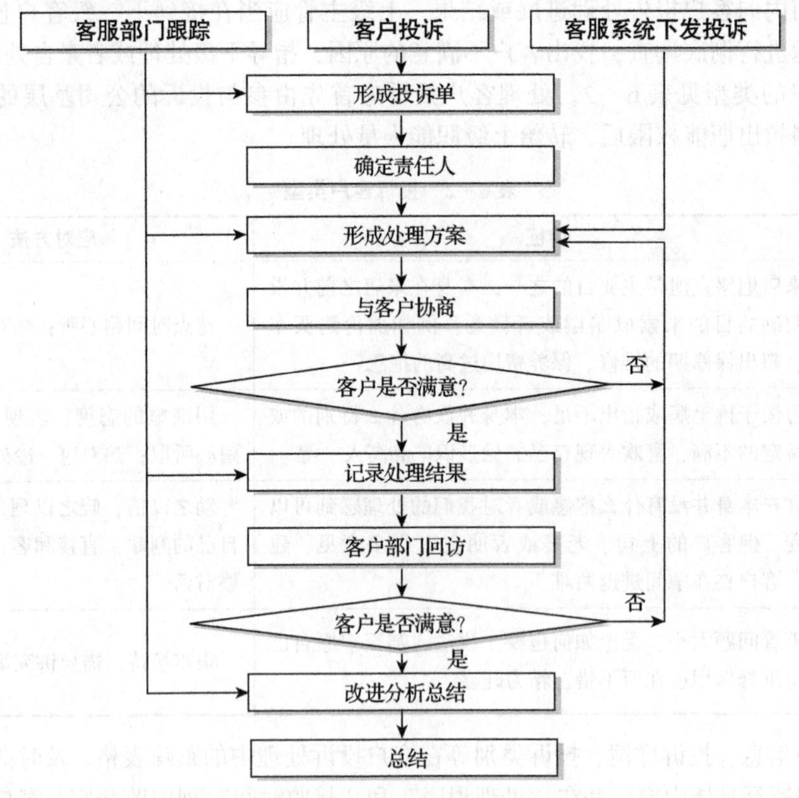

图 6－5　客户直接投诉到店内的处理流程

在处理投诉的过程中，如果客户有非常激烈的反应或举动，经销商应联系厂家寻求解决办法。但是，在处理过程中，相关负责人也应随时与客户保持沟通，稳定客户的情绪，并对此表示高度关注。根据客户的信息，确定整个投诉处理流程是否已经完成。如果客户仍然不能接受，应该了解客户不满意的原因以及需要提供的相关支持。如果客户的期望超出了公司自己的权限，应填写表格，由各投诉部门的经理签字，并连同表格一起向区域服务经理报告。

客户投诉到厂家的处理流程如图 6－6 所示。

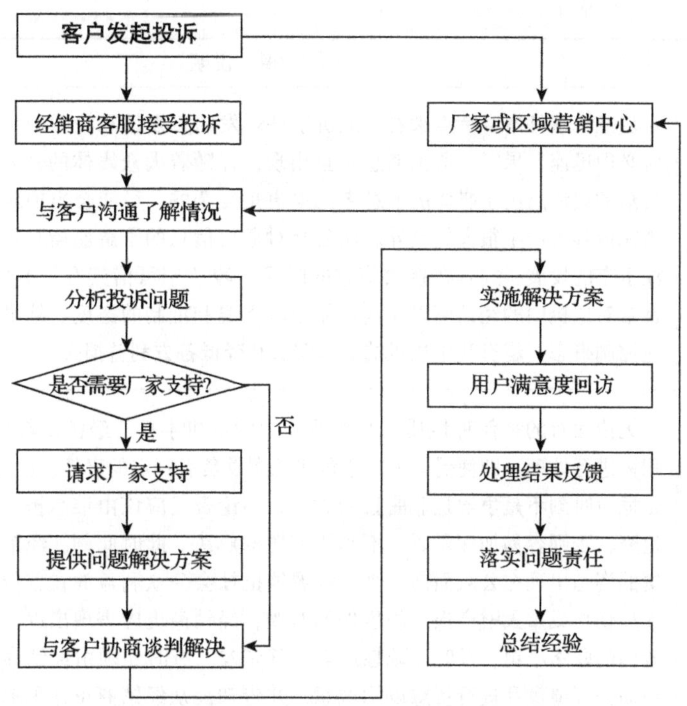

图 6－6　客户投诉到厂家的处理流程

当客户可以接受处理结果并确认问题解决时，客户投诉必须以统一的表格维护，所有客户投诉必须记录，由负责人签字，并提交备案。处理人员应立即将表格提交给客户服务经理。客户服务经理将最终的处理措施、处理结果和改进措施输入表格，并在 1 天内再次回访，询问客户是否满意处理结果，并如实记录和归档。每周和每月对客户投诉进行统计分析，对完整的表格内容进行统计分析并存档。

危机管理方法

危机公关处理是指在危机爆发阶段和危机持续阶段，组织或个人对危机进行管理，以尽快控制危机，减少危机造成的损失，从而使组织或个人能够应对危机，从危机中恢复过来。良好的危机公关处理可以使组织或个人成功地渡过危机，甚至在危机中实现新的发展。

不管是什么原因，不同程度的危机都会影响到每一个经销商。虽然不同诱因的危机表现形式不同，但成功的危机公关和危机事件处理必须遵循表 6－3 中的步骤。

表 6－3　危机公关和危机事件处理步骤

序号	步骤	相关说明
1	事先预防	预防性危机管理是指社会组织对其形象危机的隐患及其发展趋势进行监测、诊断与预控的一系列危机管理活动。危机预防的措施有预警分析、警示预报、预控对策等
2	收集事实	为了避免不同版本的信息混淆广大消费者的视听，迅速调查、分析危机产生的原因及其影响程度，进而通过媒体把危机的真相公之于众，以确保危机消息来源的统一，消除公众对危机事件的各种猜测和疑虑

（续）

序号	步骤	相关说明
3	快速反应	从危机事件本身特点来看，危机事件爆发的突发性和极强的扩散性决定了危机应对必须迅速、果断。危机消息一旦出现，伴随着大众媒体的介入，会立即引起社会公众的关注。由于媒体的消息来源渠道是复杂的，可能会出现对同一危机事件的传播在内容上产生很大的差异。而公众对危机信息的了解愿望是迫切的，他们密切关注事态的发展，并且在接收信息的时候本着“宁可信其有，不可信其无”的心态，常常对危机中的经销商以及其产品采取回避和抵制的态度。越早发现危机并迅速反应控制事态，越有利于危机的妥善解决和降低各方利益损失
4	勇于担责	无论面对的是何种性质、类型及起因的危机事件，经销商都应该主动承担责任，积极进行处理。即使受害者对于危机的爆发负有一定的责任，也必须明确一点，那就是危急时刻不是争辩是非曲直的时候，不论责任应该由谁承担，经销商也不应急于追究，否则容易加深矛盾，不利于问题的解决。此时此刻，经销商要以一种勇于负责的姿态出现在公众面前，毫不犹豫地把社会公众利益放在首位。特别是出现造成人员伤亡或重大财产损失的事件的时候，经销商更应表现出以人为本的态度，组织专门的联络小组，及时而诚恳地安慰其亲友。有时还须由经销商最高层领导人亲自出面公开道歉和进行抚慰以示诚意，并告知公众经销商正在采取的措施，表示经销商有承担经济责任和社会责任的决心。这样做虽然可能需要暂时的妥协退让，甚至要付出一定的代价，但从长远的角度看，不仅有利于经销商解决危机，还有助于经销商树立起良好的口碑和形象，为日后的发展奠定基础
5	坦诚沟通	通常情况下，任何危机事件和新闻的发生都会使公众产生种种猜测和怀疑，媒体（电视、报纸、网络、博客、论坛、微博、微信）的作用也会扩大事件的传播。这时危机经销商必须认识到只有诚恳的态度才是挽救经销商信誉的有效途径，因为大众媒体和社会公众最不能容忍的事情并非危机本身，而是经销商千方百计隐瞒事实真相或故意说谎。经销商或者政府必须以真诚、负责的态度面对公众与媒体，及时与公众和媒体沟通，这样大众对事件的看法会变得友好得多，更愿意从乐观的角度去看待事件和经销商。而任何遮遮掩掩、欲盖弥彰，或者傲慢无礼、推诿责任只能招致公众更大的反感，给经销商造成更大的损害
6	隔离止散	危机发生具有连锁效应，一种危机处理不当，往往会引发另一种危机，因此当某一危机发生之后，经销商应迅速采取措施，切断这一危机对经销商其他经营方面的联系，及时将已爆发的危机予以隔离，以防止危机扩散 处理措施通常从人员隔离与事故隔离两个方面入手
7	统一发言	在危机之中，经销商无论是对内还是对外，都必须统一宣传口径，保持前后言论的一致。言论一致是建立可信度相当重要的因素。危机公关处理者、营销顾问和经销商必须传递基调一致的信息给相关公众，如果不能传递一致的信息内容，则会引发更多对经销商不利的谣言和不必要的疑惑，而使岌岌可危的经销商信誉和形象更加脆弱

（续）

序号	步骤	相关说明
8	总结、评估	对危机管理工作进行全面的评价，包括对预警系统的组织和工作程序、危机处理计划、危机决策等各方面的评价，要详尽地列出危机管理工作中存在的各种问题
9	对问题进行整顿	多数危机的爆发与经销商管理不善有关，通过总结评估提出改正措施，责成有关部门逐项落实，完善危机管理内容
10	寻求机会	寻找商机。危机给经销商制造了另外一种环境，经销商管理者要善于利用危机探索经营的新路子，进行重大改革。这样，危机可能会给经销商带来商机

6.1.3 顾客满意度

什么是顾客满意度，如何进行提升？

顾客满意度是衡量服务质量的指标，是衡量顾客服务感知的有效工具。顾客满意度是由顾客的经验来衡量的。顾客满意是指顾客对汽车质量、驾驶舒适性等的评价，以及经销商对售后服务质量、服务态度、服务品牌等的认可程度。

顾客满意度可分为内部满意度和外部满意度。经销商的客户服务部门通过质量跟踪的数学加权平均得到内部满意度，能够及时得到当前的满意度，具有较强的及时性，能够及时改善调查中发现的问题。顾客满意与顾客体验有关。调查项目分布在服务客户的所有环节中。经销商的客服人员是非专业调查员，调查结果会有一定的误差。影响客户满意度的车间因素如图 6－7 所示。

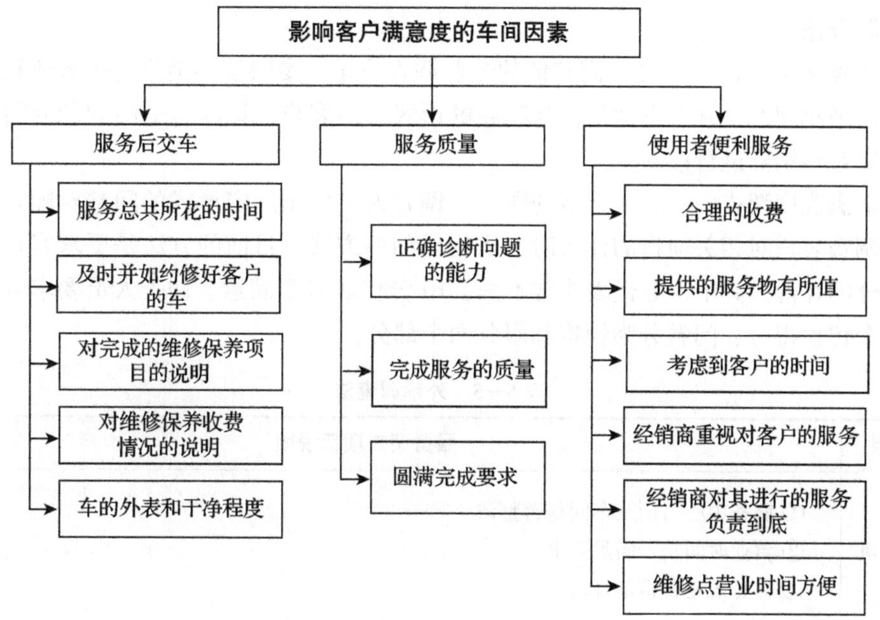

图 6－7 影响客户满意度的车间因素

内部调查法

内部调查法见表6-4。为了衡量顾客对每一种维修服务的满意程度，也为顾客的再次来访打下良好的基础，经销商需要不时地监控顾客对服务的满意程度。为了确保服务的有效性，客户服务专家必须在车辆交接后100%跟踪客户，并与客户保持联系以了解车辆的情况。对于有疑问的客户，客户服务专家应回答客户的问题；对于有投诉的客户，客户服务专家应及时处理客户的投诉，安抚客户，记录信息，并及时将客户的问题转给负责的人员妥善处理，专业人员应跟踪客户对服务结果的满意度。

表6-4　内部调查法

调查方式	相关说明
电话方式	内部满意度调查使用电话进行跟踪回访，具有方便、快捷、容易确认、双向沟通的特点，所以建议首选电话跟踪方式
短信方式	针对不愿接受电话跟踪方式的客户可以使用短信跟踪方式，但是短信跟踪具有单向交流、信息量少、信息反馈慢、缺乏感情交流等缺点，所以手机短信多用于服务提醒
直邮方式	与手机短信相比信息量较大，除此之外同样具有手机短信的缺点，所以直邮方式多用于服务宣传
面对面方式	使用设计好的问卷，在服务现场对于客户就经销商的服务作出评价。面对面调查的优点是和客户直接沟通，可以了解客户更多的感受；缺点是客户在经销商处往往很难作出客观的评价，而且有些服务，客户要经过一段时间的车辆使用后才能作出服务质量的评价。此种调查需要耗费更多的人力成本

外部调查法

外部调查法见表6-5。经销商聘请的专业调查公司，参照核心销售与服务流程划分，总结出相应的细化问题，并以电话访谈与问卷的形式拜访客户，询问合适的问题并得到客户的评价，定期对经销商进行诊断。

在外部满意度调查中，对于合格的顾客，调查人员使用固定形式的问卷对顾客进行电话调查。当调查客户对相关项目的评价时，采用提问的方式。目前的方法是要求客户对项目进行1~10分的评价，其中1分代表非常不满，10分代表非常满意。调查人员要求客户在它们之间做一个评价得分，问卷分为销售和服务两个部分。

表6-5　外部调查法

调查项目	服务调查项目说明
维修站环境	① 服务中心门面及车间是否整洁 ② 营业时间是否满足需求 ③ 休息区是否整洁舒适

（续）

调查项目	服务调查项目说明
服务过程	① 接待人员态度如何 ② 是否刚进站就有人接待 ③ 接待人员是否专业 ④ 是否合理地预约 ⑤ 等候中服务如何 ⑥ 完工后验收、交车和结算如何 ⑦ 跟踪回访如何
维修质量	① 是否能正确判断故障 ② 故障是否全部解决 ③ 维修人员态度如何
维修收费	① 工时费是否合理 ② 配件价格是否合理 ③ 收费情况是否讲透
服务及时性	① 登记后是否马上维修 ② 维修时间是否合理

客户满意度管理

对于内部、外部满意度调查结果，客户经理要进行定期分析，找出优势与劣势项目，并采取针对性的措施与追踪改善工作。

优势项目分析表见表 6－6。

优势项目：没有“不满意”“非常不满”，并且“非常满意”所占比例较高。

表 6－6　优势项目分析表

优势项目	原因分析	保持措施	责任人	完成时间
项目 1				
项目 2				
项目 3				
项目 4				
项目 5				

劣势项目分析表见表 6－7。

劣势项目：“非常满意”所占比例较低，并且“不满意”及“非常不满”所占比例较高的项目，或者是“非常满意”比例下降幅度较大的项目。

表 6－7　劣势项目分析表

劣势项目	原因分析	保持措施	责任人	完成时间
项目 1				
项目 2				
项目 3				
项目 4				
项目 5				

售后满意度指数管理

根据内部满意度调查结果，服务经理为服务顾问和维修技术人员制订相应的内部满意度指标。客户服务专家应做好服务回访记录，记录服务回访情况。定期分析客户反馈并总结合理的意见。客户服务专家每周、每月统计“满意、非常满意”的比例。服务经理应每周与相关人员沟通满意度调查的结果和存在的问题，并与相关人员讨论改进措施。每月与相关人员沟通调查结果，分析满意度的变化，并针对有投诉或有问题的项目制订相应的对策。服务经理应观察每个季度内部满意度的变化，并设定满意度目标。

如图 6－8 所示，经销商维修回访模板应根据内部与外部调查中问题出现的频率及严重性

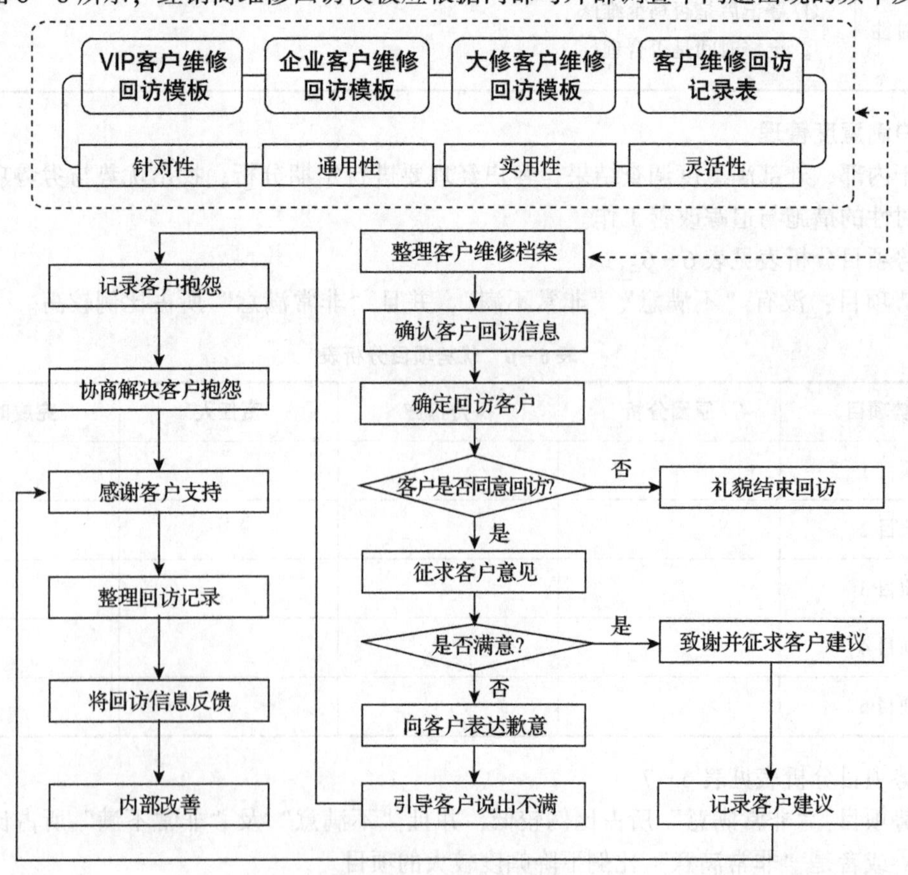

图 6－8　维修回访模型

进行设置。模板应具有针对性、通用性、实用性、灵活性等特点。模板可以设置多个，如VIP客户维修回访模板、经销商客户维修回访模板、大修客户维修回访模板、客户维修回访记录表等。

客户关怀

客户关怀的目的是支持和经营客户并实现持续或再销售，经销商必须根据地区特性制订客户关怀项目，并切实执行。制订客户关怀计划与客户进行深入沟通，倾听客户的意见，随时关注客户的新需求，解决客户的难题，关注经销商客户资源的动态变化，挖掘客户更多更深层的应用，为客户提供更多更新的服务，保持长久关系，争取实现客户资源最大化。客户关怀方式如图6-9所示。

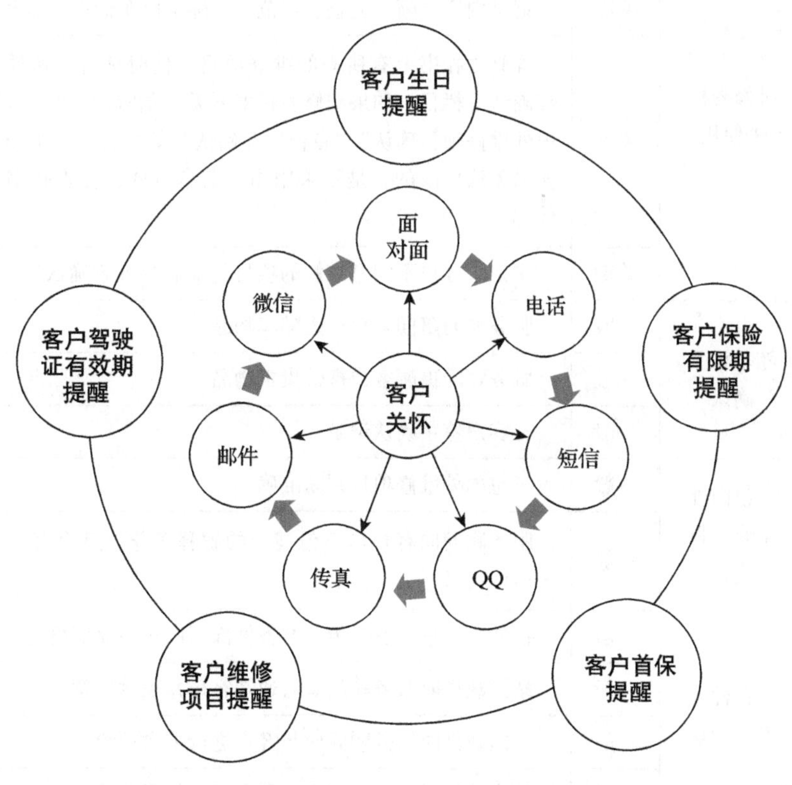

图6-9　客户关怀方式

建立客户信息管理数据库，能够按基础信息、维修记录、客户等级等进行分类，便于日后的客户关系维护、车主活动的策划组织。

每月根据客户的来厂情况分类客户等级，便于选取有效客户群体，策划有针对性的促销活动方案；每月对进厂客户进行分析：客户所在区域、客户来源等。服务满意度现场检查见表6-8、表6-9。

表 6-8　服务满意度现场检查表-1

序号	环节	要素	要素性质	执行要点	是否合格
1	接待诊断	接待过程控制	一般	服务顾问在客户进站 1 分钟内接待客户	
2			一般	接待区符合 5S 管理条例，员工严格遵守现场劳动纪律	
3			一般	接待工作语言规范、亲切，举止大方得体	
4			一般	服务顾问优先接待安排预约客户或返工客户	
5		四件套安装	一般	服务顾问为维修车辆 100% 安装防污四件套	
6		维修委托书使用	关键	维修委托书使用率 100%	
7			关键	记录内容清晰、完整、规范，并随维修车辆进行流转	
8			关键	维修委托书上有所需的维修项目、估时估价、备件库存确认等栏目，如果维修委托书上无“估时估价”“三包内外维修项目确认”“备件库存确认”等栏目，且维修委托书无法更改的，是否采用图章盖章方式，在委托书上体现	
9			关键	应记录客户不同意维修的项目（需客户签字确认）	
10		随车物品确认	一般	服务顾问陪同客户检查随车物品	
11			一般	服务顾问提醒客户携带贵重物品	
12			一般	有客户签字确认记录	
13		三包内外维修项目确认	一般	三包内外维修项目判断准确	
14			一般	服务顾问向客户作三包规定的解释工作，且有客户签字确认记录	
15		备件库存确认	一般	备件需求信息及时传送至备件部门以实现提前捡料	
16			一般	站内缺件时服务顾问及时通知客户并表达歉意	
17			一般	站内缺件时服务顾问应与客户进行下次预约	
18			一般	站内缺件时应对有安全隐患车辆进行紧急处理	
19		估时估价	一般	服务顾问向客户解释维修项目维修时间和费用（需经销商内部确认）	
20			一般	超出预期时，服务顾问向客户做好解释工作	
21			一般	客户离开时服务顾问再次提醒维修项目维修时间和费用	
22		客户签字确认	关键	维修委托书上需客户授权和确认的事项的客户签字率必须达到 100%	

（续）

序号	环节	要素	要素性质	执行要点	是否合格
23	休息接待	亲切接待	一般	有接待专员负责休息室的接待、为客户端茶倒水	
24			一般	休息区符合 5S 管理条例	
25			一般	为客户提供消遣方式	
26			一般	为客户提供便民措施（比如免费午餐等）	
27		休息室视听设备	一般	有视听设备并能正常使用	
28		提供车辆保养知识	一般	有介绍车辆保养知识的资料，且及时更新	
29		经销商文化及产品介绍	一般	企业文化资料齐全，且及时更新	
30			一般	有新车宣传资料	
31			一般	提供备件价格和备件标识方面的资料或为客户提供咨询	
32	维修作业	持证上岗	一般	所有岗位职能职责上墙管理	
33			一般	维修人员是否具有中级或中级以上维修技师资格	
34			一般	特殊作业人员（电工、焊工等）应具有行业资质证书	
35		配件质量确认	关键	正宗原厂配件使用率 100%	
36			关键	服务顾问向客户展示正宗配件并做适当说明后再行装配	
37			关键	维修备件、辅料应提前到位并妥善保管	
38			关键	完工后服务顾问应向客户进行必要的解释（维修时客户不在现场）	
39		工艺流程控制	关键	应具有保养作业、焊接作业、喷漆作业等作业流程，且上墙管理	
40			关键	作业过程中禁止出现工位器具缺漏和错漏装等现象	
41			关键	动作应规范、利落，禁止野蛮敲打、拆卸以及损坏零件等行为	
42			关键	维修过程中应对车辆进行防护	
43			关键	应按照国家、行业的相关技术规定和车辆的维修手册按流程进行操作	
44		安全作业	一般	维修人员工应穿戴好劳保用品，且严格遵守现场劳动纪律	
45			一般	相关的工具、仪器应提前准备并定置定位	
46			一般	维修工位应整洁、无安全隐患，举升机支架要固定在车辆的起吊支座上，车辆举升要牢固、稳定；发动机从车上拆卸时要用专用的发动机托盘，拆卸下的发动机及与车辆连接零件不得损坏	

（续）

序号	环节	要素	要素性质	执行要点	是否合格
47	维修作业	安全作业	一般	应有（举升、零件拆卸、摆放）安全作业制度，维修车间符合5S管理条例	
48		项目变更控制	关键	增减或修改项目时，应征得顾客同意后才进行维修	
49			关键	变更和增减的内容记录应完整、清楚地记录在委托书上	
50			关键	应有客户签字或电话确认记录	
51		委外及救急作业的控制	一般	委外项目应有委外受理单位资质证明、委外加工协议（合同）和技术要求、验收标准等附件且签章完备	
52			一般	建立外出救急流程	
53			一般	经销商外出服务费报审单有客户签字确认，且在结算单上注明指派人和授权人	
54	品质控制	质检员资质	一般	质量检验人员应有相关部门颁发的质量检验员证书	
55			一般	总检人员必须具备行业颁发的资质证书	
56			一般	质量检验人员工作时应佩带“检验标识”	
57		返工车处理流程	一般	流程应准确分解返工车处理全过程并形成闭环管理	
58			一般	处理流程应明确各工作责任人及责任范围	
59			一般	流程应符合《经销商运营管理手册》上的明细要求	
60			一般	维修主管、站长应掌握返工车处理流程	
61		返工记录	一般	返工记录（项目、原因）应完整、规范、清晰	
62			一般	返工是否由原维修人员返工，并在返工前后签字确认	
63			一般	返工记录应有质检员、维修技师及服务顾问签名	
64			一般	涉及顾客接收让步处理的（涉及安全的，一律不得让步接收），顾客同意后应在结算单上注明让步金额，并签字确认	
65		品质控制检查表	关键	对于涉及安全和大修项目的，必须填写本表，其他维修、维护作业项目直接在维修委托书进行确认，检验记录应完整、规范、清晰	
66			关键	对涉及安全项目的维修应按国家标准进行路试，并在委托书上记录路试的证据	
67			关键	多项目的维修应对每一个项目进行检验（包括路试）	

（续）

序号	环节	要素	要素性质	执行要点	是否合格
68	品质控制	品质控制检查表	关键	属于大修项目（如：发动机的镗缸、磨轴；车辆大梁的校正、钣金、焊接、喷漆）的应建立大修档案（包括：维修委托书、结算清单）	
69			关键	涉及安全和大修项目的品质控制检查表检验率达100%，且有质检员签字确认	
70	交车结账	客户验车	一般	在征求客户洗车意愿后，待交车辆应给予免费清洗、内外干净无污迹并移入竣工区	
71			一般	将车钥匙和维修委托书交服务顾问，由其通知顾客结算、提车	
72			一般	由当初接车的服务顾问负责陪同客户取车，并向客户解释服务项目、修复情况及所更换或修理的零件等	
73		结算员资质	一般	现任三包结算员应由经汽车公司培训并考试合格的人员担任	
74			一般	三包结算员应了解本岗位的工作职责，熟悉工作流程	
75			一般	三包结算员调换应事先报请汽车公司同意，经重新培训、考试合格后方能上岗	
76		准备结算票据	一般	结算人员应主动向客户问好，并自我介绍	
77			一般	结算员应在客户到柜台后及时准备好结账清单和维修旧件	
78			一般	结算完毕后应及时向客户提供结算相关票据（材料清单、委托书、三包外收费单据，三包内维修单据等），并让客户在相关单据上签字确认	
79		三包单据控制	关键	维修心细描述清晰合理	
80			关键	三包单据及时打印，且有客户签字确认	
81			关键	三包相关单据及票据按规定分类摆放，按时寄送	
82		旧件回收控制	关键	三包旧件分三大基地摆放，三包旧件分三大基地包装发运	
83			关键	三包旧件与三包单据一一对应	
84			关键	三包内、外旧件分区摆放	
85			关键	三包旧件清洗干净，并及时悬挂旧件标签	
86		送站	一般	服务顾问向客户提供相关票据并签字确认	
87			一般	服务顾问向客户提醒下次保养里程或日期	
88			一般	服务顾问向客户简要询问对本次服务的意见	
89			一般	服务顾问送客户离站，并向客户致谢	

（续）

序号	环节	要素	要素性质	执行要点	是否合格
90	回访处理	建立客户信息库	一般	来店客户100%建档，并包含客户联系电话、生日、最近维修记录等详细信息	
91			一般	有客户信息变更流程并及时更新客户信息以确保及时联系到客户	
92		经销商维修客户回访统计表	关键	在客户离站3天内进行回访，且在首次电话不通的情况下，尝试给客户3次电话联系	
93			关键	内容应完整、真实有效，且纸质的经销商维修客户回访统计表与电子版的内容一一对应	
94			关键	解决措施应填写详细，并有对应责任人	
95			关键	客户反馈的问题处理率达到100%	
96			关键	客户回访率达到100%	
97		经销商维修不满意客户跟踪表	关键	内容填写是否完整、真实有效	
98			关键	客户投诉处理率应达到100%	
99			关键	不满意客户率有效控制	
100		客户投诉登记表	关键	建立投诉处理流程	
101			关键	内容填写应完整、真实有效	
102			关键	投诉100%记录和处理，并对服务、质量问题及时建档并上报领导	
103		回访分析报告	关键	以月度为时间段完成对应指标的分析，形成纸质报告并存档	
104			关键	分析报告应提出具体的整改方案，且有具体的整改时间节点、相应的责任人以及实施结果的效果评估	
105			关键	公司管理层应对分析报告制订相应的行动计划，落实责任人，通过实施行动计划来提高客户满意度	

表6-9 服务满意度现场检查表-2

被检查单位：　　　　　　　　　　　　　　　　　　　　　　检查时间：

一级指标	二级指标	序号	三级指标	检查方式	检查标准		原因
					是	否	
满意度调查指标	维修环境	1	店招、门头、灯箱、图腾柱、高标旗杆、各类导向指标牌是否破损、整洁	现场目视			
		2	服务站内部17项经销商标准形象设施是否使用正常、规范、整洁，包括背景板、接待台、文化墙、吊旗、防撞条、资料架、各类标志牌、服务维修信息墙等17项				

（续）

一级指标	二级指标	序号	三级指标	检查方式	检查标准		原因
					是	否	
满意度调查指标	维修环境	3	接待区、休息区地面干净，无纸屑、烟头，垃圾桶及时清理等	现场目视			
		4	维修车间是否整洁干净，无油污、地面无工具、零件及垃圾，物品、车辆摆放整齐，符合定置定位要求	现场目视			
		5	维修车间各区域是否物品摆放整齐、清洁，有区域分类标示	现场目视			
		6	服务站内部休息设施是否使用正常、完整、清洁，包括饮水机、桌椅、沙发等	现场目视			
		7	是否建立有日常5S检查制度，并有详细、完整的执行记录	检查是否有制度			
		8	洗手间地面是否整洁、干净，提供卫生纸、洗手用品	现场目视			
		9	配件价目表是否上墙并及时更新	现场目视			
		10	是否设置了真假配件展示柜，内有真假配件对比说明	现场目视			
	备件库房	11	备件表面是否干净，是否有积尘	现场目视			
		12	备件是否归类管理，贴有标签	现场目视			
		13	备件摆放是否规整，无重叠、杂乱、划伤损坏现象	现场目视			
		14	备件是否按定置图和定置分区的要求摆放，做到整洁、规范、标识明确	现场目视			
		15	未上架的备件是否存放在垫板上，并摆放整齐，保持干净，确保安全	现场目视			
		16	是否有安全管理制度和记录，有安全标示牌及提示、有相关设备的安全操作说明规程	现场目视			
	旧件管理	17	旧件是否按三大基地分类摆放	现场目视			
		18	旧件是否按三包内外摆放整齐	现场目视			
		19	旧件摆放整齐、标识齐全	现场目视			
	服务方面	20	维修人员是否统一着装	现场目视			
		21	服务顾问是否填写维修项目委托书并请客户签字确认	现场目视			
		22	维修时每辆车是否使用防护四件套	现场目视			

（续）

一级指标	二级指标	序号	三级指标	检查方式	检查标准		原因
					是	否	
满意度调查指标	服务方面	23	交车时服务顾问是否为客户现场检查商品车和随车附件，并请客户在交车确认表上签字	检查交车确认表中随车附件项目，必须有客户签字			
		24	维修结束后是否有质检员质检，在相关单据签字确认，并由服务顾问带领客户进行验车	检查是否有质检岗位人员名单，查维修派工单上是否有质检人员签字			
		25	交车时服务顾问是否为客户清洗或清理车辆，确保车辆整洁干净，运行正常	检查是否清理维修车辆			
	DCRC硬件情况	26	是否配备专兼职回访专员	现场查看人员名单，职责			
		27	是否有电脑、电话、独立办公区域，并能正常使用	现场目视			
	回访过程管理	28	是否按公司回访要求对维修后3天客户进行回访	检查经销商维修客户回访统计表			
		29	回访内容是否完整、真实、记录详细、无缺项	检查经销商维修客户回访统计表			
		30	回访中是否有分析不满意项目，记录完整	检查经销商维修不满意客户跟踪表			
		31	是否有回访月度分析报告，并存档	现场目视			
		32	回访月度分析报告是否有相应的行动计划和整改方案，落实责任人，通过实施来提高客户满意度	现场检查			
		33	回访专员语言规范、话术亲切	现场进行维修客户回访抽查，并录音			
		34	对客户投诉处理是否有跟踪记录	现场检查客户投诉登记表			

6.2 实践训练

	实训任务	分析引起客户投诉的原因，做出处理与服务改善方案
	实训准备	电脑、白板笔、移动白板、白板纸、工作页
	训练目标	能够掌握处理客户投诉的方法
	训练时间	90min
	注意事项	每一位同学都应当积极发言，能够在讲台上清晰地回答出老师提出的问题

任务 分析引起客户投诉的原因并作出处理与服务改善方案

任务说明

客户进店维修了多次，车辆使用过程中空调一直不凉，引起了客户的强烈不满，向店内客服投诉。

实训组织与安排

教师活动	将学生按照两个人一组分组，每组两位学生分别扮演客户、客服角色，进行对话演练，可以设计出多种问题解决方法，设置出四个实训模拟工作站点，四组同时开始演练，每一组应当将四个站点的任务全部完成，在轮组的对练中注意角色的交换
学生活动	按照任务中的要求填写出要求完成的内容 积极参加老师的实训安排，在规定的时间内完成各个工作站点的任务。一个站点的任务完成后与其他小组交换任务 组员之间应能积极沟通交流学习心得与经验，互帮互助

任务操作

请写下问题处理的方法。

分类	客户投诉原因	处理方法
内部问题	销售员的承诺未履行	
	寻求平衡心理	
	销售员对购买产品的权利、义务向客户交代不清楚	
	服务人员不够热情	
	说明解释工作不清楚	
	服务人员缺乏耐心	
	首次修复	
	同一问题多次出现	
	问题长时间没有解决	
	未对客户车辆进行防护	
	出厂时车辆不干净	
	长时间无服务人员接待	
	长时间未安排维修	
	长时间等待结算	
	未按约定时间交车	
	结算金额超出预期	
	未使用纯正配件	
	未按客户要求作业	
	日积月累的不满意	
客户原因	保修条款理解错误	
	服务产品的说明	
	侥幸心理	
	客户对产品操作不当	
	对产品的性能不了解	
	未按操作规范使用	
	客户的期望值过高	
	希望产品不出问题	
	对维修时间要求较高	
	节省费用	

6.3 探讨验证

教师活动	组织学生将投诉处理的结果进行汇总，形成总结性报告，并要求学生通过小组协作做出一份客户满意度的提升计划，让学生在讲台上对小组成果进行展示。再针对深层问题，引导学生进行问题探讨
学生活动	在课堂上积极回答老师的提问并参与问题讨论，将小组完成的调研报告对大家进行讲解，并完成老师提出的问题探讨

问题探讨	
1. 客户满意建立在哪几个层次上？就服务问题客户可能很满意，但是确实就存在大量的客户流失问题，这些问题有哪些？怎么维系这些客户的返厂率以提高客户忠诚度？	
2. 如果投诉的客户是新闻工作者，如何应对？	

项目小结

本项目的学习目标你已经达成了吗？请通过思考以下问题的答案进行结果检验。

序号	问题	自检结果
1	客户满意的定义是什么？	
2	客户有哪些特殊的需求？	
3	如何正确处理客户需求？	
4	什么是增项？增项的好处是什么？	
5	如何估算维修费用？	
6	客户投诉会带来什么影响？	
7	客户投诉方式有哪些？	
8	解决客户投诉的方法有哪些？	
9	如何处理重大危机？	
10	什么是内部满意度？什么是外部满意度？	

项目练习

单项选择题

1. 客户满意的定义是（　　）。
   A. 客户外在和内在的需求都满足并且有额外的需求满足
   B. 客户外在的需求满足
   C. 客户内在的需求满足
   D. 以上都对

2. 客户的需求有（　　）的需求。
   A. 说出来的需求，没有说出来　　B. 真实的需求，虚假的需求
   C. 专业的需求，不专业的需求　　D. 以上都不对

3. 追加维修项目的目的是（　　）。
   A. 保障车辆使用安全，节省客户的后期维修成本
   B. 防止客户投诉
   C. 给公司创造利润
   D. 以上都对

4. 客户投诉是客户对（　　），而提出的书面或口头上的异议、抗议、索赔和要求解决问题等行为。
   A. 结账时产生的维修费用过高　　B. 汽车维修质量或服务上的不满意
   C. 承诺的其他需求没有得到满足　　D. 以上都对

5. 客户满意度指客户对（　　）。
   A. 车辆质量、驾乘舒适性等方面的评价值
   B. 车辆质量、服务品牌等方面的认可程度。
   C. 经销商的售后服务质量、服务态度
   D. 以上都对

问答题

客户接待的专业程度对客户的影响有哪些？

思考与讨论

1. 针对客户抱怨，正确的处理方式是什么？

2. 请对员工满意度与客户满意度的话题进行深入准备与研讨，并针对这两个话题组织一场辩论赛。正方主题为："客户满意度是建立在员工满意度的基础上"，反方主题为："客户满意度是建立在客户关系密度的基础上"。辩论赛的规格要求请参考标准的比赛规则，比赛时间控制在60min左右。

项目七 维修安全与设备管理

学习目标

完成本项目的学习后，能够达到以下目标：

- 掌握现场管理活动的施行
- 掌握维修车间安全管理
- 掌握维修车间设备管理

7.1 基础知识学习

本节学习的重点是汽车维修安全与车间生产设备的管理，汽车维修涉及较多环节，存在的不安全因素较多，如不加强管理很容易发生安全事故，做好人员与设备的安全管理消除一切不利于人身安全的不良因素，确保汽车维修人员可以在一个安全的工作环境中进行工作。

学生准备

学生在正式上课之前，应当做好如下准备：

- 在课前预习老师安排的教学内容，完成老师推送的学习准备。
- 准备好本次学习内容的范围内需要向老师提出的问题。

7.1.1 现场管理活动的施行

什么是现场管理，如何执行现场改善活动？

现场管理在现代管理学中也称5S管理，5S管理是做好现场管理的基础，其定义是指用科学的标准和方法对生产现场各生产要素，包括人员、设备、材料、制度、环境、信息等方面进行合理有效的计划、组织、协调、控制和检查，使其处于良好的结合状态，以达到优质、高效、低耗、均衡、安全、文明生产的目的。

5S是整理（Seiri）、整顿（Seiton）、清扫（Seiso）、清洁（Seiketsu）和素养（Shitsuke）这5个词的合。因为这5个词的第一个字母都是S，所以简称为5S，开展以整理、整顿、清扫、清洁和素养为内容的活动，5S管理自出现以来，发展到现在，已经衍生了更多的管理概念，例如6S、7S、8S等，但5S管理是核心理念。5S管理是指在生产现场中对人员、机器、材料、制度、环境等生产要素进行有效的管理，5S是一种管理方法，5S管理工具有看板、5S巡检系统等。5S也用于改善现场环境的质量和员工的思维方法。5S对于塑造企业的形象、降低成本、准时交车、安全生产、高度的标准化、创造令人心旷神怡的工作场所、现场改善等方面发挥了巨大作用。

1. 5S管理实施要点

1）整理。整理是彻底区分与处理不需要的物品，这是改进生产现场的第一步。整理的要点是对放置在生产现场的物品进行分类，以区分物品的使用等级。在实际实施中，根据项目的使用频率，可以将项目分为四个层次："未使用""很少使用""使用较少"和"经常使用"。对于"未使用"的物品，应当及时清理、处理；对于"很少使用"或"使用较少"的物品，应当及时清理，存放在储藏室备用；对于"经常使用"的物品，应当存放在工作场所附近。

2）整顿。整顿是指需要重点整理材料、半成品、工具、报废设备和工人的日用品。整改的实施要点，即按照"定物、定位、定量"的要求，对工作现场需要保留的物品进行科学、合理地布置和摆放，并设置明确、有效的标识，以便在最短时间内取得所要之物，在最简捷的制度和流程下完成事务。

3）清扫。清扫是通过彻底清洁工作场所、消除污染源和及时修理异常设备来完成的。清扫过程需要根据整理、整顿的结果清除或储存仓库中不必要的物品。彻底清洗所有物品，彻底修理机器和工具，定期维护机器和设备，并消除所有污染源。

4）清洁。清洁是在整理、整顿、清扫之后进行认真维护，以保持完美和最佳状态。清洁不是肤浅的工作，而是坚持和深化前三项活动，以及标准化的整理、整顿和清扫。

5）素养。素养是5S管理的核心，其目的是使员工养成严格遵守规章制度的习惯和作风。如果员工缺乏遵守规则的习惯和自我激励的精神，5S活动的实施就会以难以顺利、可持续地实施。

5S管理是现场管理的基础，是全时生产维护（TPM）的前提，是全面质量管理（TQM）的第一步，是ISO 9000有效实施的保证。5S管理可以营造"人人积极参与，一切服从标准"的良好氛围。实施ISO 9000、全面制造维护和全面质量管理活动的效果是隐蔽的、长期的，很难同时看到显著的效果。5S管理活动的效果是立竿见影的，可以在短期内取得显著成效，增强经销商员工的信心。

5S现场管理实施要点如下：

1）车间干净整洁；图纸美观大方，设计合理，填写及时、准确、清晰；原始记录、账簿、生产单齐全，按规定填写。

2）作业记录应准确填写，包括设备、工装、工具、卫生、安全等。

3）维修车间内外始终保持清洁，不允许堆放垃圾。

4）严禁在维修车间的所有区域吸烟，不得将烟头扔到任何地方。

5）车间内不得积水或积油。

6）车间内的管道设置合理，安装整齐。

7）车间下水道和盖子完好无损，流槽内无杂物，及时清洗，严禁堵塞。

8）车间内工位器具、设备附件、更衣柜、工作台、工具箱、各种维修用支架、搬运小车等均应指定摆放，做到清洁有序。

9）坚持现场管理文明施工操作，杜绝磕碰、划伤、锈蚀等现象，每天下班要做到“设备不擦干净不保养好不走，工件不按规定放好不走，工具设备不清点摆放好不走，档案记录不记好不走，工作场地不打扫干净不走，桌间文件不整理好不走”。

2. 现场实施的5S管理方法

（1）定点摄影　所谓定点摄影，是指同一地点、同一方向的连续摄影。目的在于抓住现场不合理的现象，包括操作、机械、工艺及工作方法，做到连续性。

（2）红色标签　是指把库存、设备和车间、工作场所内的非必需品贴上红色标签，让操作者和管理者一目了然地看到什么是必需品，什么是多余的。

（3）目视管理　通过可视化管理，操作员可以一目了然地知道有哪些、有多少个，并且还可以管理站点的内容、过程、订单和交付时间表。做好看板管理，使工作容易理解。5S管理规范表见表7－1。

表7－1　5S管理规范表

序号	项目	规范内容
1	整理	工作现场物品（如旧件、垃圾）区分要用与不用的，定时清理
2		物料架、工具柜、工具台、工具车等正确使用与定时清理
3		办公桌面及抽屉定时清理
4		配件、废料、余料等放置清楚
5		量具、工具等正确使用，摆放整齐
6		车间不摆放不必要的物品、工具
7		将不立即需要（3天以上）的资料、工具等放置好
1	整顿	物品摆放整齐
2		资料、档案分类整理入卷宗、储放柜、书桌
3		办公桌、会议桌、茶具等定位摆放
4		工具车、工作台、仪器、废油桶等定位摆放
5		短期生产不用的物品，收拾定位
6		作业场所予以划分，并加注场所名称，如工作区、待修区
7		抹布、手套、扫帚、拖把等定位摆放
8		通道、走廊保持畅通，通道内不得摆放任何物品
9		所有生产使用工具、零件定位摆放
10		划定收藏不良品、破损品及使用频率低的东西的位置，并标识清楚
11		易燃物品定位摆放
12		电脑电缆绑扎良好、不凌乱
13		消防器材要容易拿取

（续）

序号	项目	规范内容
1	清扫	地面、墙壁、天花板、门窗清扫干净、无灰尘
2		过期文件、档案定期销毁
3		公布栏、记事栏内容定时清理或更换
4		下班前，及时打扫和收拾物品
5		垃圾、纸屑、塑料袋、抹布等及时扫除
6		工具车、工作台及时清扫
7		废料、余料、待料等随时清理
8		地上、作业区的油污及时清理
9		清除带油污的抹布或棉纱等
1	清洁	每天上下班前 5min 做 5S 工作
2		工作环境随时保持整洁干净
3		设备、工具、工作桌、办公桌等保持干净无杂物
4		花盆、花坛保持清洁
5		地上、门窗、墙壁保持清洁
6		墙壁油漆剥落或地上画线油漆剥落修补
1	素养	员工时间观念强，遵守作息时间，不迟到、早退、无故缺席
2		工作态度端正
3		服装穿戴整齐，不穿拖鞋
4		工作场所不干与工作无关的事情
5		使用公物时，用后保证能归位，并保持清洁
6		使用礼貌用语
7		礼貌待客
8		遵守厂规厂纪

7.1.2 维修车间安全管理

如何做好车间的安全管理？

一个好的团队离不开有效的监督和管理，尤其是在前台和工作车间的环节。在车间与前台的工作中，安全是首要的工作。一个对安全管理不善的环境里，例如在车间内，维修任务的繁杂，使车间内的环境存在一定的安全隐患，随时都可能会出现意外事件，前台与车间的车辆移动也是非常频繁的现象。在管理井然有序的环境中，可以避免这些意外事件的发生，赏心悦目的空间会使人工作起来更舒服、更安全。

车间安全事故发生的主要原因是人的不安全行为、物品的不安全条件和不安全的工作条件。人员缺乏安全知识、疏忽或违反劳动纪律采取不安全的操作行为等，造成事故。机械设备工具或恶劣的环境条件等缺陷造成事故，人与物相结合造成的事故等。

车间事故是指因事故或隐患、工作部件或工具损坏、人身安全、工作效率等影响而引起的意外事故。由于车间维修中会发生许多事故，因此车间管理中的安全管理和预防是首要任务。为了预防事故，任何车间最重要的措施是提高工作质量和生产安全管理，预防和避免事故。为了保证车间作业的安全，必须定期对作业场所进行整理，保持整洁有序的工作环境。为了防止工具设备的使用事故，必须经常检查、维护好设备。为了避免安全事件，每位工作人员都要遵守工作纪律、车间制度以及车间维修操作的标准，因为每一条工作安全条例都是用前人的痛苦或鲜血写出来的。

维修车间的防护用品见表7－2。如有必要，应使用防护用品，如手套或安全鞋。在处理高热或尖锐的零部件时可能会导致严重烧伤或伤口。戴手套之前，需要确认任何可能伤害自己的部位。车间使用的劳动防护产品有防护鞋、防护手套、防护眼镜、防尘口罩、防毒面具、防护服、护耳器等。

表7－2　防护物品

序号	防护用品	相关说明
1	防护鞋	防止物体砸伤或刺割伤害，如高处坠落物品及铁钉、锐利的物品散落在地面把脚刺伤；防止地板打滑
2	防护手套	防止撞击、切割、擦伤 防止机油等化学品损伤手部
3	防护眼镜	防止异物进入眼睛 可阻隔尘埃、化学品飞溅及烟雾 可阻隔微粒、飞屑、碎片冲击 在进行打磨、切割、钻孔、喷漆等工作时必须佩戴防护眼镜，以防止眼睛受飞出的碎片和飞屑损伤
4	防尘口罩	防止在打磨或是切割时产生的粉尘或金属微粒进入呼吸系统 在进行打磨、切割等工作时必须佩戴防尘口罩
5	防毒面具	防止生产过程中有害化学物质的伤害。生产过程中的毒物如一氧化碳、苯等侵入人体会引起职业性中毒。使用防尘防毒用品将会防止、减少职业性中毒的发生 在喷漆房中进行喷漆时必须佩戴防毒面具，以防止中毒
6	防护服	防止喷漆过程中产生的微粒或飞屑贴到皮肤或衣物上 在喷漆房中进行喷漆时必须穿防护服
7	护耳器	防止在打磨、切割的过程中产生的噪声损伤员工的听力 钣金组在切割作业、喷漆组在打磨作业过程中必须佩戴护耳器

对于车间的安全生产，车间主任必须承担重要的角色。车间主任是车间事务的重要执行者，负责其工作。对于如何创造一个安全的工作环境，杜绝不必要的意外事故伤害。首先，要具备一定的安全生产素质，高度重视车间的安全生产管理，才能够做好车间的安全生产工作。编写车间工艺安全流程和安全生产操作规程，使车间工人在安全生产方面有章可循；第二，根据不同工种编写岗位技能安全操作手册，实施岗位技能安全经济责任制；第三，组织

全体工人、各班组长开展安全培训，学习工艺流程安全生产操作规程和岗位技能安全操作手册，提高全员安全意识和操作技能；第四，对车间危险部位、地段设置危险标志，实施防护措施；第五，开展经常性安全检查，查处安全隐患，制订整改措施，改善作业环境，处理违章作业、违章指挥、违反劳动纪律的职工和班组长，使安全生产管理步入一个封闭性管理圈内，做到持续改进，不断提高安全管理水平。

所有在车间工作的员工都应该清楚地了解车间的基本安全操作规程，并穿戴适当的工作服和配备安全设备，这是日常维护工作中最重要的安全措施。然而，将实施维修和修理步骤过程中可能出现的一切危险逐一提出警告是不可能的。只有在实际工作中才能确定维修操作是否安全与避免潜在的风险。在执行维护任务时，应特别注意以下事项：

1）在开始维修之前阅读所有操作说明，确保熟悉安全操作知识，熟练使用这些维修工具，并全面地掌握执行维修任务所需的所有技能。

2）当敲击、钻孔、研磨或在压缩空气、可燃液体、弹簧或其他储能部件周围工作时，一定要戴好合适的护耳器、防护眼镜、防毒面具来保护耳朵、眼睛和面部。如果其他维护工作也可能造成眼外伤，也应戴上护目镜，被击打的工具上产生的“蘑菇头”断裂后飞出去的裂片就像高速飞行的“飞刀”一样锋利。

3）在可燃液体附近点火或焊接会直接引起火灾或出现潜在的着火危险，特别是在危险的场所焊接。通常，焊接火花的水平影响范围接近 8m，向上可达 4m，向下可达 20m。在焊接时，要求至少清空作业范围 10m 内的可燃物，原则上这类地方基本禁止动火，万不得已也要实行三级审批制度。压缩空气是气动工具的主要动力来源，如果使用气枪在车间里开玩笑，可能会引起人员的死亡。

4）停车时，应使用驻车制动器或挡住车轮以避免车辆的前后移动。举升车辆时，注意自己和他人的安全。当用举升机或千斤顶提升车辆时，请确保车辆被安全地支撑。一定要使用千斤顶支架。必要时，必须有合适的空间来提升车辆并移除轮胎。

5）除非说明书规定发动机应该运转，否则在开始任何维护程序之前一定要停止发动机。发动机发出有毒的一氧化碳。起动发动机时，务必确保工作区域通风良好。热部件会导致烫伤，发动机和排气系统应在进行发动机或排气系统的维修工作之前冷却。如果起动发动机，务必使手指和衣服远离发动机。如果需要操作发动机，必须使用适当的通风或排气管道以排除废气。

6）从电池中排放的蒸气和氢气是极具爆炸性的。为了减少火灾或爆炸的可能性，在汽油或电池附近工作时要小心。在电池和所有燃料相关部件附近禁止吸烟、火花或明火。如果在备用电池附近充电，电池会放出气体，在连接插座时用湿布盖住排气塞，以减少因电弧引起的爆炸危险。电池放电可能是短路造成的，如果发生这种情况，即使汽车中所有的正常电路都被关闭，仍然会有电流流动，这会在连接跨接线时引起电弧。

7）只使用不易燃的溶剂清洗部件，而不是汽油。不要在敞开的容器中排放或储存汽油。

8）在车辆严重亏电时，许多人都选择了使用跨接线搭电的方法来起动车辆，虽然以跨接方式起动车辆是不明智的，但在某些情况下，这也是起动车辆的唯一方式。在这种情况下，电池起动放电后必须立即充电，以避免永久性损坏。要确认跨接线的直径适合于工作，必须使用高负荷导线。确保备用电池的电压与车辆上电池的电压相同，电池必须并联连接。当将跨接线连接到电池时，不允许跨接线互相接触或通过身体接地。完全充电的电池，如果通过跨接线短路，将以大于1000A的放电速率放电，导致跳线和端子的电弧和温度迅速上升，甚至可能导致电池爆炸。

9）在车辆上进行电弧焊时，必须拆除发电机布线，以避免电流浪涌，并造成发电机内部部件的损坏。如果在车辆上使用焊接，必须准备适当的灭火设备。焊接时要佩戴通过安全认证的焊工防护帽、手套和安全鞋，以保护自己。

10）在喷漆操作过程中，只应在通风良好的喷漆房内进行。要始终佩戴经过安全认证的呼吸器、眼部防护器和手套，以保护自己免受油漆和有害化学物质的侵害。

员工的工作安全规范

1）员工进入车间必须穿着公司统一的工作服，佩戴服务胸卡和公司标志，并保持仪容整洁。上班时间员工必须坚守岗位，不得串岗、闲逛，不得无故返回宿舍，待工待料期间在员工休息室休息等待接受车辆维修任务。

2）车间内禁止吸烟，严禁携带易燃、易爆物品，非钣金车间尽量避免明火作业。

3）自觉维护车间整洁卫生文明，严禁破坏车间文明卫生现象发生。

4）员工必须维护车间各项设备和工具，按章操作，严禁违反规程乱用。下班前必须按规定进行维护，上班前必须对设备进行常规检查。

5）配备齐全的防火设备，并定期维护调整，确保防火设备技术状况良好。车间内每一个人都要清楚防火设备的放置位置，并熟练掌握使用技术。

6）禁止无故到非本组工位或非本组维修的车辆中去，禁止无故起动汽车，包括起动汽车电器。

7）生产工作必须凭任务委托书进行，禁止随意扩大、减少任务委托书或工单内容施工。

8）进入车间送修车辆统一由指定人员移位，任何员工未经准许，不得擅自开动车辆。车辆开进、开出格外小心，移动车辆时注意观察周围情况。非技术检验员和车间调度不得随意外出路试检验，没有驾驶证的人员不得移动车辆。

9）员工出入车间不得携带与生产无关的物品，发现可疑或特别情况时，门卫或有关管理人员有权监督检查出入员工。车间设备、工具以及零部件未经公司批准，一律不得带出车间。

10）不要在电池附近进行金属板研磨，以防止爆炸事故发生。在喷漆房喷涂时，打开通风系统，当通风系统关闭后应当停止喷漆。

11）设备必须定期维护，检查电器设备是否接地良好，定期检查设备维修记录，并确定设备是否正常运行。

12）气动工具必须在规定的压力下工作，手工工具应保持清洁，以避免使用过程中的意外事故。

13）当使用锋利或尖利的工具时，不宜过度扩展任何操作以防止发生滑动事故和划伤。

14）电器设备严禁用水或湿布清洗。

15）施工现场通风良好，空气流通。

7.1.3　维修车间设备管理

如何做好车间的生产设备管理？

1. 汽车维修设备简述

汽车维修设备是指用于汽车维修的各种设备以及维修工具。汽车维修设备一般可分为：

汽车诊断设备、检测分析设备、维修清洗设备、钣金喷漆设备、维修用品、维修工具、轮胎设备、机械设备。

（1）汽车诊断设备　主要包括汽车解码器、数据流分析仪、专用尾气分析仪等。

（2）检测分析设备　主要包括试验台、试验线、定位仪、检测器、检漏仪、试验台、制动台、分析仪、内窥镜等检测设备。

（3）机械设备　如举升机、压床、千斤顶、发动机吊车等。

（4）维修清洗设备　主要包括自动变速器清洗换油机、动力转向换油机、润滑脂灌装机、制冷剂回收灌装机、喷油器清洗测试设备、抛光机、打蜡机、真空吸尘机等。

（5）钣金喷漆设备　主要包括车身矫正与测量设备、焊接设备、整形设备、调漆设备、烤漆房、烤灯、喷枪等。

（6）轮胎设备　主要指平衡机、扒胎机、充氮机、轮胎修补机等。

（7）维修用品　主要包括油漆、制冷剂、制动液、防冻剂、润滑油、修补剂、风窗玻璃清洗液、密封胶、腻子、防锈剂、水箱宝、车蜡、车釉、制冷剂、汽车用清洗剂、轮胎抛光剂、汽车用胶粘剂以及其他维护产品。从广义上讲，从汽车维修设备来看，汽车保养品也可以归类为汽车修理设备。

（8）维修工具　主要是指用于手动操作的各种维修工具，如扳手、螺钉旋具、工具箱、工具车、移动工作车、工作台等。

汽车维修设备也可以根据设备的结构、性能和工艺特点进行分类，分为两类：汽车维修通用设备和汽车维修专用设备。汽车维修通用设备是指汽车维修行业中性能基本相同、通用的设备。汽车维修专用设备是为维护各类车辆而设计生产的非标准设备。

设备管理就是要最大限度地提高设备的综合利用效率，对设备的应用进行科学管理。在选购设备时，应充分考虑售后技术支持和运行维护，选用综合效率高的技术装备。设备的使用寿命管理分为初期管理、中期管理和后期管理。设备的初期管理一般指从验收之日起，使用6个月或1年内，对设备进行调试、使用、维护、状态监测、故障诊断，建立设备固定资产档案、技术档案和操作维护原始记录。设备的中期管理是设备在保修期后的管理。搞好设备的中期管理，有利于提高设备的完整性和利用率，降低维护成本，获得更好的设备投资效益。设备的后期管理是指设备更新、变更和退役的管理。对于性能落后、不能满足生产需要、设备老化、发生故障的设备以及需要大量维修费用的设备应当进行改造。现代汽车维修作业离不开车辆维修设备的配合。因此，只有加强设备管理，合理使用，精心维护，才能确保经销商设备技术处于良好状态，保证车辆的正常维护。

加强车间设备的管理，不仅保持了汽车维修设备的良好技术条件，而且保证了维修设备的安全使用和汽车维修的质量，从而保证了汽车维修的安全生产，减少安全事故和返工。

2. 汽车举升机

汽车举升机是指汽车维修行业用于汽车举升的汽保设备。举升机按照升降装置的形式分为螺旋升降、升降液压缸、齿轮齿条、起重链条传动升降式提升机等。按照驱动的形式分为液压式举升机、机械式举升机、气压式举升机。常见的举升机有双柱式举升机、四柱式举升机、剪式举升机、单柱式举升机、地沟式举升机等。

（1）举升机操作流程

图7-1　举升机

1）举升机如图7-1所示，每次使用前应确认无任何故障，绝对禁止带故障运行。每次使用前空载运行一下，以便检查机器的状态。举升机禁止超载运行。

2）汽车进入举升位置之前应将举升机滑架降到最低位置，此时将四个支撑臂转动到指向汽车的行驶方向。

3）将汽车驶入举升处，要注意汽车应在两立柱的中间位置。回转四个支撑臂，调整支脚位置，使支脚支撑在汽车底部的承重位置上。

4）按动上升按钮汽车上升，上升约30cm时应暂停，并检查汽车的支撑情况，四个支撑点是否牢靠，汽车的重心是否大致在四个支脚中间。检查无误后方可按动按钮，举升汽车到其工作位置。

5）下降之前应检查工作场地，应清除工作场地上所有的工具、零件及其他一切杂物，所有人员应离开场地，此时按动下降按钮，汽车降落。

6）待汽车降落到最低位置后，即降低支脚，使支脚与汽车脱离接触，并将四个支撑臂回到原始位置。汽车即可驶出。

7）举升机不使用时应关闭电源开关。

8）当举升机的保护机构发生故障而整机停机后，将无法再自行正常起动。在故障排除前，绝对禁止强行起动举升机。

9）如举升机的电气系统需维修，应事先将滑架停在100cm的位置。维修后若发现滑架升降与电器板上按钮指示的方向相反，则此时更换电源引入的相序是无用的，只能更换电器箱到电动机的三相相序。

10）在进行汽车修理作业时须注意：从汽车上拆下或装上较重的零部件时，会引起重心的较大移动，此时应检查汽车的支撑情况，以防不测。另外，还应当注意举升机的额定载重量，严禁超负载举升工作，否则会导致设备的液压系统损坏或其他故障。

（2）操作注意事项

1）使用前应清除举升机附近妨碍作业的器具及杂物，并检查操作系统是否正常。

2）操作机构灵敏有效，液压系统不允许有爬行现象。

3）支车时，四个支角应在同一平面上，调整支角胶垫高度使其接触车辆底盘支撑部位。

4）支车时，车辆不可支得过高，支起后四个托架要锁紧。

5）待举升车辆驶入后，应将举升机支撑块调整移动对正该车型规定的举升点。

6）举升时人员应离开车辆，举升到需要高度时，必须插入保险锁销，并确保安全可靠才可开始车底作业。

7）除低保及小修项目外，其他繁琐笨重作业，不得在举升器上操作修理。

8）举升机不得频繁起落。

9）支车时举升要稳，降落要慢。

10）有人作业时严禁升降举升机。

11）发现操作机构不灵，电动机不同步，托架不平或液压部分漏油，应及时报修，不得带病操作。

12）作业完毕应清除杂物，打扫举升机周围以保持场地整洁。

13）定期排出举升机油缸积水，并检查油量，油量不足应及时加注相同牌号的压力油。同时应检查润滑情况、举升机传动齿轮及链条。

(3) 举升机的日常维护

保持清洁，擦拭尘沙，否则会加速机件的磨损，缩短举升机的使用寿命。

对举升机的柱体内壁、内角、链条、钢丝绳、滑轮等处应使用高质量的重负荷多效润滑油脂（锂基润滑脂，俗称黄油）。

定期检查：

1）每天定期检查举升机的安全保险机构，检查保险块是否到位，钢丝绳张力是否正常。

2）每月定期重新拧紧地脚螺钉，润滑链条与钢丝绳，检查所有的链条连接器、螺栓和销是否安装正确。检查所有的油管及管路是否磨损，检查滑台的滑块在柱体内侧的运动是否正确润滑。

3）每半年要对所有的运动部件可能发生的磨损、干扰或损坏进行检查；检查所有滑轮的润滑情况；检查和调节平衡张力，是否水平升降；检查柱体的垂直度。

举升机在首次投入使用满半年后，应清洗液压油桶并更换液压油，以后每年清洗一次液压系统，并更换液压油。冬天用 N32 液压油，夏天用 N64 液压油，严禁使用劣质液压油，长时间使用劣质液压油会损害设备管路零部件。

3. 螺杆式空压机的维护管理

如图 7－2 所示，螺杆式空压机是一种空气压缩机，有单螺杆、双螺杆两种。螺杆压缩机是一种工作容积作回转运动的容积式气体压缩机械。气体的压缩依靠容积的变化来实现，而容积的变化又是借助压缩机的一对转子在机壳内作回转运动来实现。在压缩机的机体中，平行地配置着一对相互啮合的螺旋形转子，通常把节圆外具有凸齿的转子，称为阳转子或阳螺

图 7－2 螺杆式空压机

杆。把节圆内具有凹齿的转子，称为阴转子或阴螺杆，一般阳转子与原动机连接，由阳转子带动阴转子转动转子上的最后一对轴承实现轴向定位，并承受压缩机中的轴向力。转子两端的圆柱滚子轴承使转子实现径向定位，并承受压缩机中的径向力。在压缩机机体的两端，分别开设一定形状和大小的孔口。一个供吸气用，称为进气口；另一个供排气用，称为排气口。

螺杆式空压机在运行使用中会出现转子磨损、锈蚀等问题，一般来讲，双螺杆机头即使使用十年以上，其转子的磨损也并不明显，也就是说其效率下降不会太大。此时，检修转子只需将转子稍微打磨即可；转子拆装过程中不能发生碰撞和强力拆卸，拆下的转子水平放置稳妥；如果螺杆转子磨损较为严重，即泄漏所造成的排气量已无法满足客户的用气要求时则必须进行修复，修复时可用喷涂的方式再加上螺杆机床加工即可。

维修保养前应停止机组运行，关闭排气阀门，断开机组电源并挂上警告牌，放空机组内压力（各压力表显示为“0”）后才能开始维修工作。拆卸高温组件时，必须待温度冷却到环境温度后方可进行。用正确的工具维修空压机，推荐使用螺杆空压机专用油，检修后不同牌号的润滑油不允许混用。空压机原装备件是专门设计、制造的，推荐使用原装备件，以保证空压机工作的可靠性、安全性。没有得到制造厂的许可，不要对压缩机作任何影响安全性、可靠性的改动或增加任何装置。维修后、开机前确认所有安全装置都已重新安装，初次起动或电控系统检修后，在压缩机起动之前必须首先确认电动机旋转方向是否与规定转向一致，且工具都已从压缩机上移走。

如图 7-3 所示，压缩空气供给系统是一整套生产、净化和输送压缩空气的系统设备，用于提供充足的达到预定压力值的压缩空气，以确保喷涂车间、机电维修车间等所有的气动设备都能有效工作。压力的单位通常采用 psi（1psi = 6.89kPa）。正常的大气压力为 14.7psi，标准型空气压缩机可使空气压力达到 150psi。

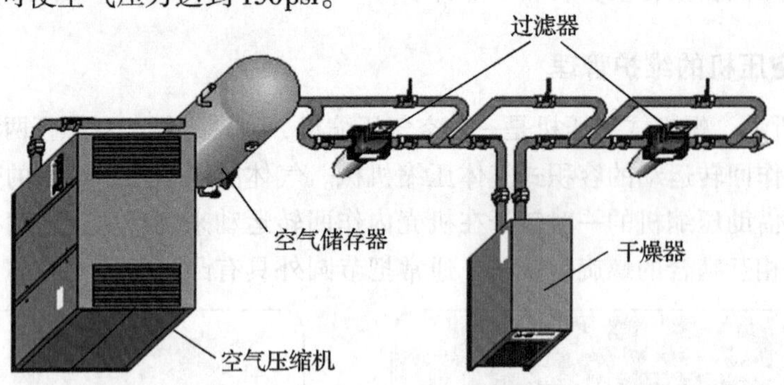

图 7-3　压缩空气供给系统

在压缩空气供给系统中，空压机主机是空压机的核心部分，长期处于高速运转状态，由于部件和轴承都有其相应的使用寿命，它们在运行到一定时间或年限后都必须进行预防性大修，概括地说主要需针对以下 4 项开展大修工作：

（1）间隙调整

1）主机的阴阳转子间的径向间隙增大。带来的直接后果是压缩机在压缩的过程中泄漏（即回泄漏）增大，排出机器的压缩空气体积变小，体现在效率方面就是压缩机的压缩效率降低。

2）阴阳转子与后端盖和轴承处的间隙增大，主要会影响压缩机的密封性和压缩效率，同时会对阴阳转子的使用寿命产生很大的影响，调整转子间隙时应避免转子与外壳划痕或磨伤。

3）主机螺杆之间、螺杆与主机壳体之间可能出现强烈摩擦，电动机就会处于超负荷的工作状态，会严重地危及电动机的安全运行。如果空压机组的电器保护装置反应不灵敏或失效，则还可能导致电动机烧毁。

（2）磨损处理

众所周知，只要是机械在运转中都存在磨损，正常情况下因为有润滑油润滑，磨损会减轻很多，但长期高速运转，磨损是在慢慢增大的。螺杆空压机一般使用进口轴承，其使用寿命也都限制在 30000h 左右。就空压机主机而言，除轴承外还存在轴封、变速器等处的磨损。如出现轻微磨损却不采取正确的预防措施，很容易导致磨损增大、造成部件损坏。

（3）主机清理

空压机主机内部部件长期处于高温、高压的环境中，再加上高速的运转，且环境空气中都会有尘埃和杂质，这些细小的固体物质在进入机器后，随同润滑油积炭日积月累若积成较大的固体块，就有可能导致主机卡死。

（4）成本增加

这里的成本指保养成本和电力成本。由于空压机主机长时间运转未大修，部件磨损增大，一些磨损的杂质留在主机腔内，会造成润滑油寿命缩短，同时由于有杂质，油气分离器滤芯和油过滤器的使用时间大大缩短，造成保养成本增加。在电力成本方面，由于摩擦增大和压缩效率降低，必然会造成电力成本增大。另外，由于空压机主机造成的气量下降、压缩空气品质下降也会造成生产成本的直接增加。

螺杆式空压机起动前的检查

1）确认电源送入，指示灯亮。

2）将油气桶泄油阀打开，泄除油气桶下部冷凝水后关闭。

3）检查油位在最低油位线以上。

4）检查冷却液进出水口阀开启，供水正常。

5）空压机出口阀开启。

6）滤水杯放水检查。

7）各连接部位有无漏气、漏油或漏水现象。

8）检查所有的油水分离器，将泄油阀打开排出被分离的油水混合物，然后关闭泄油阀。

螺杆式空压机运行中注意事项

1）运行中有异响及不正常振动时，应立即停机。

2）运行管道中均有压力，不可松开管路螺栓塞及开不必要的阀门，例如疏水阀、排污阀。

3）在运行中，发现油位计上的油不见，且油温逐渐上升时，应立即停机。停机 5min（压力表指示到零）后观察油位，若油位低，待系统内部无压力时，再补加润滑油。

4）应经常检查自动疏水器动作是否正常，否则水分会被带到系统中。

5）油气桶每个星期应排污/水一次。机组不能长期不运转，每个星期至少开机 2h 以上。

6）在日常的空压机运行检查中，应留心空压机压力开关及联控程序工作是否正常，不正常的工作状况将导致空压机的耗电量增加，严重时会因压缩机的频繁起停导致电动机烧毁。

7）不要在有可能吸入易燃或有毒气体的地方操作空压机。运行过程中绝对不允许堵塞空压机吸气口。除非已经注明可以用于呼吸，否则绝对不允许将压缩空气用来呼吸。

8）不要在超过铭牌上规定的压力情况下运转，尽可能不要在低于铭牌上规定的压力情况下运转。

9）运转时必须关闭全部隔声罩柜门。

螺杆式空压机传动带的更换调整方法

正确的传动带安装与调整使带传动的运行效率达到优化值，将大大延长传动带工作寿命，同时降低了电动机和轴承负荷。传动带的更换和传动带的松紧度调整方法是一样的，只是需注意在更换传动带时，应更换全部传动带，否则会因传动带张力不同使新传动带更快损坏，不要将润滑油溅到传动带或带轮上，以防传动带打滑。新机第一次运转 30h 后检查传动带，如有传动带松弛现象，成立即调整。调整方法如下：

1）停机。

2）移动边门。

3）松开机头的安装固定螺栓。

4）旋转调整螺栓，调整传动带到合适的松紧度，变形量小于 5mm。

5）拧紧机头固定螺栓。

6）安装上边门。

4. 烤漆房的使用与维护

根据不同的加热方式，烤漆房可分为燃油加热型、燃气加热型和电加热型。烤漆房主要由腔体、照明、排气系统、供气系统、循环加热系统（油气加热或电加热）、空气净化系统、废气处理系统、压力控制系统和电子控制系统组成。

燃油加热型汽车烤漆房是一种利用燃料产生的热间接加热空气介质的装置，如煤油、柴油或废油，并在其中进行喷漆操作。燃气加热型汽车烤漆房是一种通过燃烧气体燃料（如天然气、液化石油气等）间接加热空气介质的装置，并在其中进行喷漆操作。电加热型汽车烤漆房是一种利用电能直接加热空气介质并在其中进行喷漆操作的装置。

燃油加热烤漆原理：打开电源开关，将喷漆控制旋钮拧到升温喷漆位置，此时送风机、引风机、燃烧器均开始工作，风门处于关闭位置。此时外部新鲜空气在送风机的作用下，经过初级过滤，将空气引入风机座内，再经热能转换器加热，送入房体顶部的静压室，经第二级过滤后进入烤房内，这时空气内的杂物尘埃 98% 被过滤掉，有效地保证了喷涂时所需的温度及洁净空气，空气以 0.3m/s 的速度向下流动，将喷漆时产生的漆雾及溶剂带走，保证了操作人员的身体健康及油漆表面质量。含有漆雾和溶剂的空气再经过地网中玻璃纤维过滤毡及抽风处的过滤装置过滤后送入到大气。

离心式风机把经过燃烧器加热的炉子表面产生的热量送到房内后进行循环，使房体内的环境温度逐渐升高，达到烤漆所需的温度，即从外向里加热方式也称动态烤漆。这会使得内里涂层的水分和溶剂通过已固化的油漆表面挥发，存在破坏表面油漆的可能性，产生失光等不良现象。目前，许多维修厂家开始使用电加热红外线烤漆来烘烤油漆。

红外线烤漆也称静态烤漆，全车烤漆采用分布在房体内的红外线辐射管产生的光线对空气中的原子和分子迅速加热，这样在烘烤过程中会让油漆里的水分和溶剂最先蒸发掉，不会使得干固油漆层产生气泡和小孔，所以烘烤效果会更好，能有效地提高油漆表面质量，增加漆膜强度，提高韧性。

电加热红外线烤漆原理：外部空气经初级过滤网过滤后，由风机送到烤房顶部，再经过顶部过滤网二次过滤净化后进入房内，房内空气采用全降式，以一定的速度向下流动，使喷漆后的漆雾微粒不能在空气中停留，而直接进入底层出口过滤装置，从而滤去喷漆过程中产生的过喷漆雾、有害气体，经处理的废气直接从排气口排出房外。保证室内空气绝对清新，从而达到安全卫生的工作环境。烤漆时禁止加热，关闭风机，打开加热开关加热，红外线就像微波炉一样由里及外地固化漆涂层。因此避免了对流和传导式烤漆房由外及里地固化漆涂层造成内里水分及溶剂通过已固化的涂层表面挥发引起的气孔、气泡等缺陷。红外辐射几乎对空气不加热，因此加热初期空气基本静止，避免了因热气流动造成漆面二次污染。温度达到预定温度时停止加热，当温度下降到设定温度以下 1～2℃时，远红外加热器自动开机，使烤房内温度保持恒定。最后当烤漆时间达到设定的时间时，烤房自动关机，烤漆结束。烤漆时具有自动升温、恒温定时、定时关机等功能。

汽车烤漆房如图 7－4 所示，下面就以燃油型烤漆房为主介绍一下烤漆房的结构与使用。

烤漆房的房间壁板通常由轻质复合保温泡沫板或岩棉板制成。保温板的内外板由镀锌板制成，中间填充有保温材料，内外板与保温材料一体压制。

图 7－4　汽车烤漆房

由镀锌板弯曲的多个加强梁均匀地布置在壳体的纵向方向，并且在房体顶部使用加强梁，以确保墙体的刚度和强度。底座主要由镀锌板弯曲基体、格栅、防滑地板和支撑柱组成，以确保整个烤漆房的性能。加热循环系统主要包括燃烧器和热能循环加热转换器。燃烧器具有联锁保护功能，热能转换器应由耐热、防锈、导热性能好的不锈钢制成，要求结构合理、安全可靠、散热量大、热交换效率高。

空气净化系统中空气的清洁度是油漆车间质量的一个重要指标。该指标由空气净化系统保证。烤漆房的空气过滤是 2 级过滤的组合，即初始过滤和高效过滤。顶部过滤材料放置在静压室的底部并由顶部网格支撑。顶网由优质 C 型钢制成。经过特殊的防锈处理后，容易更换顶棉。可以自由拆卸。更换时不会有纤维或颗粒脱落。初级过滤层能有效捕集直径大于 10μm 的粉尘颗粒。高效过滤层具有多层结构，可有效捕集直径大于 4μm 的粉尘颗粒。整个过滤系统具有很高的容尘能力，阻力低，使用寿命长。

烤漆房地板棉更换时间为 60～80h 或一个月更换一次。更换时，取出格栅，按要求的长度切割地面过滤纤维网。每次更换格栅滤网时，必须在过滤器和滤盘下真空过滤。在谷仓中进行维修或更换过滤器时，应用高压水枪清洁格栅。

顶棉的更换时间为600～800h或一年两次，主要依据烤漆房使用的频率而定。更换时，取下烤漆房原来的顶棉框，再更换顶棉。

废气处理系统的功能主要是对油漆烘烤作业产生的废气进行处理，使其达到大气污染物的综合排放标准。第一玻璃纤维垫放置在腔体底部，以吸收大的喷漆颗粒，第二玻璃纤维垫设置在排气风扇下方以吸附小的喷漆颗粒。干法处理方法是在排气扇下设置M形活性炭吸附废气中的有害成分，湿法处理法与国际先进的无泵水处理装置相结合，风速快，漆雾处理率高，在大叶片风机作用下使排放达标。

电子控制系统主要控制烤漆房的正常运行。整个电子控制系统由PLC程序控制。大屏幕彩色液晶显示所有操作过程，并自动显示喷涂和烘烤所需的各种程序。喷涂时，鼓风机和排气扇互锁，空气吹出后先排气；油漆涂装时，空气供给和加热互锁，送风后开始加热；油漆温度由数字显示装置显示。控制器和所需的工艺温度得到控制。具有高温保护功能，与燃烧器互锁。

喷漆常温调整为20～30℃，但有些漆需由喷漆师傅依各厂漆性质的不同来随技术资料进行适当的调整。烤漆温度调节一般设为60～80℃，但有些漆需依据各厂漆性质的不同来随技术资料适当调整的烤漆温度。当时间和温度都调整好后、烤漆预设温度达到时，程序将自动进行烤漆时间的倒计。烤漆房压力调整为+15～20Pa最佳。

烤漆房操作方法：

1）首先顺时针转动电源主开关，显示面板点亮。

2）按下面板上的灯光按钮，烤漆房的照明管亮起来。

3）按下喷漆按钮，此时，进气电动机起动。同时，精调在烤漆房上的压力微调按钮。压力调整到+(15～25)Pa为最佳。

4）按下烤漆按钮调节油漆温度，将室温调节到20～30℃。

烤漆操作过程：

1）按下灯按钮关闭油漆车间的所有照明。

2）按下油漆指示按钮，使进排气电动机正常工作。

3）按下油漆按钮，可以调整烤漆时间，并在预设烤漆温度按钮上调烤漆温度，一般设置为60～80℃。但是，有些涂料需要根据每个工厂的涂料性能或根据技术数据适当调整。当时间和温度调整好后，烤漆房程序将自动倒计时烤漆时间。

4）按下点火器开关，使油漆温度继续上升，达到油漆温度的预设值，油漆温度保持恒定。油漆室内的油漆温度、烤漆时间和大气压力只需要调整一次，每项工作不需要调整。

烤漆房的维护

1）烤漆房内不允许进行打磨和其他粉磨工作，不允许进行钣金加工或各种抛光作业。

2）必须经常检查过滤系统，并按照规定的期限更换各级的过滤器或过滤棉。定期检查排气系统、供暖系统、电气系统和控制系统，确保安全正常运行，照明设备应及时维修。

3）喷涂完毕后，将烤漆房内的喷涂工具和喷涂材料清理出烤漆房后才能进行烘烤。

4）在烤漆房内工作结束后，移除车辆，应清除盖纸、残渣等杂物，并清理地板、墙壁、烤漆房内的其他设备。压缩空气输送软管应该放在专用箱内。

5）除日常清洁外，烤漆房应定期彻底清洗。

6）及时更换因高温而变质的门密封，防止粉尘吸入和开裂引起的热损失。

7）不要将油漆喷涂到烤漆房的墙壁上，为保证烤漆房的清洁，建议在烤漆房的墙壁上粘贴防护薄膜。

7.2 实践训练

	实训任务	对生产车间进行安检并制订整改计划
	实训准备	电脑、白板笔、移动白板、白板纸、工作页
	训练目标	能够学会车间的现场管理方法
	训练时间	90min
	注意事项	每一位同学都应当积极发言，能够在讲台上清晰地回答出老师提出的问题

任务　对生产车间进行安检并制订整改计划

任务说明

车间维修经常出现喷漆返修现象，气动设备的起动与运行异常现象也时有发生，为保障维修工作的正常秩序与维修质量，彻底解决车间生产问题，对车间制订一次全面检查计划。

实训组织与安排

教师活动	将学生分成四个小组，将汽车实训中心分成四个区域，四组按照自己小组的安排进入检查区域检查，等完成后与下一组轮换，直到完成所有的区域检查，然后安排学生提出整改的意见，并向各个小组进行汇报与分享
学生活动	按照任务中的要求填写出要求完成的内容 积极参加老师的实训安排，在规定的时间内完成各个工作站点的任务。一个站点的任务完成后与其他小组交换任务 组员之间应能积极沟通交流学习心得与经验，互帮互助

任务操作

设备保养计划表

序号	设备编号	设备名称	所在班组	设备保养时间/月												主要保养人
				1	2	3	4	5	6	7	8	9	10	11	12	
1																
2																
3																
4																
5																
6																
7																
8																
9																
10																
11																
12																
13																
14																
15																
16																
17																
18																
编制/日期			审核/日期							批准/日期						

4S 店全体 5S 活动检查表

管理部门（总经办、人事行政部、财务部、市场部、客服部）						
受评区域	序号	检查项目	优	中	差	检查评价
			1 分	0.5 分	0 分	
办公室	1	室内地面是否保持干净、卫生				
	2	办公桌面是否整齐，不凌乱				
	3	文件柜、抽屉里的文件分类摆放、整齐有序				
	4	文件柜顶没有随便摆放杂物文件等				

（续）

管理部门（总经办、人事行政部、财务部、市场部、客服部）						
受评区域	序号	检查项目	优	中	差	检查评价
			1分	0.5分	0分	
办公室	5	办公设施是否洁净，并定位摆设				
	6	电脑、电话及其他电源线是否固定得当、线路合理				
	7	绿植盆景生机勃勃，无枯死或干黄现象				
	8	办公室四周墙壁是否洁净，无刮痕，无蜘蛛网				
	9	员工是否按规定着装/佩戴工牌				
	10	办公桌摆放有序，离开座位人员椅子复位				
	11	能否在30s内找出常用的文件				
	12	电脑资料分门别类、能在30s内找出常用的文件				
	13	看板及时更新，物料杂物堆放有序，私人物品摆放有序				
	14	电脑定期杀毒、电子邮件定期阅读及清理				
	15	保安亭整洁卫生、物品摆放有序，对讲机等设备功能正常				
公共区域部分						
受评区域	序号	检查项目	优	中	差	检查评价
			1分	0.5分	0分	
会议室 培训室	16	地面/桌椅表面是否洁净				
	17	会议椅的摆放是否整齐				
	18	白板用毕有无及时擦拭，干净白亮				
	19	白板笔更新及时、墨水充足、笔帽盖紧/板擦干净				
	20	照明设备/空调是否处于正常状态				
	21	地面/培训桌、椅表面是否洁净				
	22	培训桌椅的摆放是否整齐				
	23	白板用毕有无及时擦拭，干净白亮				
	24	白板笔更新及时、墨水充足、笔帽盖紧/板擦干净				
	25	照明设备/空调是否处于正常状态				
卫生间	26	洗手台/镜子保持干爽				
	27	便池是否清洁，通水设施正常				
	28	地面（包含内间）是否洁净无水渍				
	29	卫生间空气是否保持清新无异味				
	30	卫生用品是否充足				
	31	拖把、清扫桶洁净，按规定摆放				

（续）

公共区域部分						
受评区域	序号	检查项目	优	中	差	检查评价
			1分	0.5分	0分	
露天区域	32	水泥地面干净，无纸屑等				
	33	围墙角落干净，没有堆放垃圾				
	34	客户车/商品车是否指挥摆放有序				
	35	露天区域内植物生机勃勃，无枯黄				
厨房	36	各类物资、原料分类摆放				
	37	厨具/灶头洁净卫生无油渍，定期清理				
	38	地面干净无油、水渍				
	39	垃圾定期、及时处理/无蚊蝇、蟑螂、老鼠等				
	40	下水道通畅，无堆积杂物				
	41	配备有效消防/消毒器具				
饭堂/宿舍	42	墙面/地面/洗碗池是否洁净，无油渍				
	43	用餐桌椅是否干净/摆放整齐				
	44	照明/空调/风扇设备是否处于正常状态				
	45	没有大量剩菜剩饭现象				
	46	照明/空调/风扇/水龙头随手关闭、人走设备停				
	47	员工碗筷摆放有序				
	48	无蚊蝇/蟑螂/老鼠等影响卫生之物				

销售部门						
受评区域	序号	检查项目	优	中	差	检查评价
			1分	0.5分	0分	
办公室接待前台	49	室内桌椅、地面、办公设备是否清洁				
	50	办公桌椅摆放整齐				
	51	文件、来电登记表按规定摆放，文本完整无缺烂				
	52	接待前台物品摆放有序、名片摆放整齐				
	53	文件摆放有序，能在30s内找到常用文件或物品				
户外	54	户外（展厅门前空地）干净、无纸屑烟头				
	55	户外广告物（例横幅）更换及时，无残旧、过时物件				
	56	试乘试驾车辆摆放整齐，干净整洁				

（续）

销售部门						
受评区域	序号	检查项目	优	中	差	检查评价
			1分	0.5分	0分	
展厅	57	落地玻璃洁净明亮				
	58	欢迎踏垫颜色鲜艳、清洁、摆放合理				
	59	易拉宝、资料架是否摆放整齐并充足				
	60	洽谈区桌椅摆放整齐				
	61	垃圾桶干净，并及时清理				
	62	按规定播放背景音乐并调至最佳状态，定期更换				
	63	展厅植物是否良好，无枯叶、烟灰及烟头				
	64	精品展示柜外观是否洁净，柜内精品摆放有序				
	65	展厅内广宣物（例横幅、吊旗）及时更新				
	66	儿童游乐区整齐、各类游乐器具按规定摆放及功能正常				
展车	67	内外观清洁/座椅调整适当				
	68	内外轮弧清洁/车轮 MARK 垂直于地面				
	69	发动机舱/后厢沟槽整齐清洁				
人员仪容	70	按规定安排人员在展厅门口迎宾				
	71	按规定着装、佩戴工牌				
	72	仪容整洁，站/坐姿是否得体				
	73	能熟练使用接待用语和服务应对技巧				
售后部门						
受评区域	序号	检查项目	优	中	差	检查评价
			1分	0.5分	0分	
办公室接待前台	74	室内桌椅、地面、办公设备是否清洁				
	75	办公桌椅摆放整齐				
	76	文件摆放有序，能在30s内找到常用文件或物品				
	77	接待前台物品摆放有序、名片摆放整齐				
	78	三件套/外观检查单/工单等准备充足、摆放规范				
	79	接待前台是否摆放整齐、干净				
仓库	80	仓库各类标志清楚，标签清晰并及时更新				
	81	物件分类摆放，能在30s内找出常用件				
	82	过道畅通无阻				
	83	货架及时清扫、干净整洁				
	84	配备消防器材，且处于正常使用期				

（续）

售后部门						
受评区域	序号	检查项目	优	中	差	检查评价
			1分	0.5分	0分	
维修车间	85	各区域画线清晰、油漆标志清楚，指向明确				
	86	作业现场物品/工具摆放整齐有序，30s内能找出常用工具				
	87	作业期间保持三不落地（配件、工具、油污不落地）				
	88	通道、走道保持畅通，消防设施功能正常，定期检查				
	89	工具箱等定位放置，设定责任人				
	90	机器设备定期保养，外观清洁，功能正常				
	91	旧零件整齐摆放，废件及时处理				
	92	车间内动力供给系统加设防护物或警告牌				
	93	车间地面、门窗、洗手台、清洁池等保持清洁				
	94	车间排水道及时清理杂物				
	95	员工按规定着装/戴工牌/防护用品				
	96	工单与维修车辆一一对应、摆放合理				
客户休息区	97	桌椅、地面整洁				
	98	饮用水/茶水/纸杯充足、易取				
	99	客户使用过的纸杯及时清理				
	100	报刊、图书及时更新/及时归位，电脑网络正常				

设备故障检查

	设备名称	运行与故障记录	问题解决方案
机电维修车间			

（续）

	设备名称	运行与故障记录	问题解决方案
钣金维修车间			
喷漆维修车间			
洗车/美容车间			

（续）

	设备名称	运行与故障记录	问题解决方案
车间供气与供电系统			
工作计划			
车间整改意见			
采购计划			

7.3 探讨验证

教师活动	组织学生将实训室安检的问题与现场拍摄的图片，使用 PPT 形成报告让学生在讲台上对小组成果进行展示，并要求说出自己的观点与处理意见。再针对深层问题，引导学生进行问题探讨
学生活动	在课堂上积极回答老师的提问与问题讨论，将小组完成的调研报告对大家进行讲解，并完成老师提出的问题探讨

问题探讨	
1. 请举例说明车间的环境问题对车辆维修质量的影响。	
2. 车间内影响车辆维修进度与维修质量的设备问题有哪些？如何有效保障设备的正常使用？	

项目小结

本项目的学习目标你已经达成了吗？请通过思考以下问题的答案进行结果检验。

序号	问题	自检结果
1	什么是 5S 管理？	
2	推行 5S 管理的目的是什么？	
3	管理现场实施的方法有哪些？	
4	车间管理的重点有哪些？	
5	导致事故的原因主要有哪些？	
6	在维修工作中，正确的安全管理措施有哪些？	
7	请说说员工的工作安全规范有哪些？	
8	什么是汽车维修专用设备？	
9	如何正确维护汽车举升机？	
10	如何保障车间供气系统的正常使用？	

项目练习

单项选择题

1. 在5S管理中，整理的定义是（　　）。

A. 将工作场所内的物品分类，并把不要的物品清理掉，将生产、工作、生活场所打扫得干干净净

B. 将所有的物品重新摆好

C. 区别要与不要的东西，工作场所除了要用的东西以外，一切都不放置

D. 将物品分区摆放，同时作好相应的标识

2. 在5S管理中，素养的定义是（　　）。

A. 将生产、工作、生活场所内的物品分类，并把不要的物品清理掉

B. 把有用的物品按规定分类摆放好，并做好适当的标识

C. 将生产、工作、生活场所打扫得干干净净

D. 每个员工在遵守公司规章制度的同时，维持前面的4S成果，养成良好的工作习惯及积极主动的工作作风

3. 导致事故发生的主要原因是（　　）。

A. 人员没有参加安全知识学习与培训

B. 人的不安全行为、物体的不安全状态、不安全的工作环境

C. 机械设备工具缺少管理

D. 以上都不对

4. 汽车维修设备依据设备的结构、性能和工艺特征，分为（　　）两类。

A. 气动设备和电动设备

B. 汽车维修通用设备和汽车诊断设备

C. 汽车维修通用设备和汽车维修专用设备

D. 以上都不对

5. 汽车烤漆房顶棉（　　）更换一次。

A. 600～800h　　B. 1000～1400h

C. 每年　　D. 以上都对

问答题

5S现场管理的控制点有哪些？

思考与讨论

1. 在车间如何保障工作人员的人身安全？

2. 如何有效管理车间的设备与工具？

项目八　生产效率与资本管理

学习目标

完成本项目的学习后，能够达到以下目标：

- 掌握成本控制与财务管理
- 掌握生产绩效管理

8.1 基础知识学习

汽车经销商在经营过程中有时只注重了对生产成本的管理，却忽视了其他环节的影响，尤其是对售后服务环节成本节约意识不强。经销商所承诺的服务项目内容越多，标准越高，响应速度越快，会导致成本也越高。本节将重点介绍生产成本的财务管理与维修生产绩效管理。

学生准备

学生在正式上课之前，应当做好如下准备：

- 在课前预习老师安排的教学内容，完成老师推送的学习准备。
- 学生严格按照分工执行操作并承诺做到老师要求的所有内容。
- 准备好本次学习内容的范围内需要向老师提出的问题。

8.1.1　成本控制与财务管理

4S 店售后部门有哪些成本，怎么控制这些成本？

1. 成本控制

根据成本产生的性质，售后服务成本可分为正常的售后服务成本、不良质量的售后服务成本、不良设计的售后服务成本、不良营销的售后服务成本和不良管理的售后服务成本。根据成本发生的过程，售后服务成本分为产品安装阶段的售后服务成本、产品保修期间的售后服务成本、产品保修期以外的售后服务成本、经销商售后服务组织正常运营发生的成本。

在售后部门的成本管理中，有必要制订一套完整的设备维修制度，定期检查车间内的所有设备，及时发现并解决问题，避免问题从小变大，导致更大的损失。在实际的生产经营中，成本的增加会导致经销商利润的减少，而售后服务成本管理应解决服务满意度最大化与成本最小化的矛盾，最大限度地降低服务成本，增加利润，使经销商能够保持较高的顾客服务满意度。

售后服务收入包括服务费收入和零部件销售收入。

售后服务利润 = 收入 - 材料备件成本 - 税收成本 - 管理费

汽车修理经销商的成本是汽车维修及其服务在经营活动中直接消耗的各种价值的货币支出的总和。4S 店售后服务的成本管理如图 8 - 1 所示，成本由人力成本、管理成本、旧件管理、长期库存管理、废旧机油管理、备件包装管理、工具和设备管理、服务车辆管理和油漆辅料管理等几个方面组成。

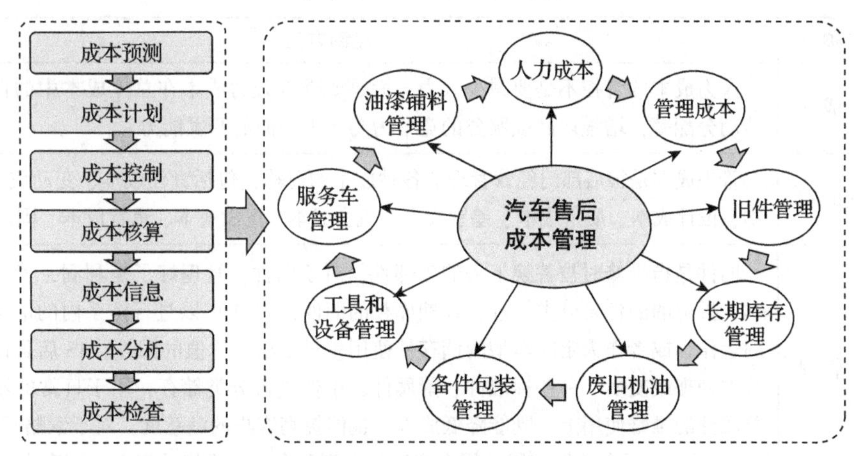

图 8 - 1　4S 店售后服务的成本管理

其中，人力成本是指汽车售后部门在一定的时期内，在生产、经营和提供劳务活动中，因使用劳动者而支付的所有直接费用与间接费用的总和。

在财务系统账目中，人力成本包括工资和奖金、五险一金、福利费、职工教育经费和其他人力成本。

工资包括：基本工资、岗位工资、加班工资、技能工资和兼职工资。要求按月计提，当月离职人员的工资，在月底统一结转。

五险一金包括养老保险、基本医疗保险、工伤险、生育险、失业险和住房公积金。公司每月缴纳的六金包括两部分，包括公司承担的部分和个人承担的部分。养老、医疗、失业险和住房公积金一般是个人和公司各承担一部分，生育险和工伤险全部由公司承担，无个人承担的部分。

福利费包括车补、房补、通信费补贴、驻外补贴、工作餐费、劳动保护费、生日补贴、员工体检费和其他福利费。

职工教育经费具体划分为厂商培训、行业培训、经销商培训和其他培训；实际发生的时候，直接计入经销商费用处理，包括聘请培训讲师、培训报名费、资料费、培训差旅费、伙食补助和差旅补助。

其他人力成本包括劳务费、存档费、劳动补偿金和其他人力费用。

实际操作中要在控制中调整，而不是调整中控制。成本管理是对经销商产品生产和经营过程中所发生的产品成本有组织地进行系统预测、决策、计划、控制、核算、分析和考核等一系列的科学管理工作。

通过成本管理活动可以降低产品成本，提高经销商的经营管理水平、经济效益和竞争力。

成本降低额 = 实际周转量 × 计划单位成本 - 实际总成本

成本降低率 = (1 - 实际单位成本/计划单位成本) × 100%

成本管理的内容主要包括：成本预测、成本决策、成本计划、成本控制、成本核算、成本分析与考核。成本管理基础工作的基本要求：规范化、标准化、统一化、程序化。

成本控制的方法见表 8 - 1。

表 8 - 1　成本控制的方法

序号	名称	控制方法
1	人力成本	人力成本的管控不是要减少人力，而是要降低人力成本在总体成本中的比例与降低劳动分配率，增强产品或服务的竞争力与人力资源的开发能力
2	管理成本	管理成本是售后部门经营管理的各种成本的总称，包括责任成本、变动成本、边际成本、设计成本、质量成本、差别成本、机会成本、沉没成本、重置成本、固定成本等
3	旧件管理	旧件是指维修时被替换下来的零部件，对于旧件，管理好了是利润，管理不好是成本。拆解的旧件要分类管理，长期库存的旧件，4S 店可以进行体系内的消化和市场化的运作，或者作为定向车型的储存件使用。对于没有价值的旧件，4S 店可以按照废件分类处理或变卖。一些标准件、附属件、小件进行分类储存，用于日常的不需要更换总成件的维修使用上，既能降低成本，也能提高客户的满意度，对于索赔不通过的件，4S 店可以进行有效的利用，用在合适的车型和合适的维修处理上，变废为宝
4	库存管理	长期库存的比例在汽车 4S 店一般为 3% ~5%，比例虽不高，却是一个很高的资金占用，不进行管控，对于汽车 4S 店来说，也是一种很大的成本折旧浪费。备件经理要定期地盘库，每月要抽样盘库，每个季度要进行一次大的盘存，根据盘点的结果调整处理或调配的制订策略与计划，并加以实施与改善
5	废旧机油	对于更换下来的废旧机油，可以进行二次销售，直接卖给专业回收的单位处理。不建议用废旧机油来替代烤漆房的燃料，烤漆房可以改用电磁加热型，既经济、又环保
6	备件包装	备件包装是一块不小的利润，不占 4S 店的成本，在汽车 4S 店成本管理范围内，一年的备件包装卖出的钱，基本可以承担起一两名员工的薪资。备件包装处理可以由综合部和财务部统一管理，定期直接处理，计入公司直接利润，也可以计入服务部的产值任务中，算利润部分，可以作为备件经理的绩效提成部分；或者交给服务部处理、作为服务部团队建设和团队活动经费以及奖励和考核使用经费
7	工具设备	工具和设备属于固定成本，每年都是要折旧的，设备和工具如果没有使用，只会是成本浪费，而且是庞大的浪费。能够频繁使用的，可以及时采购；有的大型设备，既占据了地方，又占用了资金，其利用率却很低。损坏和报废的设备和工具要及时处理，对于工具和设备的管理，要定人定岗，定期检查，保障设备的正常使用

（续）

序号	名称	控制方法
8	服务车辆	服务车辆主要消耗是油料和自身折旧的成本，服务车应当专车专用，管理制度，责任到人，做好每次出车和返回的记录
9	油漆辅料	漆料和辅料在生产中很容易引起浪费，要识别漆工的作业内容和业务内容，判断单台车次的用料成本，对车身每一块涉及喷漆部分，进行成本评估，做好月度成本预算。导入奖惩办法，加强漆工的成本管控思想，要正确储存漆料和辅料，防止失效

2. 汽车售后服务的财务管理

在实际工作中，汽车售后服务主要包括以下内容：售后维修业务、零部件销售业务、汽车装饰业务。在汽车4S店，会计岗位需要专业性强、责任心强、细心细致的人才。由于售后部门的会计工作非常琐碎，需要控制的地方很多，业务文件数量也很大，该系统的处理要求非常严格。

汽车4S店的财务管理包括整车销售的财务管理、三方协议贷款资金在财务管理中的使用、汽车售后维修业务的核算管理。汽车4S店的财务管理组织结构主要由财务经理、车辆销售会计和售后会计组成。根据市场分析和售前情况，财务经理将安排下次资金的调度、安排和制订计划，还要负责融资以及财务部门内部管理、报表审核。在大的方向上，财务经理还要负责公司财务核算流程，监督、管理整个财务部门。汽车销售会计主要负责整个汽车销售的成本核算，以及整个部门费用的核算、统计销售、汽车预订计划的制订、报表的编制和财务经理的资金需求预算。

如图8－2所示，售后会计负责售后维修业务的成本核算，主要包括配件、劳务、单件和

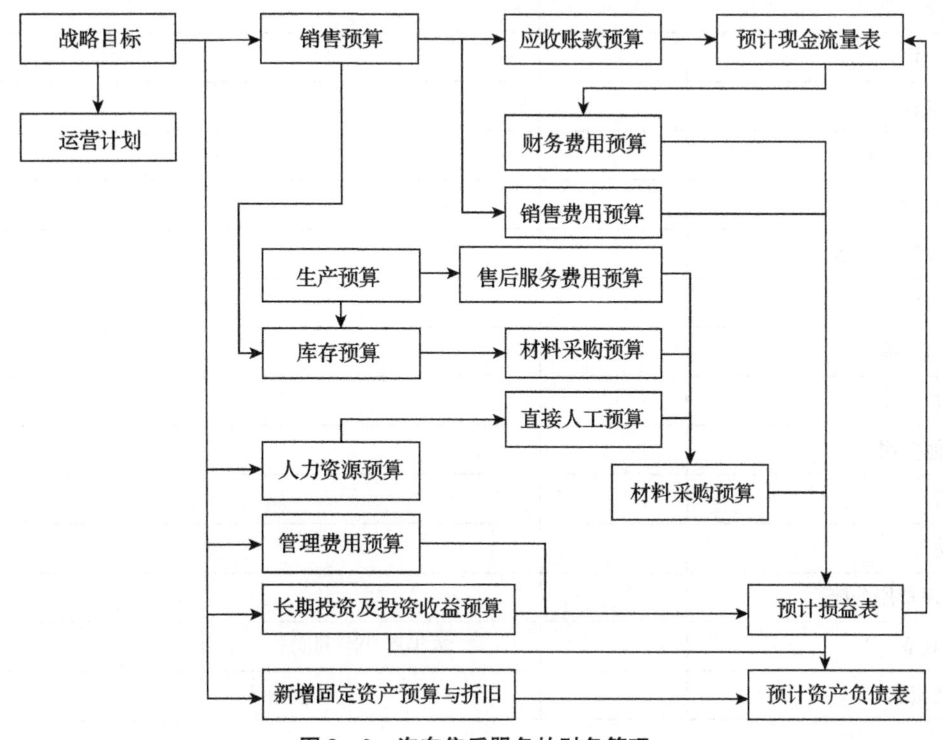

图8－2　汽车售后服务的财务管理

汽车美容装饰的销售。在大多数汽车4S店的财务管理中，财务管理的原则主要是基于高效率、低成本、流程顺畅、数据及时上报和详细的财务信息以供下次决策。

汽车售后维修收入包括一般维护、索赔、维修、零部件销售、汽车保险、事故车辆等。在汽车售后维修业务核算中，主要内容为配件和劳务成本。一般来说，使用详细的维修结算清单来解释人工成本和配件，这个清单也是客户结算和开具发票的基础。月利润计算表见表8-2。

表8-2　月利润计算表

科目名称	收入金额	成本费用金额	项目利润	销售毛利率
1．维修站收入				
① 机修小修				
② 事故赔付				
③ 厂家三包				
④ 首保收入				
⑤ 售前维修				
⑥ 未分类收入				
2．维修站领料成本				
3．销售毛利润				
4．维修站销售费用				
① 工资				
② 办公费				
③ 水电费				
④ 业务招待费				
⑤ 伙食费				
⑥ 未分配发货运费				
⑦ 通信费				
⑧ 折旧与摊销				
⑨ 油费过路费				
⑩ 其他费用				
差旅费				
工具费				
5．管理费用分摊				
6．净利润		本年累计净利润		
财务负责人			制表人	

4S店日常工作中，出纳员从结算员处收到单据后，应检查单据是否齐全，再用“收据日结表”仔细核对单据，确认正确后在收据日期表上签字，返回一联给出纳员。会计将当日收到的所有单据登记入账，并与各部门提供的报表核对，保证所有业务都已反映在账簿上，会计在入账过程中应核对开具的发票的内容是否齐全、发票金额与结算单金额、委托单金额是否一致，是否存在单据未上交的情况。

财务工作的主要内容如下：

(1) 大修维修业务收支

维修预付款：客户先支付部分或全部维修费，但不能确认发票的预付款。

一般维修保养收入：根据出纳员的收银，确认顾客在出纳处的支付收入。每天的维修收入和配件收入各入一张凭证，根据工单计入工时收入、材料收入，并计提增值税的销项税金。

协议客户的维修收入的处理：协议客户是指同一项目公司签订的协议，允许其在一定期限内赊账修理汽车的客户，根据客户维修、计费、结账的协议流程，对相应的工单状态进行确认及财务处理要求。在完成客户维修协议后，销售人员在DMS中打印“提交的结算”工作单，并提交给负责登记协议的客户的信用额度的财务人员。财务人员根据约定的客户名称对工作单进行归类。DMS中的工单的状态是“未结清已交车”。客户赊账期满还清款项，财务人员应当按照客户未结清的工作单金额开具发票，并列入会计收据中。可对大客户应收账款进行维护，发票交给客户结算，此时出纳将DMS的状态设置为“已结清、已交车”。

为监督维修后的各环节的执行情况，由审计部安排专人每天在系统中核对已经下了委托书的维修车辆的维修状态，不正常的业务要当天反馈。结算员每天下班前要对系统中反映的已完工但未结算的业务进行监督、检查，不正常的已完工但未结算的业务应及时上报给服务经理，如果服务经理在接到报告一天内未处理的，结算员可报给财务负责人，由财务负责人报到售后服务部、财务部。

(2) 索赔与首保业务收支结算

1) 索赔：指客户车辆在保修期内根据工作时间消耗和材料消耗向制造商收取索赔收入的过程。索赔人每月向财务部提交索赔汇总表、增值税专用发票，并确认索赔收入。索赔人应对索赔业务的发生、提交、制造商确认和拒绝进行详细的跟踪检查。会计应当列出“待确认的索赔收据”以及向制造商提交的报表。确认的索赔细节每季度至少检查一次，及时发现制造商的拒绝和索赔人的人为因素，以便向制造商索赔。根据所要求的修理、发票和结账过程，相应的工单状态确认和财务处理要求如下：

当索赔客户完成修理时，负责索赔的销售员在DMS中打印出“提交的清算”工作单。此时，DMS中的工单状态是“未交付”。当向制造商提出结账时，索赔人每月向财务部门提交索赔汇总表。在核对制造商系统中批准的索赔额和财务后，金融机构开具增值税专用发票，同时确认索赔收入。此时，收银系统将设置DMS的状态为“已经被清除和交付”。

2) 首保：首保的处理方式与索赔方式相同。首保在销售后有单独的工作单，首保收入根据单独的工作单确认。

(3) 零件销售及配件调拨收入结算

零件销售是指在日常维护中工作单类型为“销售”的收入。

汽车零件调拨是指将零件调拨给同品牌的经销商或配件商，一般是以平价的价格出售。应打印出工单，财务开票后计入应收账款，财务确认开票并在配件出库单上签字后配件部方可发货。公司内的配件调拨，可以挂账，先开发票；公司外的配件调拨，需要先收到配件款，再开发票。

客户购买的部件，前台应确认客户购买的部件是否有库存。如果有库存，填写销售订单。销售订单应标明外部销售零件的名称、单位和数量。客户签字确认后，把客户联交给客户存根。其他联单交给结算人员。

前台持销售订单将客户带到结算柜台办理付款。结算员收到销售订单后，与销售结算单仔细核对，确认无误后打印销售结算单交客户签名，客户联交客户。结算员向客户开具发票或收据，并签署销售订单，确认已收到付款。前台将销售订单和发票或收据存到仓库领取配件。

仓库收到销售订单并核对发票或收据后，根据销售订单的内容开具出库单并发出配件，仓库联由库管人员存根，客户联交给客户，其他联单交给前台或结算员。出库后，前台为客户开具出门条。

(4) 保险事故车收入的确认

1）4S 店直赔业务。保险理赔客户出险后在项目公司修车，且由项目公司垫付修车款项，按照保险理赔的修车、开票和结账的流程，对应的工单状态确认和账务处理要求如下：

保险客户修车完成时，保险部的业务员将 DMS 中已“提交结算”工单打印出来，此时 DMS 中该工单状态为“未结清、已交车”。向保险公司结账时，给保险公司开具发票，财务做账，此时收银将 DMS 状态置为“已结清、已交车”。

2）非直赔业务。非 4S 店直赔业务下，保险事故车修理均为客户垫付，因此不挂“应收账款”。注意：保险事故车一般是在核保定损后要求先开票，维修系统中车辆处于在修状态。为规避财务风险，应设立保险事故车台账进行责任人明确和绩效考核，回款后进行费用结算。

保险理赔事故车和车辆进车间维修后需要新增加的维修项目必须填写拆检报告单，而且要列明维修项目、配件清单作为保险理赔事故车的初步诊断和核价凭证、车辆进车间维修后需要新增加的维修项目的书面依据。保险理赔车辆按保险公司核价单结算，如无保险公司核价单则按拆检报告单中的估价结算，如有差异则由结算员通知前台接待员，由前台接待员提出申请，服务经理、主办会计审核后报售后服务部审批，进行反结算和财务调整。

8.1.2 生产绩效管理

如何进行维修车间的生产绩效管理？

在维修工作中，工作技能是非常重要的，但更重要的是拥有工具和设备来完成大量的维修。高效优质的设备是保证维修质量和生产效率，形成维修标准的重要基础。如果设备投资过于保守，技术陈旧，不能及时补充和更新，势必影响车辆的维护质量。特别是对于新的服务网点，如果在建设初期不及时引进优质、高性能的设备，将会造成巨大的资源浪费。优良的维修设备不仅保证了维修的质量和标准，而且起到了环保节能的作用。

车辆维修总时间是指从车辆进入到商店维修的全部时间，包括维修前的时间（保险公司定损的时间、服务顾问进行维修工单制作的时间等），还包括正常维护时间、等待备件待修时间，还有洗车、结算、交车等时间。车辆小损伤的总修理时间在 8 ~ 12.5h 之间，维修前的各项业务应在 1h 内完成。由于小损坏车辆占喷漆总维修量的 70%，如果车辆维修时间较长，则会在车间中占用更多的维修量和维修人员，这将降低整体维修效率，导致维修车间工位很紧张，过道里停的车太多，车辆移动的时间太长，车间的出入口被堵塞等。

售后维修随着客户量增长，很多 4S 店的维修量已经饱和。由于维修车间周转率低，客户就会产生抱怨。所谓维修车间周转率，是指维修站每天修理的车辆的数量。通常的计算方法是：工位周转率 = 月进厂台次/维修工位数量。例如钣喷车间，理想的工位周转率应为0.75 ~ 0.85 台/（天・工位）。

4S 店普遍存在车间拥挤问题。在停车场停放的许多车辆等待维修或等待配件，导致车间的维修工位实际上不用于维修工作，而是用作停车。维修车间现场管理人员大部分时间都在挪动车辆，秩序混乱，生产速度慢，效率降低，交车期延长等。有效的工作进度控制方法如图 8 – 3 所示。

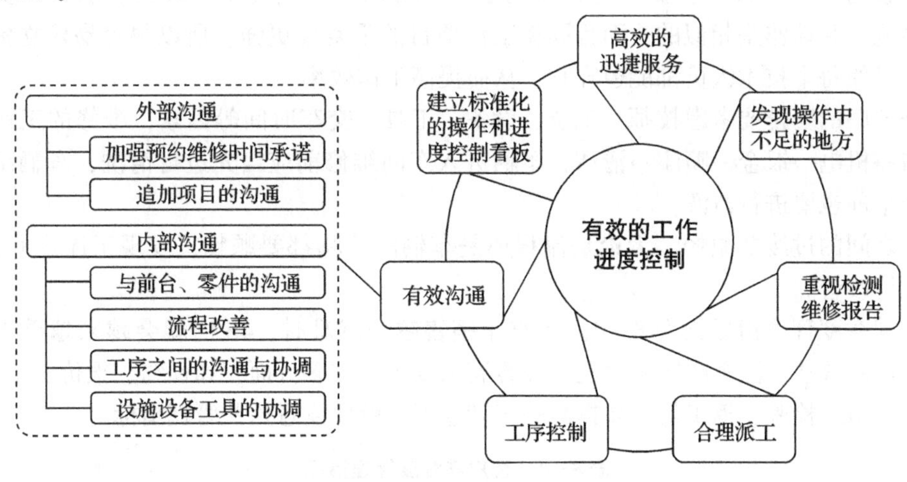

图 8 – 3　工作进度控制

车间维修工作效率的关键控制指标见表 8 – 3。

表 8 – 3　车间维修工作效率的关键控制指标

序号	质量指标	计算公式	参考标准
1	故障诊断准确率	1 – 故障漏诊率 – 故障误诊率	95% ~98%
2	一次修复率	1 – 返修率 – 故障漏诊率 – 故障误诊率	90%
3	工序检验率	工序检验数/全部工序数	90% ~95%
4	班组自检率	班组检验台次/班组维修台次	100%

（续）

序号	质量指标	计算公式	参考标准
5	班组自检合格率	1－班组返功率	95%~97%
6	总检验率	总检验台次/入厂维修台次	快修 30% 其他 100%
7	检验合格率	1－返工率－返修率	90%
8	返工率	未出厂返修的台次/入厂维修台次	3%~4%
9	返修率	出厂后返厂维修的台次/入厂维修台次	2%~3%
10	零件合格率	1－不合格零件数/维修使用零件总数	95% ~98%
11	维修质量投诉率	投诉维修质量问题的人次/维修总台次	1%~2%

提高机电维修效率和定期保养的工作效率

在日常的维修工作中，应减少时间浪费和技术人员的流动，以提高维修进度。汽车维修工作高度依赖于工具和设备，而工具和设备的质量直接影响维修质量和工作效率。当技师在作业的时候，提供给他们必需的工具、设备和信息也能提高技师的操作效率。定期维护工作占总工作量的40% ~60%，提高这方面的生产率可以大大提高工作效率。由于在实际工作中，很多流程和动作是相似的，而且同类工作项目的重复性更强，所以很容易建立标准的操作程序，以便每个技术人员都能遵守它，从而提高工作效率。

维修工序的安排要考虑技师、工位、设备、工具、交车时间等因素，维修的工作程序依次是清洁→机电→钣金→喷漆→清洁，车辆进入车间维修前应当先进行清洗，车辆维修竣工后，在交车前也要进行清洗。

工序之间的过渡要顺畅，无论是流程还是车辆的位移都要顺畅，发现工序之间的问题，要立即进行改善。

顾客满意度管理指标见表 8－4。当汽车销售越来越难时，4S 店就会越来越重视维修业务，注重口碑效益，注重顾客满意度。顾客满意度包括许多方面，如预约、报价、工厂维修、准时完工、最终检验、返工等。要提高顾客满意度，就要注意这些管理指标。

表 8－4　客户满意度管理指标

序号	管理指标	相关说明
1	预约率	本月实际通过预约形式进场维修保养的车量/本月进场车辆的台数。一般在 15% ~20%，建议不低于 20%
2	准时完工率	本月在规定时间内完成的车辆台次/本月总的完工台次，建议不低于 95%
3	准时交车率	本月售后服务部在规定时间内完成车辆维修保养并交付给顾客的数量，以台次为准/本月维修结算完成的收银出厂车辆台次，建议不低于 95%
4	完工终检率	顾问终检会降低一些比如洗车不干净之类不应该出现的投诉，服务顾问在交车前检查的数量，以台数为准/本月维修结算完成检验合格出场车辆数

（续）

序号	管理指标	相关说明
5	返工率	本月返工车量数/本月维修结算完成检验合格出场车辆数，建议小于2%
6	忠诚客户率	最近12个月内回厂4次及以上客户数量/自开业以来自销客户与维修建档他销客户之和，建议不低于30%
7	客户掌握度	本店2年内有一次进场维修记录的本品牌客户数/自开业以来自销客户与维修建档他销客户之和，建议不低于90%

车辆进厂类型的细分

想要增加售后服务部门的毛利水平，就必须增加进厂台次的数量。进厂台次是一个指标，也是一个概念，如果管理者只关注这一个指标是不科学的，管理指标见表8-5。

表8-5　管理指标

序号	管理指标	相关说明
1	进厂台数	本月进场台数
2	进厂台次	本月有效入场台次，不含免费检查及新车检查
3	出厂台次	本月维修结算完成的出场车辆台次
4	出厂台数	本月维修结算完成检验合格出场车辆数
5	零结算台次	本月结算费用为零的出厂台次
6	自销客户进厂台数	本月维修入场中，属于本店销售客户的数量
7	预约入场台数	本月实际通过预约形式进场维修保养的车量
8	保养车辆进厂台次	本月度内车辆保养进场台次
9	机修交车台次	本月机修完成维修的车辆台次
10	钣喷交车台次	本月钣金喷漆车辆完成维修的车辆台次
11	养护增值台次	本月度发生养护增值销售的台次总数
12	准时交车台次	本月度售后服务部在规定时间内完成车辆维修保养并交付给顾客的数量。以台次为准
13	准时完工台次	本月度在规定时间内完成的车辆台次
14	完工台次	本月度总的完工台次
15	完工终检台数	服务顾问在交车前检查的数量
16	结算台次	本月完成结算出厂车辆台次
17	收银台次	本月完成收银出厂车辆台次
18	返工台次	当月发生的返修车数量

维修产值的重要指标见表8-6。

表8-6　维修产值的重要指标

序号	管理指标	相关说明
1	维修收入	通过维修服务产生的收入总额
2	保养收入	通过车辆保养维护产生的收入总额
3	机电收入	属于机电维修类型的所有收入总额
4	钣喷收入	属于钣喷维修类型的所有收入总额
5	养护收入	通过养护产品销售实现的收入总额
6	工时收入	当期实现的工时收入总额
7	备件外销收入	直接销售给顾客、二级网络和备件经销商的备件总额
8	维修备件收入	用于车辆维修所使用的备件收入总额，以含税出库金额为准
9	钣喷收入比	钣喷收入/维修收入
10	养护收入比	养护收入/维修收入
11	索赔收入比	索赔收入/维修收入
12	工时收入比	工时收入/维修收入
13	油漆辅料比	油漆辅料成本/喷漆工时收入
14	单车平均产值	维修产值/出场台次
15	养护单车平均产值	养护增值收入/养护增值台次

要关注成本指标，提高毛利的另外一个方法就是需要关注成本，控制成本。成本指标见表8-7。

表8-7　成本指标

序号	管理指标	相关说明
1	机电人均日维修台次	机电完工台次/（机电技师人数×26）
2	钣喷人均日维修台次	钣喷完工台次/（钣喷技师人数×26）
3	服务顾问人均产值	维修收入/服务顾问人数
4	服务顾问人均日接车台数	入厂台数/（服务顾问人数×26）
5	机修工位利用率	机电完工台次/（机电工位数量×设备效率天数）
6	钣喷工位利用率	钣喷完工台次/（钣喷工位数量×设备效率天数）
7	单平米喷漆成本	油漆辅料成本/喷漆面积总和
8	工时成本	车间维修技师的工时提成数额
9	维修备件成本	用于维修领料时的成本统计
10	备件外销成本	用于备件外销时的成本统计
11	钣喷维修备件成本	用于钣喷时的成本统计
12	技工利用率	实际操作时间/在岗时间
13	技工效率	主机厂标准工时/实际操作时间

工作案例：某4S店的售后成本控制PDCA见表8-8。

表 8-8 成本控制 PDCA

阶段	步骤	内容
计划	找问题	问题是返修率比上个月高出一个百分点
	找原因	返修率高的原因有：工序之间缺乏检验；总检率不高；服务顾问的终检没有做好；零件质量问题；疑难故障反复出现没能修好
	找要因	通过对所有原因进行分析，发现：总检率不高造成返修占 60%，疑难故障占 30%
	订计划	将现在的总检率指标由 50% 提高到 70%，并加大考核权重，该项计划从下月执行，责任人为服务经理与总检： 1）对疑难问题进行会诊并进行相关培训，每周五晚上车间所有技工参加，责任人为技术总监 2）寻求厂商及兄弟单位帮助，本月底完成，责任人为服务经理
执行	执行	按计划严格执行，并报总经理取得相关援助
检查	检查	对执行过程进行跟踪检查，发现计划 2）即兄弟单位有成功的经验
改善	总结经验	对执行过程及结果进行总结，发现计划 1）确实有效，但计划中的 1）即培训效果不是很好，原因是培训的组织存在问题，大部分技工由于加班没有参加
	提出新问题	车间培训存在问题，要对这个问题引起重视。然后继续 PDCA 循环

该 4S 店的班组维修质量 PDCA 表见表 8-9。PDCA 检查生成图如图 8-4 所示。

表 8-9 班组维修质量 PDCA 表

班组名称	计划		执行		检查	调整		
	返修率(%)	返工率(%)	返修率(%)	返工率(%)		措施	责任人	完成日期
机电 1 组	1	2	1	3				
机电 2 组	1	2	2	3				
机电 3 组	1	2	1	4				
钣喷 1 组	2	3	2	4				
钣喷 2 组	2	3	3	2				
钣喷 3 组	2	3	3	3				

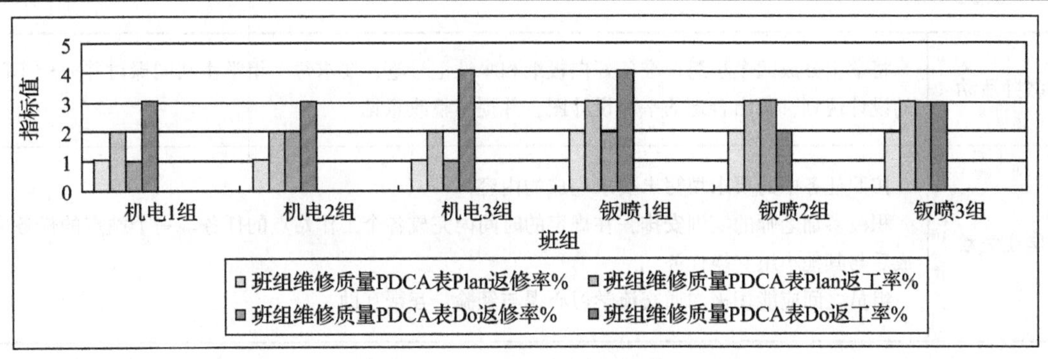

图 8-4 PDCA 检查生成图

8.2 实践训练

	实训任务	对维修车间生产状况进行分析并制订解决方案
	实训准备	电脑、白板笔、移动白板、白板纸、工作页
	训练目标	能够掌握车间结构布置与规划方法
	训练时间	90min
	注意事项	每一位同学都应当积极发言，能够在讲台上清晰地回答出老师提出的问题

任务　对维修车间生产状况进行分析并制订解决方案

任务说明

4S 店的汽车销售量与维修量目前明显增高，车间的维修工位与设备的支持能力不断下降，严重影响了准时交车与质量，维修生产的压力越来越大，请根据车间的现有问题与状况进行分析，提出具有建设性的整改方案。

实训组织与安排

教师活动	将学生分成四个小组，准备好白板纸和水性记号笔，要求每一组学生共同探讨并完成车间的设计规划，画出合理的平面设计图，并提出整改意见
学生活动	按照任务中的要求填写出要求完成的内容 积极参加老师的实训安排，在规定的时间内完成各个工作站点的任务。一个站点的任务完成后与其他小组交换任务 组员之间应能积极沟通交流学习心得与经验，互帮互助

任务操作

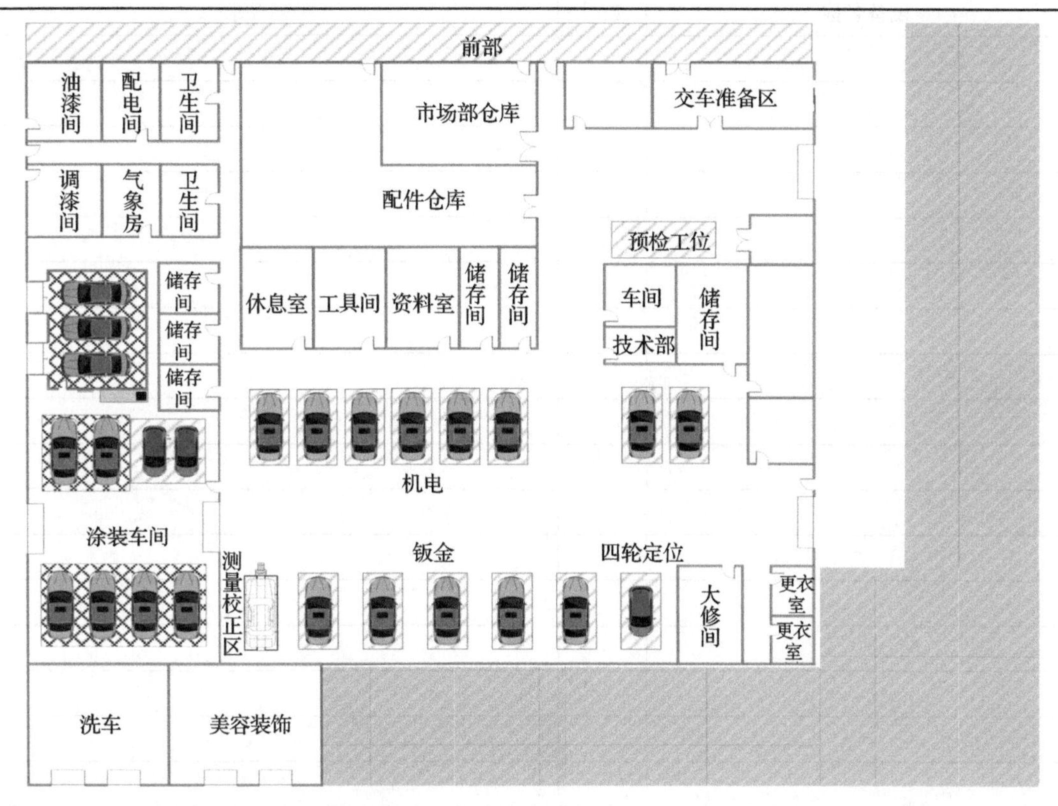

上图是售后的原功能区布置，由于业务量增加，现需要另外增加维修工位4个，目前有2个维修工位，4个保养工位，保养工位要求增加到6个，再加1台烤漆房，钣金工位要求增加1台矫正台，增加1个工位。现计划可以将停车位另设他处，在原停车位进行整改，请根据要求作出合理的规划

机电车间改进计划：

钣金车间改进计划：

喷漆车间改进计划：

（续）

计划设备购置		
设备名称	数量	采购要求

总结：

8.3 探讨验证

教师活动	组织学生将自己小组的设计进行汇总，使用 PPT 制作成汇报型解决方案，并让学生在讲台上对小组成果进行展示。再针对深层问题，引导学生进行问题探讨
学生活动	在课堂上积极回答老师的提问与问题讨论，将小组完成的调研报告对大家进行讲解，并完成老师提出的问题探讨

问题探讨	
1. 在车间改建的工程中，必须采购设备，但是对于设备的采购方面，正确的选择方法是什么？ 对于车间的建设应当注意哪些关键问题？	
2. 如何根据现有的人员结构计划招聘人员的数量？怎么才能招聘到合适的人员？	

项目小结

本项目的学习目标你已经达成了吗？请通过思考以下问题的答案进行结果检验。

序号	问题	自检结果
1	售后服务部门的运营成本有哪些？	
2	售后服务利润的计算方法是什么？	
3	什么是人力成本？包括哪些内容？	
4	成本管理的内容主要包括哪些？	
5	库房配件成本控制的方法有哪些？	
6	油漆辅料成本控制的方法有哪些？	
7	售后会计主要工作职责有哪些？	
8	如何有效提升车间的设备的利用率？	
9	如何提高汽车维修保养的进厂接待台率与工作效率？	
10	车辆维修车间监控的 KPI 指标有哪些？	

项目练习

单项选择题

1. 汽车维修经销商的成本是指（　　）。

A. 车辆维修及其服务在经营活动中直接耗费的各种价值的货币支出量的总和

B. 车辆维修及其服务在经营活动中直接耗费的各种价值的货币支出量的平均值

C. 车辆维修及其服务在经营活动中的直接耗费

D. 以上都不对

2. 人力成本包括（　　）

A. 工资和奖金、五险一金、福利费　　B. 职工教育经费、其他人力成本

C. 工资和奖金、五险一金　　D. 以上都对

3. 售后会计负责售后维修业务成本核算，主要包括（　　）等业务核算。

A. 售后部门的各项收支与汽车销售收支

B. 配件、人工、单独配件的销售及汽车美容装饰收支

C. 配件部、保险部、售后部、公关部的运营收支

D. 以上都不对

4. 维修工序的安排要考虑（　　）等因素。

A. 技师、工位、设备、工具、交车时间

B. 技师、工位、设备、客户的要求

C. 技师、工位、设备、车间的安排、客户来店路程

D. 以上都不对

5. 设备的投入在技术上如果过于保守、陈旧，没有及时补充更新，会（　　）。

A. 降低维修质量，影响维修出厂台次　　B. 出现维修效率变差

C. 影响到车间维修工作的正常经营　　D. 以上都对

问答题

汽车售后的运营成本有哪几个方面？

思考与讨论

1. 售后会计的工作职责是什么？

---

2. 如何保证车间的正常运行？

项目九 售后部门沟通

学习目标

完成本项目的学习后，能够达到以下目标：

- 熟悉人员培训与维修资料管理
- 掌握售后部门内部沟通技巧

9.1 基础知识学习

本节的重点是售后部门的沟通与售后工作人员的技能培训管理。没有沟通就没有人际互动关系，人与人之间关系，就会处在僵硬、隔阂、冷漠的状态，会出现误解、扭曲的局面，给工作和生活带来极大的害处。对于企业来说，沟通的品质决定了企业的品质。沟通不仅是企业管理的有效工具，还是一种技能，做好沟通工作，是保障企业各项工作顺利进行的前提。

学 生 准 备

学生在正式上课之前，应当做好如下准备：

- 在课前预习老师安排的教学内容，完成老师推送的学习准备。
- 准备好本次学习内容的范围内需要向老师提出的问题。

9.1.1 售后部门内部沟通

如何与企业内部的各个层级做好沟通？

有效的沟通如图 9－1 所示。沟通是解决经销商管理中的各种矛盾和纠纷的重要途径。它是人与人之间的信息传递与交流，良好的协调和沟通是 4S 店管理者必须掌握的基本技能。人是复杂的，如果他们处于相同的环境或共同的活动中，许多人在思想、兴趣、情感、感情和意识方面会产生共鸣或分歧，例如，经销商内部成员之间的横向沟通、部门之间的横向沟通，上级和下级之间的纵向沟通，以及组织的内部领导和下级的横向或纵向沟通等。

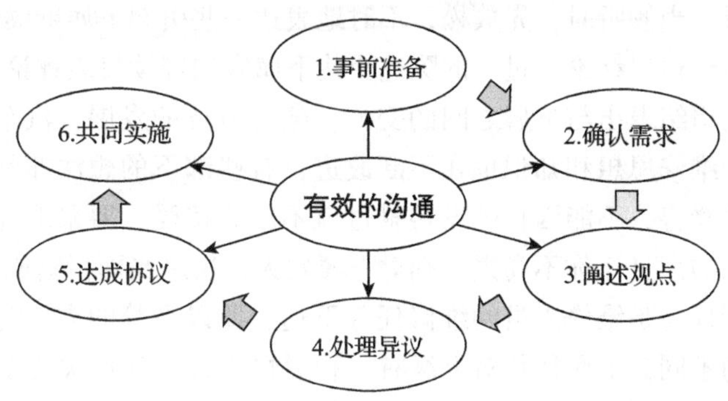

图 9-1　有效的沟通

人际交往是人际关系发展的关键。人际交往是增进人与人之间理解的工具。人际交往是人类社会交往中最主要也是最重要的形式。在人与人之间传递信息、交流思想、交流感情，是人类社会形成的开端。

沟通障碍是沟通意见和沟通信息的人和群体之间的困难。传播障碍主要来自发送者的障碍、接收者的障碍和信息传播的障碍。在交际过程中，发送者的情感、倾向、个人情感、表达能力、判断力等都影响着信息的完整传递。从信息接受者的角度来看，影响信息传播的主要因素有四个：信息解码不准确、信息筛选、信息容忍、心理障碍。沟通渠道的问题也影响着沟通的有效性。传播渠道的障碍主要包括传播媒介不当、媒介冲突、传播渠道长、外部干扰等。

在4S店的管理活动中，管理者和被管理者是一对永恒的矛盾。由于角色和地位的不同，在认知和观念上导致的矛盾。如果这种冲突得不到有效的解决，势必影响组织的和谐，制约管理目标的实现。4S店总经理的决策正确科学，决策的实施顺利有效与决策信息的收集和理解密切相关，而决策信息的收集和理解离不开有效的沟通。

作为管理者，必须寻求一条避免上下级矛盾、消除组织内部各种杂音、统一认识、团结一致的有效途径，有效的沟通是必不可少的途径。在经销商的日常管理中，经常需要与上级、下级、客户或部门进行有效的沟通。

1. 与下属沟通

把握上级和下级的距离，不仅不能过度拉近与下级的距离，还要确保下级的安全沟通空间，在某些特殊情况下，还要适当地拉开与下级的距离，注意自己以及下属的言行举止，如：剔牙、挖鼻孔、修指甲、挖耳朵等有损其形象的行为。当与下属谈话时，眼睛应该留在下属身上，目光交流就是心灵的交流，用和善的目光安定下属，表达自己的谦和与亲切，消除下属的紧张情绪、当对下属的讲话表示满意时用赞许的眼光肯定和鼓励下属。

注意你自己讲话的语调。虽然谈话的内容很重要，但是把这个内容传达给你的员工也是很重要的，这样员工才能接受你。可以说，你说话的语调在某种程度上反映了你的形象。当你说话时，要自信，说话要适度，语气要适度，说话要清楚，语气也要清楚。

车辆出现故障的原因是非常复杂的。车间维修人员在工作中难免会出错。在总结问题时，聆听员工提出的问题也是尊重员工的表现。集中精力倾听下属说话，不要分散注意力；倾听下属的意见，不要马上作出判断。你应该先听得进对方的声音，不要摆架子，适当地点头或做手势，表示你在听。当倾听时，先放松，不时地表达一些引起下属继续谈话的兴趣，例如：哦，嗯，等等，不急于得出结论，过早的陈述会使下属害怕继续发表评论。倾听下属的意见，不要表现出不耐烦的情绪退出与下属之间的交流。随着科技的发展，汽车的技术含量也在不断提高。技术人员的维修思想和知识也在不断改进，有些部下的想法非常先进，提出的意见有很多的信息和新的趋势，不能因自己没接触过就不愿意接受，要采取开明的态度，积极和下属探讨。如果下属的意见让你不高兴，别对下属发火，切忌当面指责或批评。

无论是车间的管理还是维修人员的维修任务下达，要以平等的方式沟通，沟通是心与心的交流，由于地位的不同，下属往往对上级有一种畏惧心理。他们关心上司对自己表达的态度，反复反思上司的反应，害怕不了解上司的深层意图。在沟通中，要注意工作方法，正确的方法可以削弱或消除下属的警觉心理，并根据下属不同的情绪状态和个性采取适当的沟通方法，例如直接指出问题，表达自己的态度和意见，并且建议下属转移注意力，让下属明白你的意思。

多夸奖下属员工，少发脾气。乱发脾气只会增加他们警觉的意识，甚至可能永远不会对你感到信任。因此，要学会冷静和心平气和地表达。对下属给予鼓励和赞扬，特别是当大家的面真诚地赞扬他们。尊重下属是你和下属愉快合作的第一步。尊重下属，不是要让下属有光彩，而是要深深地打动他们的心，增强他们的自信和自尊，还要赢得下属的信任和尊重。不能抓住一个小错误就大做文章，要给下属下台阶的机会。在同一个问题上，我们必须平等地对待所有的同事。我们不能不分场合地批评下属，更不能讽刺下属。

在日常工作中，要为员工创造机会，了解和处理下属的合理需求。马斯洛的需求层次理论也清楚地指出，当个人的能力突破一定高度时，人们在不同的层次上会有不同的需求。维修车间的工作人员和前台接待人员一样都会有新的要求产生。因此，我们要善于发现并培养优秀人才，使他们发挥更大的作用。在很多情况下，下属会有一些合理的需求。你应该及时了解这个需求并作出相应的反应。这是对下属的理解和关注，也是为工作和公司利益着想。合理要求，给予满足，彰显你的正义。不合理的要求，委婉地利用各种困难作为拒绝的借口，或者采取“制度”来提醒下属不要有这种非分之想，也不要为了维持自己在他们心中形象轻易作出承诺，这样会助长下属自私自利的心态，日后管理起来会更加困难。

对下属的理解不仅体现在对下属各方面所熟悉的信息中，还体现在下属的错误处理上。如果下属不是有意把事情办糟，应该表达你的理解和大度。你可以查清事实，不要随便斥责下属，并在各个方面进行调查。不要斤斤计较，应少批评，当员工犯错误时，批评的方式应该是委婉的，如图 9－2 所示。在工作或生活中尽可能地帮助他们，让他们感受到你的慷慨，用无私的精神感染他们。

将工作计划和利益分配计划或施行方案公开，共同监督。充分利用资源，鼓励下属，点燃下属的工作激情，充分发挥自己的主动性和才能。让下属有一个共同的奋斗目标，让下属亲自参与制订目标和实现目标，这样会让下属自觉对公司的总体目标负责任。这一责任将使下属工作热情高涨，克服困难并找到完成工作的方法。从部门的基本任务和实际情况出发，既具有可行性，又具有挑战性。如果目标是无法实现的，那将令人产生畏惧感，对完成目标没有信心；如果目标很容易实现，就会失去激励作用，使人失去工作热情。

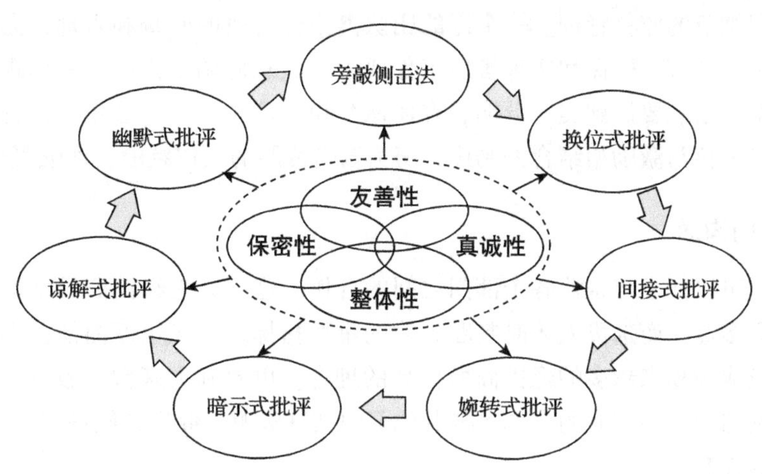

图 9－2　批评的方式

让下属有机会发表意见，让下属感到自己的命运掌握在自己手中。真正关心下属，解决下属的困难。对于业绩突出的下属，给予高度肯定。探索核心员工，寻找专家或模范员工，以他为榜样，对其他下属产生激励作用。

每个进入公司的新员工，都期望充分发挥自己的才能，证明自己的能力，得到晋升的机会。然而，由于缺乏经验，新下属往往会受到不同程度的影响，同样，你的管理也会受到影响，因为帮助新下属顺利通过这个过渡阶段，使其尽快融入公司的工作中是主管的一项重要工作。新员工的经验不足和错误是可以原谅的，事实上，新员工在工作中出现错误，他们的心更不安，如果你再进一步批评，可能会让他们更消极。应当和他们一起总结失败的原因，发现他们值得表扬的地方，表扬他们，鼓励他们从失败中学习，改进他们的工作。同时，也应为新下属提供好的老师。有经验的老下属可以引导新下属尽快熟悉工作，继续取得成功，帮助他们积累经验，使他们对工作的成功感到满意。为新员工提供具有挑战性的工作，使新下属能够快速找到自己的位置，许多新下属因为能力没有得到充分利用而对工作持否定态度。让新下属在不同的专业领域中工作轮换，可以对他们的工作能力进行全面的锻炼，以便于他们能够客观地评价自己的能力和爱好，从而能够对他们的专业发展作出合理的判断和改进。加强对其他下属的教育和指导，使他们不歧视和压制新下属，尽量帮助新下属，并允许新下属在相互支持的环境中迅速成长。

自私自利的下属把自己的个人利益放在公司的利益之前，如果公司的利益和个人利益发生冲突，他们会选择后者，给公司带来损失。如果自私自利的下属损害了公司的利益，他们就必须受到惩罚。一般来说，自私的人更渴望物质，可以采取物质上的惩罚。惩罚不是越重越好，适当的措施是：需要让他们看到，利益的损失明显超过获得的小额利润即可。对自私自利的下属起到约束作用，秉持公正原则，同时加强对他们的教育工作。

加强业务人员培训，提高技术水平。在前台，我们必须继续加强接待过程的培训。我们必须不断加强接车技巧，特别是对难点问题的解析和分析。为了提高前台的服务质量，我们可以不时地从配件或车间挑选人员与前台人员交流或进行知识讲座、培训，针对常见的问题，提高员工的业务能力，能有效促进内部合作与交流，使内部沟通更加顺畅。对于车间技术员，可以通过培训、日常集体学习，来提高他们分析问题的能力。

要重视车间细节的监督管理。一个好的团队离不开有效的监督和管理，尤其要监督前台和维修车间的工作环节，确保和实现售后工作要求，注意协调工作中可能出现的情况，可以使工作做到事半功倍。要做到奖罚分明，在团队建设中注重公平、公正、公开，坚持团队利益最大化，实行考核与激励相结合的制度，努力营造浓厚的工作氛围，增强凝聚力。

2. 部门之间沟通

有效的沟通可以促进与企业各个部门之间的合作。这已成为经销商日常沟通交流的基本要求，已成为众多经销商选拔人才时判断人才的重要指标。在经销商内部，部门与部门之间的有效沟通已经成为越来越多的经销商所倡导的理念。以营利为宗旨，服务大局，争取各部门特别是客户索赔和备件方面的合作，与其他部门共享资源，促进共同进步。加强对外交流，加大市场业绩的提升。

在汽车经销商中，整个公司按照分工分成几个部门，例如汽车销售部、汽车售后部、人力资源管理部、行政部、财务部、汽车配件部、二手车置换部等部门，一般来说，如果各部门能够相互沟通，共同合作，经销商的利益自然会很好。然而，许多公司自从成立了各个部门之后，总是有在沟通上的各种问题，如果跨部门的沟通不顺畅，可能对经销商或部门的有效运作造成许多不利影响，同时，缺乏沟通会导致信息阻塞、工作重复、效率低下以及出现信息壁垒的问题。由于缺乏沟通，部门和部门之间的信息无法共享。例如，A 信息在很久以前由 B 部门完成，但是 B 部门没有与 C 部门共享 A 信息。现在，C 部门急需 A 信息，但是 C 部门不知道 B 部门很久以前就完成了 A 信息，并且没有主动与各部门沟通。因此，B 部门收集 A 信息的过程将会产生重复工作。如果 B 部门从一开始就向相关平台发布或共享 A 信息，或者至少通知 A 部门信息已经完成，如果 C 部门在重复工作之前与各部门进行沟通，也许这种重复劳动就会减少，也提高了工作效率，节省了人力、物力甚至财力。

缺乏沟通会导致各自为战，没有战斗力，减少执行力。例如，售后部门的活动要求销售部门和汽车保险索赔部门提供协助，但是在实际工作中，各个部门都各行其是，并且这些活动的结果将非常差。一个缺乏沟通的团队实际上是一盘散沙，没有战斗力，没有执行力。只有联系各部门，才能保证部门间信息畅通。在现代汽车市场营销中，孤军作战难以赢得比赛，只有通过团队合作才能取胜。如果经销商或组织遇到需要部门所有成员参与的行动，然而因缺乏沟通，则需要花费大量精力来动员各个部门，以便各个部门能够协同工作，不能因为平时的工作没有沟通，各部门之间没有很好的整合，突然之间就需要合作。可想而知，困难是巨大的。各部门合作不好，互相影响。战斗力将直线下降，执行力严重不足，后果将十分严重。

部门和部门之间以及部门成员之间缺乏了解，这将造成信任危机。因为他们不清楚自己的工作范围，也不知道对方的工作能力。加强沟通，了解需要合作的部门，对实现预期目标具有重要意义。当然，部门之间缺乏沟通会产生比上述更严重的负面影响，阻碍团队的共同进步，不利于员工的身心健康。部门之间的有效沟通不仅是经销商生存和发展的基础，也是提高经销商工作质量的关键。经销商规模越大，在组织中建立的职能部门就越多，部门间的沟通就越重要。加强部门间沟通不仅需要方法，而且需要所有成员的积极参与。每个人都必须关注全局，把每个部门的目标与公司的目标统一起来。

9.1.2　人员培训与维修资料管理

人员培训与维修资料管理?

培训的主要目的是通过开展定期的培训工作，提高员工的专业技能和专业素质，适应经销商发展的需要。汽车主机厂培训中心根据公司的发展需要和业务部门报告的培训要求，安排各类培训，编制年度、三个月的滚动培训计划和月度培训计划。同时要求经销商建立内部培训机制和组织厂家开展提升技术与能力的培训。建立培训类型与能力发展梯次信息档案与培训安排，完善学习知识资源开发等。

定期向经销商或各个部门发送培训人员信息，开发和优化培训课程，评估经销商培训结果，向培训中心汇报新服务提供商的关键职位和业务人员名单，并维护到相关系统中。根据服务提供商的人事变动申请向培训中心提供关键岗位和业务人员变动的培训需求。为教师提供新的售后岗位培训支持和售前相关岗位培训支持等。

图9－3　员工培训

如图9－3所示，维修经销商的员工培训内容应依据经销商的实际情况和需要。原则上，培训内容应与经销商的发展方向和规模相匹配。其次，教师应该是专门从事汽车服务行业的教师，训练方法可以多种多样。培训计划应考虑到经销商的经济利益。大部分经销商培训内容仅限于专业技术培训。从长远发展的角度看，具有一定规模的经销商应结合员工的职业生涯设计，培养具有本企业特点的优秀员工。

培训部门应负责制定服务商的服务顾问和维修技术人员的等级标准，并授予服务顾问和维修技术人员的等级认证和考核评估。向培训中心反馈经销商服务顾问和维修技术员的培训需求。负责服务顾问、维修技术人员的现场认证，验证服务提供者认证状况。负责经销商内部培训项目的建立、开发、组织和实施，以及培训档案的建立、培训效果的总结和分析，进行区域培训。培训部岗位职责见表9－1。

表9－1　培训部岗位职责

岗位	职责
总经理	对培训工作的长期计划、实施、培训效果的检验和培训计划的实施总负责
培训主管	对本专营店的培训工作负全部责任
	根据专营店的实际情况和各部门工作需要，会同业务部门经理、讲师共同制订每季度员工培训计划，上报总经理批准并交行政部备案
	负责培训的组织实施，监督培训计划的实施，做好成绩和纪律记录，并及时填报培训季度报表
	负责培训教材的保管和借阅，建立教材借阅制度和借阅记录
	汇同总经理、业务部门经理共同建立对讲师的考评制度，并负责依据制度对讲师的培训工作进行考评

（续）

岗位	职责
业务部门经理	负责协助组织本部门相关人员参加培训，并根据实际情况和业务需要及时与培训主管、讲师沟通，修订培训计划和培训内容
讲师	参加乘用车公司组织的培训并做好培训记录，回店后负责店内转训授课
	制作各种培训课件并做好授课，填报自己负责项目的培训报表

根据工作的需要和性质，汽车售后部门的培训主要分为关键岗位培训、资质认证培训、高级晋升培训、企业岗位培训、职级等级认证培训和专项培训。

1）关键岗位培训：包含关键岗位资质认证培训与进阶提升培训。

2）资质认证培训：包含总经理、销售副总、服务站长、技术总监、保修员、客服经理6个关键岗位的基础能力培训。

3）进阶提升培训：包含总经理、销售副总、服务站长的岗位能力提升培训。

4）业务岗位培训：包含展厅经理、市场经理、网络经理、信息员、财务经理、培训管理员、备件经理、服务经理、维修经理、质量管理员10个岗位的培训。

5）等级认证培训：包含销售顾问、服务顾问、维修技师三个岗位认证培训。

6）专项培训：包含二手车培训、新产品培训、区域到点培训、到店辅导培训等内容。

此外，对培训工作的进行，各个部门可以内部交叉安排培训工作。如配件或者车间可以和前台人员一起交流配件或者汽车维修方面的常见的技术问题，或者交流工作中出现的各种问题，其中前台接车人员业务技巧培训不少于四次。专业技术基础知识培训不少于2次，车间维修技术培训全年不少于6次，对于疑难技术问题的探讨学习总结性活动不少于3次。培训方法主要包括集中培训、网上学习培训、实时教学培训、考试培训等。

根据售后服务工作的职能，通常可归纳为技术类培训、管理类培训、索赔类培训、备件类培训和计算机类业务培训五类。

(1) 技术类培训

根据参与培训的技术人员的能力和水平，技术类培训可以分为不同的层次，如初级、高级和专家级。

技术类初级培训一般安排汽车维修保养方面的基础培训和汽车电气方面的基础培训，适合刚刚进入汽车售后服务的维修检测人员学习。

高级培训一般根据汽车的结构特点按部分系统进行。机电技术人员的课程内容如发动机、底盘、变速器、电器的结构、原理、拆装、调整，常见故障排除、检测等。钣金工可安排车身结构、焊接原理、车身校正系统使用等知识的培训；油漆工可安排车辆表面处理、喷涂常见的缺陷及原因、微调技术、驳口工艺等知识的培训。

专家级培训主要侧重于交流，总结多重故障和疑难故障的分析和排除方法，深入分析系统原理，为业务网络提供技术经验，为销售公司售后服务部门编写典型故障案例提供素材和依据。

(2) 管理类培训

管理类培训可以从管理模式、客户沟通和服务营销三个方面进行。管理模式主要包括核心服务流程，如售后服务工作流程和维护服务工作流程。可以安排客户沟通技巧方面的培训，如客户关系技巧、客户投诉和冲突解决技巧以及回电话技巧。服务营销培训可以专注于服务理念、时间控制模式、团队工作模式、业务分析等方面。管理类培训适用于从事服务管理的服务经理、接待员和客户服务人员。

(3) 索赔类培训

索赔类培训一般可以安排索赔工作流程、索赔管理规定、索赔管理，以及填写索赔表、在线录入、离线传输和修改索赔表等内容。目前的索赔结算是在网络上完成的。因此，参加培训的人员应具备一定的计算机基础和分析索赔原因的能力。

(4) 备件类培训

备件类培训的内容一般包括业务培训和网络订货两方面。备件业务培训可安排主机厂的备件体系、备件订货及管理系统、备件管理条例及备件的图册或电子目录系统等内容。至于网络订货方面，目前大多数主机厂与经销商之间采取网络订货的方式，计算机网络订货可安排电子目录使用、在ERP上建立订单及发送、订货跟踪、ID卡使用等内容。

(5) 计算机类业务培训

计算机类培训一般包括经销商应用的经销商管理平台，该系统包括人员管理、信息管理、车辆信息反馈，以及经销商内部管理软件安装、调试、使用、维护等。

培训管理流程如图9－4所示。

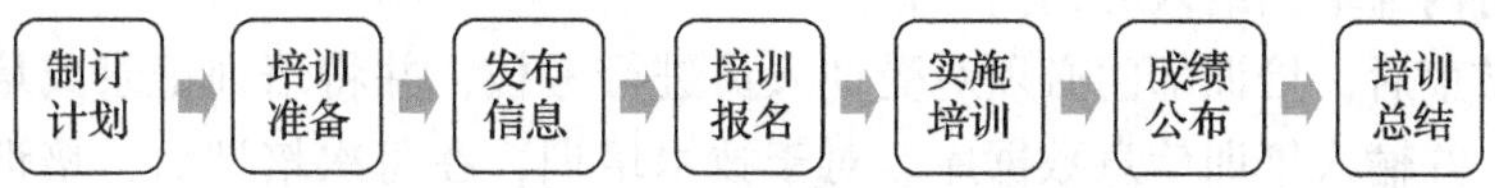

图9－4　培训管理流程

培训管理流程详细说明见表9－2。

表9－2　培训管理流程详细说明

序号	培训步骤	相关说明
1	制订计划	① 培训需求分析，拟订培训计划（包括培训目的、内容、时间、地点、对象、老师、进度等） ② 根据公司和科室的季度及年度计划，制订培训方案 ③ 此步骤执行时间：培训前三个月到半年
2	培训准备	① 围绕培训目标，针对学员情况，设计或更新教材，制作授课用的课件，保证培训的有效性 ② 对学员用的教材进行制作并确定发放方案 ③ 此步骤执行时间：培训前两个月完成
3	发布信息	① 在TMS及经销商门户网站上统一发布培训信息和培训通告 ② 发布信息包括：培训通知工联单、培训日程、应训名单 ③ 此步骤执行时间：培训前一个月完成

（续）

序号	培训步骤	相关说明
4	培训报名	① 在 TMS 上维护好培训项目，组织学员网上报名 ② 在 TMS 上对学员请假、换人、调班、代报名进行处理 ③ 此步骤执行时间：培训前 15 ~ 20 天完成
5	实施培训	① 按计划通过各种形式实施有针对性的培训 ② 通过讲师与学员互动的平台，解决专营店的各种需求或难题
6	成绩公布	① 根据公司的各种考核标准对学员进行培训考核 ② 培训结束后一周在 TMS 上公布培训成绩
7	培训总结	① 收集学员意见，总结培训实施情况，完成财务结算工作 ② 根据实际情况不断完善培训流程 ③ 此步骤执行时间为培训后一个月

与厂家签订售后服务意向协议后，经销商可以通过经销商管理平台或网络了解培训信息，并通过网络准确、及时地报告培训情况，查询培训通知并回复培训收据。经销商必须建立内部培训机制，服务站的技术经理负责组织经销商的内部培训，包括根据汽车生产厂家的有关要求组织培训，下载和分发培训材料。内部培训必须有计划，有效实施计划，及时总结培训过程中的不足。每次培训后，必须建立一个培训档案记录。主机厂销售公司将根据要求检查内部培训，并将内部培训纳入经销商考核。

每次培训结束后，培训部门必须对受训人员进行考核，并将培训记录或培训证书发给通过测试的人员，并输入培训信息数据库。对于技术培训，在每次培训后，培训参与者需要培训经销商的其他员工，以便与其他员工分享培训中所学到的知识点。经销商内部培训信息反馈表应尽快发回汽车制造商培训小组，如果没有反馈，培训证书将不予颁发。

为了保证售后服务的正常开展，汽车生产厂家必须对经销商实施有效的管理，其实施工具是通过发放各种材料来实现的。销售公司向经销商提供维修技术和管理等文件，以便经销商的服务人员学习和咨询，提供管理标准和方法、自学手册、技术通报等对经销商服务人员提高自身业务水平有益的书籍，从而提高员工的技术水平和管理水平，为客户提供更快、更满意的服务。

经销商应当严格管理培训资料，在工具室设立独立的资料室，由专人管理。培训后，经销商应当收回厂家每期培训发放的资料并妥善保管，供其他员工学习和咨询。管理人员应独立保管管理资料和技术资料。所有资料都应该编码并建立资料的分类。技术文件资料应当完整、完好，可以随时借阅，并且应当有能够读出电子数字技术资料的相关设备，例如，计算机等。维修技术资料应当置于固定位置，由技术经理指定人员管理，建立资料目录和借阅档案。管理人员应认真登记材料借阅，实行损耗赔偿制度并履行责任。如果资料长期使用且损坏严重，经销商应向汽车生产厂家申请更新。申请更新时，应当写明书面材料，由经销商负责人签名，加盖公章，然后由汽车厂家更新发放。所有培训材料需要编号和注册，严格管理教材，防止教材丢失或损坏。特别是防止教材内容泄露给竞争性品牌，因管理不善造成教材流失 40% 以上的专卖店需要对泄露商业秘密负责。

9.2 实践训练

	实训任务	在不影响生产的情况下制订员工能力提升执行计划
	实训准备	电脑、白板笔、移动白板、白板纸、工作页
	训练目标	能够掌握培训计划制订与课程设置的方法 能够掌握培训课程设计的方法与培训授课技巧
	训练时间	90min
	注意事项	每一位同学都应当积极发言，能够在讲台上清晰地回答出老师提出的问题

任务　在不影响生产的情况下制订员工能力提升执行计划

任务说明

请根据车间工作人员的岗位能力需求，制订出业务接待、机电、钣金、喷漆职业技能提升内训计划，并设计出培训的课程大纲。

实训组织与安排

教师活动	将学生分成四组，每组学生分别通过网络与资料的查找，分别制订培训计划，并要求每组学生能在讲台上讲出自己小组的计划与课程内容为什么这样设置，为了解决什么问题，达到什么样的目标
学生活动	按照任务中的要求填写出要求完成的内容 积极参加老师的实训安排，在规定的时间内完成各个工作站点的任务。一个站点的任务完成后与其他小组交换任务 组员之间应能积极沟通交流学习心得与经验，互帮互助

任务操作

1．业务接待内训计划

<table>
<tr><td>培训目标</td><td colspan="3"></td></tr>
<tr><td>课时计划</td><td colspan="3"></td></tr>
<tr><td>培训方式</td><td colspan="3"></td></tr>
<tr><td>培训准备</td><td colspan="3"></td></tr>
<tr><td rowspan="9">课程安排</td><td colspan="2">课程内容</td><td>课时</td></tr>
<tr><td>1</td><td></td><td></td></tr>
<tr><td>2</td><td></td><td></td></tr>
<tr><td>3</td><td></td><td></td></tr>
<tr><td>4</td><td></td><td></td></tr>
<tr><td>5</td><td></td><td></td></tr>
<tr><td>6</td><td></td><td></td></tr>
<tr><td>7</td><td></td><td></td></tr>
<tr><td>8</td><td></td><td></td></tr>
<tr><td>考核方式</td><td colspan="3"></td></tr>
</table>

2．机电内训计划

培训目标	
课时计划	
培训方式	

（续）

培训准备			
课程安排	课程内容		课时
	1		
	2		
	3		
	4		
	5		
	6		
	7		
	8		
考核方式			

3. 钣金内训计划

培训目标			
课时计划			
培训方式			
培训准备			
课程安排	课程内容		课时
	1		
	2		
	3		
	4		
	5		
	6		
	7		
	8		

（续）

考核方式			

4. 喷漆内训计划			
培训目标			
课时计划			
培训方式			
培训准备			
课程安排	课程内容		课时
	1		
	2		
	3		
	4		
	5		
	6		
	7		
	8		
考核方式			

9.3 探讨验证

教师活动	将学生分成四组，组织每组学生在课堂上选择上次实训中的一个课题内容，小组合作做出15页PPT培训课程，选派代表进行轮换试讲。再针对深层问题，引导学生进行问题探讨
学生活动	在课堂上积极回答老师的提问与问题讨论，将小组完成的调研报告对大家进行讲解，并完成老师提出的问题探讨

问题探讨	
1. 培训课程开发的原则有哪些？车间内的工作人员的文化程度参差不齐，怎样做才能达到培训的最终目标？	
2. 有效的培训方法有哪些？如何有效使用？	

项目小结

本项目的学习目标你已经达成了吗？请通过思考以下问题的答案进行结果检验。

序号	问题	自检结果
1	什么是沟通？什么是沟通障碍？	
2	沟通的障碍有哪些？	
3	如何进行有效沟通？	
4	如何把握主管与下属间的距离？	
5	听取下属的意见时，应当注意哪些问题？	
6	如何与下属进行有效沟通？	
7	如何激励下属的工作热情？	
8	为什么要注意不同部门之间的沟通？	
9	培训的作用是什么？根据售后工作职能分类，可以分为几种？	
10	培训管理流程有哪些？	

项目练习

单项选择题

1. 沟通障碍是（　　）。
   A. 信息译码不准
   B. 心理上的障碍
   C. 人与人之间、团体之间交流意见、传递信息时所存在的困难
   D. 以上都对

2. 与下属沟通，（　　）。
   A. 既要拉近与下属的距离，又要保证下属的安全空间
   B. 要始终保持一定的距离，有助于培养自己在下属中的威信
   C. 要与下属保持亲密关系，加强团队的凝聚力
   D. 以上都对

3. 如果目标高不可攀，就会（　　）。
   A. 让人没有信心　　B. 让人望而生畏
   C. 很难达成最后目标　　D. 以上都对

4. 对下属实行处罚的力度是（　　）。
   A. 合适分寸，适可而止　　B. 重罚，越重越好
   C. 尽量不要影响与下属之间的感情　　D. 以上都不对

5. 经销商内部的培训包括（　　）。
   A. 培训后相应的考核管理
   B. 下载和发放培训资料
   C. 按照汽车生产经销商的有关要求组织培训
   D. 以上都对

问答题

不同部门之间应如何进行有效沟通？

思考与讨论

1. 如何安排相关人员参加培训？

2. 如何管理车辆维修资料？

机械工业出版社 CHINA MACHINE PRESS | 汽车分社

读者服务

机械工业出版社立足工程科技主业，坚持传播工业技术、工匠技能和工业文化，是集专业出版、教育出版和大众出版于一体的大型综合性科技出版机构。旗下汽车分社面向汽车全产业链提供知识服务，出版服务覆盖包括工程技术人员、研究人员、管理人员等在内的汽车产业从业者，高等院校、职业院校汽车专业师生和广大汽车爱好者、消费者。

一、意见反馈

感谢您购买机械工业出版社出版的图书。我们一直致力于“以专业铸就品质，让阅读更有价值”，这离不开您的支持！如果您对本书有任何建议或意见，请您反馈给我。我社长期接收汽车技术、交通技术、汽车维修、汽车科普、汽车管理及汽车类、交通类教材方面的稿件，欢迎来电来函咨询。

咨询电话：010–88379353　编辑信箱：cmpzhq@163.com

二、课件下载

选用本书作为教材，免费赠送电子课件等教学资源供授课教师使用，请添加客服人员微信手机号“13683016884”咨询详情；亦可在机械工业出版社教育服务网（www.cmpedu.com）注册后免费下载。

三、教师服务

机工汽车教师群为您提供教学样书申领、最新教材信息、教材特色介绍、专业教材推荐、出版合作咨询等服务，还可免费收看大咖直播课，参加有奖赠书活动，更有机会获得签名版图书、购书优惠券。

加入方式：搜索 QQ 群号码 317137009，加入机工汽车教师群 2 群。请您加入时备注院校 + 专业 + 姓名。

四、购书渠道

机工汽车小编

13683016884

我社出版的图书在京东、当当、淘宝、天猫及全国各大新华书店均有销售。

团购热线：010-88379735

零售热线：010-68326294 88379203